여러분의 합격을 응원하는
해커스공무원의 특별 혜택

FREE 공무원 경제학 **특강**

해커스공무원(gosi.Hackers.com) 접속 후 로그인 ▶ 상단의 [무료강좌] 클릭 ▶
[교재 무료특강] 클릭하여 이용

KB199631

📄 **OMR 답안지**(PDF)

해커스공무원(gosi.Hackers.com) 접속 후 로그인 ▶
상단의 [교재·서점 → 무료 학습 자료] 클릭 ▶ 본 교재의 [자료받기] 클릭

▲ 바로가기

🖱️ 해커스공무원 온라인 단과강의 **20% 할인쿠폰**

C7CE42F8D96BEABF

해커스공무원(gosi.Hackers.com) 접속 후 로그인 ▶ 상단의 [나의 강의실] 클릭 ▶
좌측의 [쿠폰등록] 클릭 ▶ 위 쿠폰번호 입력 후 이용

* 등록 후 7일간 사용 가능(ID당 1회에 한해 등록 가능)

📇 합격예측 **온라인 모의고사 응시권 + 해설강의 수강권**

FA7D3D5CD2ACTGXN

해커스공무원(gosi.Hackers.com) 접속 후 로그인 ▶ 상단의 [나의 강의실] 클릭 ▶
좌측의 [쿠폰등록] 클릭 ▶ 위 쿠폰번호 입력 후 이용

* ID당 1회에 한해 등록 가능

쿠폰 이용 관련 문의 **1588-4055**

단기 합격을 위한
해커스공무원 커리큘럼

입문

탄탄한 기본기와 핵심 개념 완성!

누구나 이해하기 쉬운 개념 설명과 풍부한 예시로 부담없이 쌩기초 다지기

TIP 베이스가 있다면 **기본 단계**부터!

▼

기본+심화

필수 개념 학습으로 이론 완성!

반드시 알아야 할 기본 개념과 문제풀이 전략을 학습하고
심화 개념 학습으로 고득점을 위한 응용력 다지기

▼

**기출+예상
문제풀이**

문제풀이로 집중 학습하고 실력 업그레이드!

기출문제의 유형과 출제 의도를 이해하고 최신 출제 경향을 반영한
예상문제를 풀어보며 본인의 취약영역을 파악 및 보완하기

▼

동형문제풀이

동형모의고사로 실전력 강화!

실제 시험과 같은 형태의 실전모의고사를 풀어보며 실전감각 극대화

▼

최종 마무리

시험 직전 실전 시뮬레이션!

각 과목별 시험에 출제되는 내용들을 최종 점검하며 실전 완성

PASS

* 커리큘럼 및 세부 일정은 상이할 수 있으며,
자세한 사항은 해커스공무원 사이트에서 확인하세요.

단계별 교재 확인 및
수강신청은 여기서!

gosi.Hackers.com

해커스공무원

局경제학

실전동형모의고사

: 들어가며

공무원 난이도에 딱 맞는 모의고사

**해커스가 공무원 局경제학의 난이도·경향을
완벽 반영하여 만들었습니다.**

얼마 남지 않은 시험까지 모의고사를 풀며 실전 감각을 유지하고 싶은 수험생 여러분을 위해, 공무원 경제학 시험의 최신 출제 경향을
완벽 반영한 교재를 만들었습니다.

**『해커스공무원 局경제학 실전동형모의고사』의
10회분 모의고사로 경제학 실력을 완성할 수 있습니다.**

실전 감각은 하루 아침에 완성할 수 있는 것이 아닙니다. 실제 시험과 동일한 형태의 모의고사를 여러 번 풀어봄으로써 정해진 시간
안에 문제가 요구하는 바를 정확하게 파악하는 연습을 해야 합니다. 『해커스공무원 局경제학 실전동형모의고사』는 25문항으로 실전
동형모의고사 10회분을 구성하였습니다. 이를 통해 실제 시험과 가장 유사한 형태로 실전에 철저히 대비할 수 있으며, 상세한 해설에서
공무원 경제학의 핵심 출제포인트를 확인할 수 있습니다.

**『해커스공무원 局경제학 실전동형모의고사』는
공무원 경제학 시험에 최적화된 교재입니다.**

제한된 시간 안에 문제 풀이는 물론 답안지까지 작성하는 훈련을 할 수 있도록 OMR 답안지를 수록하였습니다. 또한 중요한 기출
문제만을 선별하여 '최종점검 기출모의고사' 3회분으로 재구성하였습니다. 이를 통해 시험 직전 실전 대비를 위한 출제 경향의 파악과
효율적인 시간 안배 연습을 할 수 있으며, 효과적인 마무리 학습이 가능합니다.

**공무원 합격을 위한 여정,
해커스공무원이 여러분과 함께 합니다.**

실전 감각을 키우는 모의고사

약점 보완 해설집 [책 속의 책]

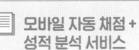 **OMR 답안지 추가 제공**

해커스공무원(gosi.Hackers.com) ▶
사이트 상단의 '교재·서점' ▶ 무료 학습 자료

**모바일 자동 채점 +
성적 분석 서비스**

해커스공무원(gosi.Hackers.com) ▶
모바일 자동 채점+성적 분석 서비스 바로가기

：이 책의 특별한 구성

문제집 구성

01회 실전동형모의고사

실전동형모의고사
· 공무원 경제학 시험과 동일한 유형의 실전동형모의고사 10회분 수록
· 20분의 제한된 문제 풀이 시간을 통해 효율적인 시간 안배 연습 가능

01회 Review

회차별 Review
· 각 회차별 정답, 과목명, 키워드를 빠르게 확인 가능
· 시험 직전 꼭 되짚어야 할 핵심지문 OX 수록

최종점검 기출모의고사
· 출제 가능성이 높은 기출문제를 선별하여 최종점검 기출모의고사 3회분 수록
· 시험 직전 기출모의고사 풀이를 통해 최신 출제 경향을 파악하여 효과적인 학습 마무리 가능

상세한 해설

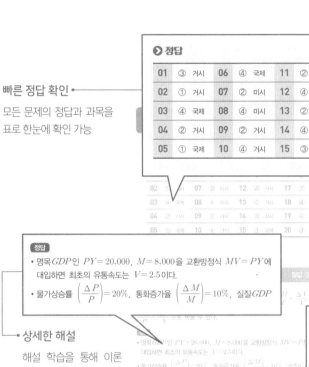

빠른 정답 확인
모든 문제의 정답과 과목을
표로 한눈에 확인 가능

정답

01	③ 거시	06	④ 국제	11	②
02	① 거시	07	② 미시	12	④
03	④ 국제	08	④ 미시	13	②
04	② 거시	09	② 거시	14	④
05	① 국제	10	④ 거시	15	③

취약 과목 분석표

과목	맞힌 답의 개수
미시	/7
거시	/14
국제	/4
TOTAL	/25

취약 과목 분석표
스스로 취약한 과목을
분석하여 시험 직전 더
학습하여야 하는 과목
확인 가능

정답
- 명목 GDP인 $PY=20,000$, $M=8,000$을 교환방정식 $MV=PY$에 대입하면 최초의 유통속도는 $V=2.5$이다.
- 물가상승률 $\left(\dfrac{\Delta P}{P}\right)=20\%$, 통화증가율 $\left(\dfrac{\Delta M}{M}\right)=10\%$, 실질 GDP

상세한 해설
해설 학습을 통해 이론
복습의 효과를 기대할 수
있도록 상세한 해설 수록

오답피하기
① 수입관세가 부과되거나 수출보조금이 지급되면 국내 가격이 상승하기에 국내 생산량이 증가하고 국내 소비량이 감소한다.
②, ③ 수입관세나 수출보조금 지급으로 국내 가격이 상승하면 소비자잉여는 감소하고 생산자잉여는 증가한다.

오답피하기
정답인 선지 외에 오답인
선지에도 상세한 해설을
수록하여 문제에 대한 이
해도를 높이고 심도 있는
학습 가능

02 솔로우(Solow) 모형 정답 ①

출제 포인트 요소대체가 가능한 1차동차 생산함수와 요소가격의 신축적
조정을 가정하는 솔로우(Solow)모형은 경제의 안정적 성장을 설명한다.

출제 포인트
문제의 출제 포인트를 통해
핵심이론 확인과 이론 복습
가능

실전동형 모의고사

잠깐! 실전동형모의고사 전 확인사항

실전동형모의고사도 실전처럼 문제를 푸는 연습이 필요합니다.

✔ 휴대전화는 전원을 꺼주세요.

✔ 연필과 지우개를 준비하세요.

✔ 제한시간 20분 내 최대한 많은 문제를 정확하게 풀어보세요.

매 회 실전동형모의고사 전, 위 사항을 점검하고 시험에 임하세요.

01회 실전동형모의고사

제한시간 : 20분 | 시작 시 분 ~ 종료 시 분 | 점수 확인 | 개/ 25개

01 다음 국내총생산(GDP) 계산 중 옳은 것을 모두 고르면?

> ㄱ. 집값이 3억 원에서 3억 5천만 원으로 상승하면 GDP도 5천만 원이 증가한다.
>
> ㄴ. 중간재 10억 원어치가 수출되는 경우 GDP도 10억 원이 증가한다.
>
> ㄷ. 올해 6천만 원짜리 자동차가 생산되었으나 판매되지 않았다면 올해 GDP는 작년과 비교해 변함이 없다.
>
> ㄹ. 공무원의 임금이 상승하면 GDP도 그만큼 증가한다.

① ㄱ, ㄴ   ② ㄴ, ㄷ

③ ㄴ, ㄹ   ④ ㄷ, ㄹ

02 다음 폐쇄경제모형에서 균형국민소득은?

> - $C = 100 + 0.8(Y - T)$
> - $I = 150 - 600r$
> - $G = 200$
> - $T = 0.5Y$
> - $M^d = M^s$
> - $\dfrac{M^d}{P} = 2Y - 8{,}000(r + \pi^e)$
> - $M^s = 1{,}000$
> - $P = 1$
> - $\pi^e = 0$
>
> (Y: 소득, C: 소비, I: 투자, r: 실질이자율, T: 세입, G: 정부지출, P: 물가, π^e: 기대물가상승률, M^d: 명목화폐수요, M^s: 명목화폐공급)

① 600   ② 700

③ 800   ④ 900

03 다음 설명 중 옳지 않은 것은?

① 확장적 통화정책으로 총수요곡선은 우측으로 이동한다.

② 기술진보는 장기 총공급곡선을 우측으로 이동시킨다.

③ 물가가 하락하게 되면 자국화폐로 표시된 실질환율이 상승하여 총수요곡선이 우측으로 이동한다.

④ 향후 물가가 상승할 것이라고 예상하게 되면 총수요 증가가 나타난다.

04 적응적 기대(adaptive expectations)이론과 합리적 기대(rational expectations)이론에 대한 설명으로 옳지 않은 것은?

① 적응적 기대이론에서는 경제변수에 대한 예측에 있어 체계적 오류를 인정한다.

② 적응적 기대이론에 따르면 통화량증가는 장기균형에서의 실질 국민소득에는 영향을 미치지 않는다.

③ 합리적 기대이론에 따르면 예측오차는 발생하지 않는다.

④ 합리적 기대이론에 따르면 예측된 정부정책의 변화는 실질변수에 영향을 미치지 않는다.

05 환율결정이론에 대한 설명으로 옳지 않은 것은?

① 절대구매력평가설이 성립한다면 실질환율은 1 이다.
② 경제통합의 정도가 커질수록 구매력평가설의 설명력은 높아진다.
③ 구매력평가설에 따르면 자국의 물가가 5% 오르고 외국의 물가가 7% 오를 경우, 국내통화는 2% 평가절하된다.
④ 구매력평가설은 경상수지에 초점을 맞추는 반면, 이자율평가설은 자본수지에 초점을 맞추어 균형환율을 설명한다.

06 그림의 (가) ~ (다)는 갑국에서 계획하고 있는 소득세제안을 나타낸다. 이에 대한 분석으로 옳은 것은?

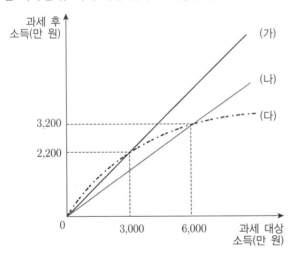

* 과세 후 소득 = 과세 대상 소득 − 세금

① (가)는 모든 과세 대상 소득 수준에서 동일한 세액을 부담한다.
② (나)는 (가)보다 낮은 세율을 적용한다.
③ 과세 후 소득이 2,800만 원인 사람의 세액은 (나)에서 가장 크다.
④ 과세 대상 소득이 3,200만 원인 사람의 세액은 (다)보다 (가)에서 더 크다.

07 다음 자료에 대한 설명으로 옳지 않은 것은?

표는 소비자 갑, 을, 병이 X재를 1개씩 추가로 구입할 때마다 지불할 용의가 있는 최대 금액을 나타낸다. X재의 가격은 개당 1,000원이며, 현재 2개를 사면 1개를 더 주는 ㉠'2 + 1행사'가 진행되고 있다. (단, 구입한 X재는 모두 소비한다)

구분	갑	을	병
첫 번째 X재	1,200원	900원	1,100원
두 번째 X재	800원	800원	500원
세 번째 X재	600원	400원	300원
네 번째 X재	300원	300원	100원

① 소비량은 갑이 병보다 많다.
② 지출액은 을이 병보다 크다.
③ ㉠이 종료되면 갑, 을, 병의 총소비량 감소분은 2개이다.
④ ㉠이 종료되면 갑, 을, 병의 순편익 감소분은 500원이다.

08 다음 자료에 대한 설명으로 옳은 것은?

아래 그림은 X재와 Y재만을 생산하는 갑국과 을국의 생산 가능곡선을 나타낸다. 양국은 비교 우위가 있는 재화의 생산에만 특화하여 교역하였고, A점과 B점은 각각 교역 후 갑국과 을국의 소비점이다. (단, 교역은 거래 비용 없이 양국 간에만 이루어지며, 양국이 보유한 생산 요소의 양은 같다)

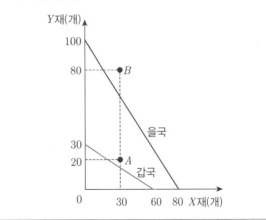

① 갑국은 X재와 Y재 생산 모두에 절대 우위를 가진다.
② 을국에서 X재 1개 생산의 기회비용은 Y재 $\frac{4}{5}$ 개이다.
③ 교역 조건은 X재 1개당 Y재 $\frac{3}{2}$ 개이다.
④ 교역 후 을국에서 X재로 표시한 Y재 1개 소비의 기회비용은 증가하였다.

09 W가 10이고 생산함수가 $f(L, K) = L^{\frac{1}{2}} K^{\frac{1}{2}}$일 때, 케인지언 단기 폐쇄경제모형에서 AS곡선은? (단, 자본투입량(K)은 4로 고정한다)

① $P = 5Y$
② $P = 10Y$
③ $P = \dfrac{5}{2} Y$
④ $P = \dfrac{5}{4} Y$

10 A국의 6개월 만기 정기예금 이자율이 2%이고, B국의 6개월 만기 정기예금 이자율이 5%라고 하자. 무위험 이자율평가설(covered interest rate parity)에 따를 때 6개월 만기 선물시장(forward exchange rate)의 환율이 970이면, 현재 A국과 B국 통화의 현물시장(spot exchange rate) 환율은 대략 얼마인가? (단, 환율은 B국 화폐 1단위와 교환되는 A국 화폐액으로 정의된다)

① 950
② 970
③ 1,000
④ 1,030

11 2021년에 A전자가 베트남에 휴대폰 전화기를 생산할 공장건설을 위해 8억 달러를 해외로 송금했다. 이를 국제수지표에 기록한 것으로 옳은 것은?

	차변	대변
①	금융계정(직접투자) 8억 달러	금융계정(기타투자) 8억 달러
②	금융계정(증권투자) 8억 달러	금융계정(기타투자) 8억 달러
③	금융계정(기타투자) 8억 달러	금융계정(직접투자) 8억 달러
④	금융계정(기타투자) 8억 달러	금융계정(증권투자) 8억 달러

12 다음 게임에서 완전균형은? (단, 조합의 왼쪽은 신규기업의 전략, 오른쪽은 기존기업의 전략이다)

잠재적 진입기업 A는 기존기업 B가 독점하고 있는 시장으로 진입할지 여부를 고려하고 있다. A가 진입하지 않으면 A와 B의 보수는 각각 0과 2이다. A가 진입을 하면 B는 반격을 하거나 공생을 할 수 있다. B가 반격을 할 경우 A와 B의 보수는 각각 −1과 0이다. 반면 공생을 할 경우 두 기업이 시장을 나눠 가져 각각 1의 보수를 얻는다.

① (진입포기, 공생)
② (진입포기, 반격)
③ (진입, 공생)
④ (진입, 반격)

13 중앙은행이 실질이자율을 3%로 유지하는 실질이자율 타게팅(targeting) 규칙을 엄격하게 따르고, 이 실질이자율 수준에서 국민경제는 장기와 단기 균형상태에 있을 때 이에 대한 설명으로 옳은 것은? (단, 장기 공급곡선을 제외하고는 수직이거나 수평이지 않은 일반적인 IS, LM, AS, AD곡선을 가진 국민경제를 가정한다)

① 화폐수요증가충격을 받는 경우, LM곡선은 변하지 않는다.
② 화폐수요증가충격을 받는 경우, 단기에서 산출은 증가한다.
③ 소비증가충격을 받는 경우, LM곡선은 변하지 않는다.
④ 소비증가충격을 받는 경우, 단기에서 산출은 감소한다.

14 휴대폰을 생산하는 기업 A의 시장수요곡선은 $P = 15,000 - Q$이다. 기업 A는 휴대폰 액정화면을 생산하는 액정부문과 휴대폰을 조립하는 조립부문으로 이루어져 있고, 액정부문의 비용함수는 $C_L = 2.5Q_L^2$이며, 조립부문의 비용함수는 $C_H = 1,000Q_H$이다. 기업 A의 이윤극대화 생산량은? (단, P는 휴대폰 가격, Q는 휴대폰 생산량, C_L은 액정화면 생산비용, C_H는 조립비용, Q_H는 휴대폰 조립량으로 $Q = Q_L = Q_H$이다)

① 2,000
② 4,000
③ 6,000
④ 8,000

15 노동(L)과 자본(K) 간의 한계기술대체율이 일정하고, $-\dfrac{\triangle K}{\triangle L}$로 나타낸 기술적인 한계대체율이 자본의 단위당 가격(P_K)에 대한 노동의 단위당가격(P_L)의 비율, 즉 $\dfrac{P_L}{P_K}$의 2배가 될 경우 자본과 노동의 최적결합방식은?

① 노동만 이용
② 자본만 이용
③ 자본과 노동을 1대 2의 비율로 결합
④ 자본과 노동을 2대 1의 비율로 결합

16 소득 12로 X재와 Y재만을 구매하는 소비자가 있다. 이 소비자는 X재 가격이 2, Y재 가격이 1일 때 X재 2단위, Y재 8단위를 선택하였다. X재 가격이 1, Y재 가격이 2로 바뀔 때, 현시선호이론에 입각한 설명으로 옳은 것은?

① $(x, y)=(2, 5)$를 선택하면 약공리가 위배된다.
② $(x, y)=(6, 3)$을 선택하면 약공리가 위배된다.
③ $(x, y)=(8, 2)$를 선택하면 약공리가 위배된다.
④ 예산선상의 어느 점을 선택하더라도 약공리가 위배되지 않는다.

17 디플레이션에 대처하기 위한 경제정책에 대한 입장과 학파를 바르게 짝지은 것은?

> ㄱ. 정부정책에 대해 민간이 충분히 신뢰하는 상황이라면 통화량을 늘릴 계획을 발표하는 것으로 충분하다.
> ㄴ. 디플레이션의 원인은 통화에 있으므로 통화량을 늘리고 준칙에 따른 통화정책을 수행하면 된다.
> ㄷ. 디플레이션의 원인은 유효수요 부족에 기인하므로 재정정책을 통해 소득을 확대시켜야 한다.

	ㄱ	ㄴ	ㄷ
①	새고전학파	통화주의학파	케인즈학파
②	새고전학파	케인즈학파	통화주의학파
③	케인즈학파	새고전학파	통화주의학파
④	케인즈학파	통화주의학파	새고전학파

18 하루 24시간 중 잠자는 8시간을 제외한 16시간을 여가(l)와 노동(L)에 사용하는 노동자가 있다. 이 노동자의 시간당 임금은 10이고, 주어진 자본소득은 10이라고 가정한다. 노동소득과 자본소득이 모두 소비(c)에 사용될 때, 노동자의 효용 $u(l,c) = lc$를 극대화하는 소비량 c는? (단, 소비재의 가격은 1이라고 가정한다)

① 80
② 85
③ 90
④ 95

19 X재와 Y재의 부존량이 모두 10개일 때, 갑의 효용함수는 $U(X, Y) = X^2 Y^2$이고, 을의 효용함수는 $U(X, Y) = X^{\frac{1}{2}} Y^{\frac{1}{2}}$이다. 갑이 재화묶음 (X, Y)를 선택하면 나머지 재화는 모두 을이 소비한다고 가정하면, 소비의 파레토 효율성이 충족되는 것은?

① (1, 2)
② (2, 4)
③ (3, 5)
④ (9, 9)

20 다음 그림은 자국통화의 평가절하에 따른 경상수지 변화를 나타낸다. 구간 (가), (나)에서 나타나는 외화표시 수출가격 및 수출물량 변화에 대한 설명으로 가장 적절한 것은?

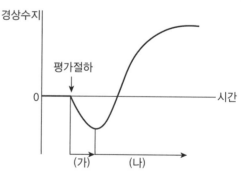

	(가)		(나)	
	수출가격	수출물량	수출가격	수출물량
①	상승	불변	상승	불변
②	하락	불변	상승	증가
③	하락	불변	하락	증가
④	불변	감소	하락	증가

21 소득–여가 선택모형에서 A의 효용함수가 $U = Y + 2L$이고, 총가용시간은 24시간이다. 시간당 임금이 변화할 때, A의 노동공급시간과 여가시간에 관한 설명으로 옳은 것을 모두 고른 것은? (단, $U =$ 효용, $Y =$ 소득, $L =$ 여가시간이다)

> ㄱ. 시간당 임금의 상승은 언제나 노동공급시간을 증가시킨다.
> ㄴ. 시간당 임금이 1이면 노동공급시간은 3이다.
> ㄷ. 시간당 임금이 3이면 여가시간은 0이다.
> ㄹ. 시간당 임금이 3에서 4로 상승하면 임금 상승에도 불구하고 노동공급시간은 더 이상 증가하지 않는다.

① ㄱ, ㄴ   ② ㄴ, ㄷ
③ ㄷ, ㄹ   ④ ㄱ, ㄴ, ㄷ

22 헥셔–올린(Heckscher-Ohlin)모형과 관련된 다음 설명 중 옳지 않은 것은?

① 2국가–2재화–2요소모형으로 나타낼 수 있다.
② 레온티에프(W. Leontief)의 역설은 자본이 상대적으로 풍부한 나라인 미국이 노동집약적인 제품을 수출하고 자본집약적인 제품을 수입하는 현상을 일컫는다.
③ 각국은 상대적으로 풍부한 생산요소를 많이 사용하여 생산하는 제품에 비교우위가 있다.
④ 국가 간 생산함수에 차이가 있다고 가정한다.

23 개방경제의 IS곡선과 LM곡선에 대한 설명으로 옳은 것은?

① IS곡선은 폐쇄경제의 IS곡선에 비해 기울기가 더 완만하다.
② IS곡선은 폐쇄경제에 비해 실질환율 변화에 의해 영향을 덜 받는다.
③ 변동환율제도에서는 국내통화량이 국제수지 불균형에 의해 영향을 받지 않기 때문에, LM곡선은 폐쇄경제에서의 LM곡선과 동일하다.
④ 고정환율제도에서 국제수지 적자가 발생하면 LM곡선이 우측이동한다.

24 자본이동이 완전히 자유롭고 변동환율제도를 채택한 소규모 개방경제의 $IS - LM - BP$모형을 고려할 때 다음 중 국민소득을 증가시키는 것은? (단, IS곡선은 우하향하고 LM곡선은 우상향한다)

① 직불카드 도입에 따른 화폐수요의 감소
② 통화공급의 감소
③ 한계소득세율의 증가
④ 정부지출의 증가

25 다음 그림은 X재에 대한 수요곡선이다. 다음 설명 중 옳은 것을 모두 고른 것은? (단, X재는 정상재이다)

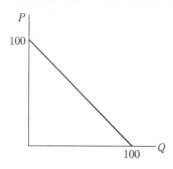

ㄱ. 가격이 30원이면 X재의 수요량은 70이다.

ㄴ. 가격에 상관없이 가격탄력성의 크기는 일정하다.

ㄷ. X재의 시장이 독점시장이라면 독점기업이 이윤극대화를 할 때 설정하는 가격은 50원 이상이다.

ㄹ. 소득이 증가하는 경우 수요곡선은 좌측으로 이동한다.

① ㄱ, ㄴ   ② ㄱ, ㄷ

③ ㄴ, ㄷ   ④ ㄴ, ㄹ

01회 / Review

문항	정답	과목	키워드	Self Check	문항	정답	과목	키워드	Self Check
01	③	거시	GDP	○/△/×	14	①	미시	이윤극대화	○/△/×
02	②	거시	균형국민소득	○/△/×	15	①	미시	생산자균형	○/△/×
03	③	거시	총수요와 총공급	○/△/×	16	④	미시	약공리	○/△/×
04	③	거시	기대	○/△/×	17	①	거시	디플레이션	○/△/×
05	③	국제	구매력평가설	○/△/×	18	②	미시	효용극대화	○/△/×
06	③	미시	조세제도	○/△/×	19	④	미시	파레토 효율성	○/△/×
07	③	미시	효용극대화	○/△/×	20	③	거시	J커브효과	○/△/×
08	④	거시	무역이론	○/△/×	21	③	미시	소득여가모형	○/△/×
09	①	거시	AS곡선	○/△/×	22	④	국제	헥셔-올린 정리	○/△/×
10	③	국제	무위험평가설	○/△/×	23	③	거시	IS곡선과 LM곡선	○/△/×
11	①	국제	국제수지	○/△/×	24	①	국제	$IS-LM-BP$모형	○/△/×
12	③	미시	완전균형	○/△/×	25	②	미시	수요곡선	○/△/×
13	①	거시	실질이자율 타게팅(targeting) 규칙	○/△/×					

[Self Check] 문제에 대한 이해 정도를 스스로 점검하여 ○(문제 이론의 내용을 정확히 알고 있음)/ △(개념이 헷갈리거나 정확히 알지 못함)/×(생소하거나 학습하지 못한 이론)으로 구분하여 표시합니다.

핵심지문 OX

시험 직전 꼭 되짚어야 할 핵심지문을 ○×문제로 확인해보시기 바랍니다.

01 공급곡선 기울기의 절대값이 수요곡선 기울기의 절대값보다 크면 균형으로 수렴한다는 것이 거미집이론이다. (　　)

02 수요량과 달리 국제수지, 통화량, 노동량, 자본량, 국부, 외채, 외환보유고 등은 저량이다. (　　)

03 완전대체재의 경우 무차별곡선은 L자형이고, 완전보완재의 경우 우하향의 직선 형태이다. (　　)

04 최초구입점이 구입불가능하게 되면 새로운 예산선의 어떤 점에서 구입하더라도 약공리는 충족된다. (　　)

05 화폐와 채권의 포트폴리오를 구성하는 과정에서 투기적 화폐수요를 결정하는 것이 토빈의 자산선택이론이다. (　　)

06 총생산함수와 학파 간 차이가 없는 실질임금의 감소함수인 노동수요곡선과 학파 간 차이가 있는 기대의 종류에 따른 노동공급곡선으로부터 AS곡선이 도출된다. (　　)

07 확장재정정책에도 이자율이 상승하여 민간소비와 민간투자가 감소하는 것을 화폐의 중립성이라 한다. (　　)

08 통화량증가로 LM곡선은 좌측으로 이동하고, 물가상승으로 LM곡선은 우측으로 이동한다. (　　)

09 비교 우위의 발생원인을 요소부존의 차이로 설명하는 헥셔-올린정리는, 노동풍부국은 노동집약재 생산에, 자본풍부국은 자본집약재 생산에 비교 우위가 있다고 설명한다. (　　)

10 국제가격이 국내가격보다 높으면 수출국이다. (　　)

[정답] 01 ○ 02 × 국제수지는 저량이 아니라 유량이다. 03 × 완전대체재의 경우 무차별곡선은 우하향의 직선 형태이며, 완전보완재의 경우 L자형이다. 04 ○ 05 ○ 06 ○ 07 × 구축효과에 대한 설명이다. 08 × 통화량증가로 LM곡선은 우측으로 이동하고, 물가상승으로 LM곡선은 좌측으로 이동한다. 09 ○ 10 ○

02회 실전동형모의고사

제한시간 : 20분 **시작** 시 분 ~ **종료** 시 분 **점수 확인** 개/ 25개

01 가격차별에 대한 설명으로 옳지 않은 것은?

① 가격차별로 사회후생이 증대될 수 있다.
② 제2급 가격차별은 정보의 비대칭성과 무관하다.
③ 제1급 가격차별하에서 소비자잉여는 전혀 존재하지 않는다.
④ 소비자를 수요의 가격탄력성 등 특성에 따라 집단별로 구분하지 못하면 가격차별을 할 수 없다.

02 한국 경제가 현재 단기필립스곡선 SP_1상의 a점에 있다고 할 때, 중동지역 정세의 불안정으로 인해 에너지가격이 폭등할 경우 단기에서 장기까지 한국 경제의 예상 이동 경로 중 마지막 단계로 옳은 것은? (단, U_n은 자연실업률 수준을 나타낸다)

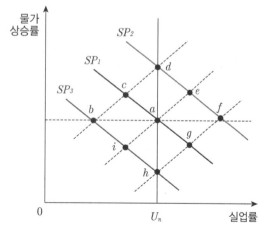

① a
② d
③ e
④ f

03 100원짜리 동전과 500원짜리 동전에 대한 소비자의 선호를 무차별곡선으로 나타내면 어떤 형태를 갖는가?

① L자형
② 우하향하는 직선
③ 원점에 대하여 오목한 곡선
④ 원점에 대하여 볼록한 곡선

04 완전경쟁경제하에 있는 A국의 생산함수는 $Y = AL^{0.6}K^{0.4}$이다. 자본(K)의 감가상각률이 1%, 인구(L)의 증가율이 3%, 기술진보율이 4%이다. 이 국가의 경제가 황금률(Golden Rule)의 자본 수준에 있다고 할 때 자본은 소득의 몇 배인가?

① 2
② 3
③ 4
④ 5

05 국제경제에 대한 설명으로 옳은 것은?

① 재정흑자와 경상수지적자의 합은 0이다.

② 경상수지적자의 경우 자본 및 금융계정 적자가 발생한다.

③ 규모에 대한 수확이 체증하는 경우 이종산업 간 교역이 활발하게 되는 경향이 있다.

④ 중간재가 존재할 경우 요소집약도가 변하지 않더라도 요소가격 균등화가 이루어지지 않는다.

06 생산함수가 $y = \sqrt{x}$ 이고, 상품 한 단위의 가격은 p 이며 원재료 한 단위의 가격은 1 이라고 할 때 옳지 않은 것은? (단, y 는 생산량, x 는 원재료의 양이고, $y > 0$, $x > 0$ 가 성립한다)

① 공급함수는 $y = \dfrac{P}{2}$ 이다.

② 이윤함수는 $P \cdot y - y^2$ 이다.

③ 비용함수는 $C(y) = y^2$ 이다.

④ 탄력성은 $\dfrac{1}{2}$ 이다.

07 정부는 A 의 음식 소비를 지원하기 위해 음식 5단위를 구입할 수 있는 음식바우처 지원을 고려하고 있다. 이에 따른 A 의 효용으로 옳은 것은? (단, 음식바우처로 음식만 구입가능하다)

> A 는 월 60만 원의 소득을 음식(F)과 의복(C)을 소비하는 데 모두 지출한다. 그의 효용함수는 $U = 2FC$ 이고, 음식의 가격은 2만 원, 의복의 가격은 1만 원이다(단, U 는 효용을 의미한다).

① 900

② 1,200

③ 1,225

④ 1,500

08 어느 무역업자가 수출계약에 따른 환위험을 통화옵션거래를 이용하여 회피하고자 하는 경우 어느 옵션거래를 하여야 하는가?

① 풋옵션 매입

② 풋옵션 매도

③ 콜옵션 매입

④ 콜옵션 매도

09 학파별 내용으로 옳은 것은?

① 고전학파는 구축효과 발생으로 재정정책 효과는 전혀 없으나 금융정책 효과는 크다고 본다.

② 자연실업률가설에 따르면 정부가 총수요확대정책을 실시한 경우에 단기적으로 기업과 노동자가 이를 정확하게 인식하지 못하기 때문에 실업률을 낮출 수 있다.

③ 새고전학파의 합리적 기대이론에 따르면 예상되지 못한 정책도 실질변수에 영향을 미치지 못하게 된다.

④ 새케인즈학파는 적응적 기대이론을 분석의 틀로 수용하되, 임금과 물가의 경직성에 대하여 미시경제학적으로 설명하고자 했다.

10 100만 원 가치의 자동차를 가지고 있는 A는 0.1의 확률로 사고를 당해 36만 원의 손해를 볼 수 있으며, 자동차 손해보험을 판매하는 B로부터 사고 시 36만 원을 받는 보험을 구매할 수 있다. m원에 대한 A의 기대효용함수가 $U(m) = \sqrt{m}$일 때, B가 받을 수 있는 보험료의 최댓값은?

① 0원

② 2만 5,400원

③ 3만 9,600원

④ 6만 원

11 통화량(M)을 물가(P)로 나눈 값을 실질화폐잔고라고 한다. 어떤 경제의 실질화폐잔고에 대한 수요는 $\dfrac{M}{P} = 0.5 \times Y - i$이고, 현재 M의 값은 1,000, P의 값은 20으로 주어져 있다. 중앙은행이 M을 1,000에서 1,100으로 증가시켰을 때, LM곡선의 이동에 대한 설명으로 옳은 것은? (단, Y는 실질소득, i는 명목이자율이다)

① 오른쪽으로 10만큼 이동한다.

② 왼쪽으로 10만큼 이동한다.

③ 오른쪽으로 5만큼 이동한다.

④ 왼쪽으로 5만큼 이동한다.

12 실물적 경기변동론(real business cycle)에 대한 설명으로 옳지 않은 것은?

① 정부의 경제개입은 최소화되어야 한다.

② 경기의 동태성은 거시경제일반균형의 변동현상이다.

③ 경기변동은 실질변수가 동태적으로 변동하는 현상이다.

④ 불균형상태가 균형상태로 수렴하는 과정에서 경기변동이 발생하게 된다.

13 어떤 거시경제가 다음과 같은 조건을 만족하고, 최초에 장기균형 상태에 있다고 할 때, 불리한 수요충격을 받을 경우와 불리한 공급충격을 받을 경우 장기균형으로 옳은 것은? (단, Y는 생산량, P는 물가수준이다)

- 장기총공급곡선은 $Y=1{,}000$에서 수직인 직선이다.
- 단기총공급곡선은 $P=3$에서 수평인 직선이다.
- 총수요곡선은 수직이거나 수평이 아닌 우하향곡선이다.

	불리한 수요충격	불리한 공급충격
①	$Y<1{,}000$, $P=3$	$Y<1{,}000$, $P>3$
②	$Y=1{,}000$, $P<3$	$Y=1{,}000$, $P=3$
③	$Y<1{,}000$, $P=3$	$Y=1{,}000$, $P>3$
④	$Y=1{,}000$, $P<3$	$Y<1{,}000$, $P=3$

14 IS곡선에 대한 설명으로 옳은 것은?

① 한계저축성향이 클수록 IS곡선은 평평해진다.
② IS곡선 하방의 점은 생산물시장이 초과공급 상태이다.
③ 정부지출과 조세가 동액만큼 증가하더라도 IS곡선은 우측으로 이동한다.
④ 피구(Pigou)효과를 고려하면 IS곡선의 기울기는 보다 가팔라진다.

15 자본이동이 완전히 자유로운 어느 소규모 개방경제가 변동환율제도를 채택하고 있다고 할 때, 다음 설명 중 옳은 것은?

① 이자율이 세계이자율에 의하여 고정되고 총수요곡선이 IS곡선으로 결정되므로 재정정책은 유효하고 통화정책은 무력하다.
② 이자율이 세계이자율에 의하여 고정되고 총수요곡선이 IS곡선으로 결정되므로 통화정책은 유효하고 재정정책은 무력하다.
③ 이자율이 세계이자율에 의하여 고정되고 총수요곡선이 LM곡선으로 결정되므로 재정정책은 유효하고 통화정책은 무력하다.
④ 이자율이 세계이자율에 의하여 고정되고 총수요곡선이 LM곡선으로 결정되므로 통화정책은 유효하고 재정정책은 무력하다.

16 보험시장에서 정보의 비대칭성에 의해 나타나는 시장실패를 개선하기 위한 다음 조치 중 성격이 다른 하나는?

① 건강 상태가 좋은 가입자의 의료보험료를 할인해준다.
② 화재가 발생한 경우 피해액의 일정 비율만을 보험금으로 지급한다.
③ 실손의료보험 가입자의 병원 이용 시 일정액을 본인이 부담하게 한다.
④ 실업보험 급여를 받기 위한 요건으로 구직 활동과 실업 기간에 대한 규정을 둔다.

17 다음은 A국의 경제를 나타낸다. 완전고용의 GDP를 회복하기 위한 정부지출은? (단, Y는 GDP, C는 민간소비, I는 투자, G는 정부지출, T는 조세, Y_f는 완전고용하에서 GDP이다)

$\cdot$ $Y = C + I + G$	$\cdot$ $C = 100 + 0.5(Y - T)$
$\cdot$ $I = 300$	$\cdot$ $G = 100$
$\cdot$ $T = 100$	$\cdot$ $Y_f = 1,200$

① 100
② 150
③ 300
④ 350

18 수요가 $y = 15 - p$인 시장에서 두 기업 A와 B가 쿠르노 경쟁을 한다. 기업 A와 B의 한계비용이 각각 1과 2일 때, 내쉬균형에서 시장가격은? (단, p는 시장가격, y는 시장수요량을 나타낸다)

① 3
② 4
③ 5
④ 6

19 다음 표는 자국통화 표시 빅맥 가격과 미국 달러화 대비 자국통화의 현재 환율을 나타낸다. 미국의 빅맥 가격이 4달러일 때, 빅맥 PPP(purchasing power parity)에 근거한 환율 대비 현재 환율이 높은 순으로 국가를 나열한 것은?

국가	자국통화 표시 빅맥 가격	현재 환율
A	30	5
B	200	100
C	100	20

① $A - B - C$
② $A - C - B$
③ $B - C - A$
④ $C - A - B$

20 기술진보가 없는 솔로우모형을 고려하자. 총생산함수는 다음과 같다.

$$Y_t = K_t^{1/2} L_t^{1/2}$$

감가상각률과 저축률은 각각 10%, 30%이다. 노동(인구)증가율이 0%일 때의 정상상태(steady state)와 비교하여 -2%일 때의 정상상태에 대한 다음 설명 중 옳은 것은? (단, Y_t, K_t, L_t는 각각 t기 경제 전체의 생산, 자본, 노동을 나타낸다)

① 1인당 자본이 감소한다.
② 1인당 생산이 감소한다.
③ 1인당 소비가 감소한다.
④ 1인당 생산 대비 1인당 소비 비율은 변하지 않는다.

21 수요의 가격탄력성을 증가시키는 요인으로 옳지 않은 것은?

① 밀접한 대체재가 많이 존재할수록 수요의 가격탄력성이 증가한다.

② 소비자가 꼭 필요하다고 생각할수록 수요의 가격탄력성이 증가한다.

③ 재화를 좁게 정의할수록 수요의 가격탄력성이 증가한다.

④ 시간을 길게 잡을수록 수요의 가격탄력성이 증가한다.

22 다음 중 경제적 지대에 대한 설명으로 옳은 것은?

① 지대추구행위는 효율성과 형평성을 제고하므로 사회복지를 증진시킨다.

② 지대추구행위는 수요측면의 확대를 도모하는 행위를 말한다.

③ 공급곡선이 수직선에 가까울수록 경제적 지대는 줄어든다.

④ 생산요소시장이 완전경쟁적이면 경제적 지대는 발생하지 않는다.

23 노동이 유일한 생산요소이고 두 재화 X, Y만을 생산한다고 하자. 노동부존량이 30이고, 노동투입량에 따른 생산량이 다음과 같을 때 생산가능곡선은 어떤 형태를 취하는가? (L_X와 L_Y는 각각 X, Y산업에 투입되는 노동량을 의미한다)

X	L_X	Y	L_Y
1	8	1	8
2	15	2	15
3	21	3	21
4	26	4	26
5	30	5	30

① 원점에 대하여 볼록   ② 직선

③ 원점에 대하여 오목   ④ L자형

24 그림은 갑국의 향후 1년간 물가상승률과 명목이자율의 예상 조합 $A \sim D$를 나타낸다. 이에 대한 분석으로 옳은 것은?

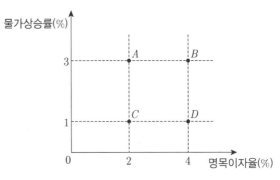

① A의 경우 현금 보유가 예금보다 유리하다.

② 실질이자율은 B의 경우에 가장 높다.

③ C보다 A의 경우 예금의 실질구매력이 작다.

④ D보다 B의 경우 물가상승률을 고려하지 않은 이자율이 높다.

02회 실전동형모의고사

25 표는 미국 달러화 대비 각국의 통화가치 또는 환율 변화율이다. 이와 같은 상황이 지속될 경우에 예상되는 변화로 가장 적절하지 않은 것은?

(단위: %, 전기 대비)

구분	A국	B국	C국
변화율	3	5	−2

① 변화율이 통화가치 변화율이라면, A국 수출품의 달러화 표시 가격은 상승할 것이다.

② 변화율이 환율 변화율이라면, 자녀를 미국으로 유학 보낸 B국 부모의 경제적 부담이 증가할 것이다.

③ 변화율이 통화가치 변화율이라면, 달러화 표시 외채를 상환해야 하는 C국 기업의 부담이 감소할 것이다.

④ 변화율이 환율 변화율이라면, A국으로 여행하려는 C국 사람은 여행 시기를 늦추는 것이 유리해질 것이다.

02회 / Review

문항	정답	과목	키워드	Self Check
01	②	미시	가격차별	○/△/×
02	①	거시	필립스곡선	○/△/×
03	②	미시	무차별곡선	○/△/×
04	④	거시	황금률	○/△/×
05	④	국제	국제경제	○/△/×
06	④	미시	생산함수	○/△/×
07	③	미시	사회보장제도	○/△/×
08	①	국제	풋옵션	○/△/×
09	②	거시	학파별 비교	○/△/×
10	③	미시	최대보험료	○/△/×
11	①	거시	LM곡선의 이동	○/△/×
12	④	거시	실물적 균형경기변동이론	○/△/×
13	②	거시	수요충격과 공급충격	○/△/×

문항	정답	과목	키워드	Self Check
14	③	거시	IS곡선	○/△/×
15	④	국제	$IS-LM-BP$분석	○/△/×
16	①	미시	정보경제학	○/△/×
17	②	거시	정부지출승수	○/△/×
18	④	미시	쿠르노모형	○/△/×
19	③	국제	빅맥지수	○/△/×
20	④	거시	솔로우모형	○/△/×
21	②	미시	탄력도	○/△/×
22	④	미시	경제적 지대	○/△/×
23	①	미시	생산가능곡선	○/△/×
24	③	거시	명목이자율	○/△/×
25	③	국제	환율	○/△/×

[Self Check] 문제에 대한 이해 정도를 스스로 점검하여 ○(문제 이론의 내용을 정확히 알고 있음)/
△(개념이 헷갈리거나 정확히 알지 못함)/×(생소하거나 학습하지 못한 이론)으로 구분하여 표시합니다.

핵심지문 OX

시험 직전 꼭 되짚어야 할 핵심지문을 ○×문제로 확인해보시기 바랍니다.

01 수요곡선과 공급곡선의 가격탄력성이 비탄력적일 때는, 탄력적인 경우보다 소비세 부과로 인한 후생순손실(deadweight loss)은 적어진다. (   )

02 애로우(Arrow)의 불가능성정리는 개인들의 선호를 사회선호로 나타낼 수 있는 민주적인 방법이 존재하지 않음을 의미한다. (   )

03 대체재가 많은 재화일수록 수요의 가격탄력성이 낮다. (   )

04 $MRS_{XY} > MRT_{XY}$ 이면 X재 생산을 감소시키고 Y재 생산을 증가시키면 효용증가가 가능하다. (   )

05 효율성임금은 실질임금 한 단위당 근로의욕이 최대가 되는 임금으로, 효율임금가설에 의하면 노동자의 생산성은 실질임금에 의하여 좌우된다. (   )

06 국내총지출(GDE)은 C(민간소비지출), I(민간총투자), G(정부지출), X(수출)의 합과 같다. (   )

07 유동성함정하 화폐수요의 이자율탄력성이 무한대로 금융정책의 효과가 극대화된다. (   )

08 명목GDP를 실질GDP로 나눈 값이 GDP디플레이터이고, GDP통계로부터 사후적으로 산출되는 일종의 물가지수로 파셰방식을 취한다. (   )

09 해외경기상승, 해외물가상승, 국내물가하락으로 환율은 하락한다. (   )

10 마샬-러너조건에 의하면 양국의 수입수요의 가격탄력성의 합이 1보다 커야 한다. (   )

[정답] 01 ○ 02 ○ 03 × 대체재가 많은 재화일수록 수요의 가격탄력성은 크다. 04 × $MRS_{XY} > MRT_{XY}$ 이면 X재 한계비용 한 단위당 한계효용이 Y재 한계비용 한 단위당 한계
효용보다 크기에, X재 생산을 증가시키고 Y재 생산을 감소시키면 효용증가가 가능하다. 05 ○ 06 × 국내총지출(GDE)은 C(민간소비지출), I(민간총투자), G(정부지출),
$X-M$(순수출)의 합과 같다. 07 × 유동성함정하 화폐수요의 이자율탄력성이 무한대로 재정정책의 효과가 극대화된다. 08 ○ 09 ○ 10 ○

03회 실전동형모의고사

제한시간 : 20분 **시작** 시 분 ~ **종료** 시 분 **점수 확인** 개/ 25개

---

01 개방경제하에서 단순 케인지안 거시경제모형의 설정에 필요한 정보를 수집하였더니 다음과 같았다. 다음 거시경제정책이 균형국민소득에 미치는 영향으로 옳은 것은?

> • 독립적 소비지출: 20조 원
> • 독립적 투자지출: 150조 원
> • 독립적 정부지출: 200조 원
> • 조세수입: 200조 원
> • 독립적 수출: 160조 원
> • 독립적 수입: 30조 원
> • 한계소비성향: 0.8
> • 한계수입성향: 0.2
> • 정부는 재정지출을 30조 원 늘리기로 하였다.
> • 확장적 재정정책 이후 독립적 수출은 175조 원으로 증가하였다.
> • 소득세는 존재하지 않고 정액세만 존재한다.

① 100.5조 원 증가
② 110.5조 원 증가
③ 111.5조 원 증가
④ 112.5조 원 증가

---

02 다음 자료에 대한 분석으로 옳은 것은?

가격(원)	수요량(개)	공급량(개)
2,500	700	300
2,600	600	400
2,700	500	500
2,800	400	600
2,900	300	700

위의 표는 X재의 가격대별 시장 수요량과 시장공급량을 나타낸다. 생산 과정에서 오염 물질이 배출되어 X재 1개가 생산될 때마다 인근 지역에 200원의 피해가 발생한다.

① X재 생산 과정에서 외부경제가 발생한다.
② 시장거래량은 사회적 최적 수준보다 200개 많다.
③ 사회적 최적가격은 시장 가격보다 200원 높다.
④ 정부가 생산자에게 X재 1개당 200원의 조세를 부과할 경우 조세 수입은 8만 원이다.

---

03 지난달에 맥주와 오징어의 가격이 모두 10원일 때 서연이는 맥주 10병과 오징어 5마리를 소비하였다. 이번 달에는 오징어의 가격은 변화가 없으나 맥주 가격이 5원으로 하락하였고, 소득도 50원 감소하였다. 아래의 내용 중 옳은 것을 모두 고르면?

> ㄱ. 이번 달에 서연이의 맥주소비량이 지난달보다 감소한다면 서연이의 선호는 약공리에 위배된다.
> ㄴ. 서연이의 이번 달 효용은 지난달보다 낮아질 수도 있다.
> ㄷ. 오징어의 가격이 불변이므로 서연이의 이번 달 오징어 구입량은 지난달과 동일할 것이다.

① ㄱ
② ㄴ
③ ㄱ, ㄴ
④ ㄴ, ㄷ

---

04 경제모형이 $Y = C + I$, $C = 30 + 0.7Y$, $I = 60 - 6r$, $\dfrac{M}{P} = L$, $L = 0.3Y + (150 - 10r)$, $M = 800$으로 나타날 때 총수요함수는? (단, Y는 실질국민소득, C는 실질소비, I는 실질투자, r은 이자율, L은 실질화폐수요, M은 명목화폐공급, P는 물가수준이다)

① $P = \dfrac{1}{1,000} Y$

② $P = \dfrac{1,000}{Y}$

③ $P = 1,000 - Y$

④ $P = 100r - Y$

---

05 M은행이 준비금으로 2백만 원, 다른 자산으로 850만 원을 가지고 있고 요구불예금은 현재 6백만 원이고 다른 채무의 순가치는 총 450만 원이다. M은행은 대부를 늘리기를 원한다. 법정지불준비율이 10%라면 이 은행의 대출최고한도는?

① 1,040만 원   ② 140만 원

③ 120만 원   ④ 60만 원

06 다음 표는 甲기업과 乙기업이 동일한 생산요소로 최대한 생산할 수 있는 각 재화의 양을 나타낸다. 甲기업과 乙기업이 독자적으로 생산하여 시장에서 판매할 수 있는 상품은 각각 최대 몇 단위인가? (단, 甲기업과 乙기업이 생산하는 제품은 동질적이며 시장에서 상품 1단위를 판매하기 위해서는 스마트폰 1대에 스마트폰 전용 이어폰 1개가 함께 포장되어야 하며, 甲기업과 乙기업의 생산가능곡선은 직선이라 가정한다)

(단위: 개)

구분	스마트폰	스마트폰 전용 이어폰
甲기업	100	300
乙기업	10	100

	甲기업	乙기업
①	75단위	10단위
②	75단위	$9\frac{1}{11}$단위
③	100단위	10단위
④	100단위	$9\frac{1}{11}$단위

07 다음 그림은 단기 완전경쟁시장에서 어떤 개별 기업의 한계비용(marginal cost)과 평균비용(average cost)을 나타낸다. 현재 시장가격이 P_0라고 할 때 색칠한 부분과 그 아래 부분에 대한 설명으로 옳은 것은?

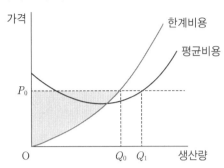

	색칠한 부분	그 아래 부분
①	생산자잉여	총가변비용
②	이윤	총가변비용
③	생산자잉여	총고정비용
④	이윤	총고정비용

08 X재와 Y재를 소비하는 어느 소비자의 효용함수가 $U(X, Y) = 3X + 4Y$이고 X재 가격은 1원, Y재 가격은 3원이다. 소득소비곡선은? (단, M은 소득이다)

① X축

② Y축

③ $Y = -\frac{3}{4}X + U$

④ $3X + Y = M$

09 기대효용이론에 대한 설명으로 옳지 않은 것은?

① 불확실성하의 소비자 행동분석이론이다.

② 불확실성하에서 기대효용과 동일한 효용을 주는 확실한 현금의 크기를 확실성등가라 한다.

③ 위험기피자의 경우, 기대효용보다 기대치의 효용이 더 작기에 효용함수가 아래로 오목하다.

④ 위험선호자의 경우, 기대치가 확실성등가보다 작기에 위험프리미엄이 (−)이다.

10 다음 밑줄 친 ㉠과 ㉡에 들어갈 말로 옳은 것은?

> 솔로우(Solow)성장모형에서 저축률이 상승하면 경제성장률은 단기적으로 ___㉠___, 장기적으로 ___㉡___.

	㉠	㉡
①	증가하며	높아진다
②	증가하며	본래수준으로 복귀한다
③	감소하며	낮아진다
④	감소하며	본래수준으로 복귀한다

11 다음 표는 갑국과 을국이 쌀 1kg과 육류 1kg을 생산하는 데 필요한 비용을 나타낸 것이다. 쌀 1kg과 육류 1kg을 교환하는 조건일 때, 특화 재화 1kg당 갑국과 을국의 무역 이익은?

(단위: 달러)

구분	갑국	을국
쌀 1kg	10	20
육류 1kg	12	15

	갑국	을국
①	2달러	5달러
②	5달러	2달러
③	10달러	3달러
④	3달러	10달러

12 다음 그림은 자유무역하에서 갑국의 생산점(P)과 소비점(C)을 생산가능곡선과 사회무차별곡선을 사용하여 나타낸 것이다. 다음 중 헥셔-올린 무역이론의 입장에서 볼 때 옳지 않은 것은? (단, X재는 노동집약적 재화, Y재는 자본집약적 재화이다)

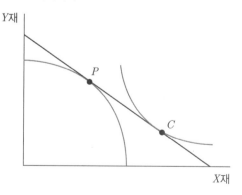

① 갑국은 상대적으로 자본이 풍부한 국가이다.

② 교역 후 갑국에서는 Y재의 상대가격이 상승하였다.

③ 교역 후 갑국에서는 자본의 상대가격이 상승하였다.

④ 교역 후 갑국에서는 Y재 생산의 자본집약도가 증가하였다.

13 국내 예상인플레이션율이 3.0%/년이고, 해외 예상인플레이션율이 2.0%/년인 경우 구매력평가설에 따를 때, 다음 중 향후 1년간 자국통화의 대외가치 관련 예상으로 옳은 것은?

① 1% 절하될 것으로 예상
② 1% 절상될 것으로 예상
③ 5% 절하될 것으로 예상
④ 5% 절상될 것으로 예상

15 다음 그림은 어떤 소규모 개방경제의 국내 저축과 국내 투자를 나타낸다. 세계이자율이 r_0에서 r_1으로 하락할 경우 이 경제에 발생할 변화에 대한 설명으로 옳지 않은 것은?

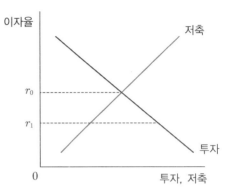

① 순수출은 감소한다.
② 순자본유입은 감소한다.
③ 1인당 자본스톡은 증가한다.
④ 실질환율은 하락한다.

14 철수는 용돈으로 X재, Y재만 소비한다. 용돈이 10,000원이고 X재, Y재의 가격이 각각 1,000원과 500원일 때 철수는 $(x, y) = (5, 10)$을 소비했다. 그런데 X재의 가격은 그대로인데 Y재의 가격이 두 배로 오르자 어머니가 원래 소비하던 상품 묶음을 구매할 수 있는 수준으로 용돈을 인상해 주었다. 다음 중 옳지 않은 것은?

① 철수의 용돈은 5,000원만큼 인상되었다.
② 새로운 예산집합의 면적이 이전보다 크다.
③ X재의 기회비용이 전보다 감소하였다.
④ 철수는 Y재를 10개보다 많이 구매할 것이다.

16 사회후생에 관한 설명으로 옳지 않은 것은?

① 차선의 이론은 부분적 해결책이 최적은 아닐 수 있음을 보여준다.
② 롤즈(J. Rawls)적 가치판단을 반영한 사회 무차별곡선은 L자 모양이다.
③ 파레토 효율성 조건은 완전경쟁의 상황에서 충족된다.
④ 애로우(K. Arrow)의 불가능성 정리에서 파레토원칙은 과반수제를 의미한다.

17 수요와 공급의 탄력성에 관한 설명으로 옳은 것은?

① 수요곡선이 수직이면 가격탄력성이 무한대이다.
② 우하향하는 직선의 수요곡선상 모든 점에서 가격탄력성은 같다.
③ 가격탄력성이 1보다 크면 비탄력적이다.
④ 우상향 직선의 공급곡선 Y축 절편이 0보다 크면 가격탄력성은 무조건 1보다 크다.

18 한국은행의 통화정책 수단과 제도에 관한 설명으로 옳지 않은 것은?

① 국채 매입·매각을 통한 통화량 관리
② 금융통화위원회는 한국은행 통화정책에 관한 사항을 심의·의결
③ 재할인율 조정을 통한 통화량 관리
④ 고용증진 목표 달성을 위한 물가안정목표제 시행

19 폐쇄경제에서 국내총생산이 소비, 투자, 그리고 정부지출의 합으로 정의된 항등식이 성립할 때, 국내총생산과 대부자금시장에 관한 설명으로 옳지 않은 것은?

① 총저축은 투자와 같다.
② 민간저축이 증가하면 투자가 증가한다.
③ 총저축은 민간저축과 정부저축의 합이다.
④ 민간저축이 증가하면 이자율이 하락하여 정부저축이 증가한다.

20 화폐의 중립성이 성립하면 발생하는 현상으로 옳은 것은?

① 장기적으로는 고전적 이분법을 적용할 수 없다.
② 통화정책은 장기적으로 실업률에 영향을 줄 수 없다.
③ 통화정책은 장기적으로 실질 경제성장률을 제고할 수 있다.
④ 통화정책으로는 물가지수를 관리할 수 없다.

21 지원이는 고정된 소득으로 X재와 Y재만을 소비한다고 가정하자. Y재의 가격은 일정한데 X재의 가격이 하락함에 따라 소비균형점이 E_0에서 E_1으로 이동하였다. 이로부터 알 수 있는 것은?

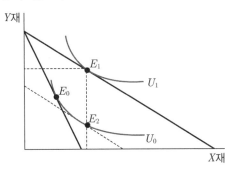

① X재는 열등재인 동시에 기펜(Giffen)재이다.
② X재의 보상수요곡선은 보통수요곡선보다 가파르다.
③ X재의 엥겔곡선은 우상향한다.
④ X재의 수요는 가격에 대해 비탄력적이다.

22 배추와 김치 두 재화만 생산하는 국가를 가정하자. 배추회사는 자체적으로 필요한 투입물을 모두 생산한다. 김치회사는 배추를 유일한 중간투입물로 이용하여 김치를 생산한다. 두 회사는 재화를 생산하기 위해 노동자를 고용하며, 판매된 재화의 가치에서 임금 및 중간투입물 비용을 차감한 만큼 이윤을 얻는다. 아래 표를 보고 국내총생산을 계산할 때, 다음 중 옳지 않은 것은?

구분	배추회사	김치회사
중간투입물 비용	0	150
임금	100	250
생산물 가치	150	500

① 노동소득 분배율은 60%이다.
② 배추회사가 창출한 부가가치는 150이다.
③ 김치회사가 창출한 부가가치는 350이다.
④ 배추회사와 김치회사의 이윤은 각각 50과 100이다.

23 완전경쟁시장에서 조업하고 있는 A기업의 생산함수는 $Q = L^{0.5}K^{0.5}$이고, 단기적으로 자본을 2단위 투입한다. 이 기업의 손익분기점에서 시장가격은 얼마인가? (단, 노동과 자본의 가격은 각각 1이다)

① 1   ② 2
③ 3   ④ 4

24 어떤 경제를 다음과 같은 필립스(Phillips)모형으로 표현할 수 있다고 할 때, 다음 설명 중 옳은 것은?

> • $\pi_t = \pi_t^e - \alpha(u_t - \bar{u})$
> • $\pi_t^e = 0.7\pi_{t-1} + 0.2\pi_{t-2} + 0.1\pi_{t-3}$
> (단, π_t는 t기의 인플레이션율, π_t^e는 t기의 기대 인플레이션율, α는 양의 상수, u_t는 t기의 실업률, $\bar{u}$는 자연실업률이다)

① 적응적 기대를 가정하고, α값이 클수록 희생률이 커진다.
② 적응적 기대를 가정하고, α값이 클수록 희생률이 작아진다.
③ 합리적 기대를 가정하고, α값이 클수록 희생률이 커진다.
④ 합리적 기대를 가정하고, α값이 클수록 희생률이 작아진다.

25 다음은 신고전학파의 투자모형이 적용되는 경제이다. 이 경제에서 자본량은 자본 추가에 따른 실질이윤율이 양수이면 증가, 음수이면 감소, 영이면 변함이 없다. 이 경제의 정상상태에서 자본량은 얼마인가?

- 자본 추가에 따른 실질이윤율: $MP_K - P_K(r+\delta)$
- 생산함수: $Y = K^{1/2}(\overline{L})^{1/2}$
- 시장에서 주어진 자본의 실질가격, 실질이자율:
  $P_K = 100,\ r = 2\%$
- 고정된 노동량, 감가상각률: $\overline{L} = 100,\ \delta = 8\%$

(단, $MP_K, P_K, r, \delta, Y, K, \overline{L}$ 는 각각 자본의 한계생산물, 자본의 실질가격, 실질이자율, 감가상각률, 생산물, 자본량, 고정된 노동량이며 자본의 가격상승률은 생산물 가격상승률과 같다고 가정한다)

---

① $\dfrac{1}{4}$ 　　　② $\dfrac{1}{2}$

③ 2 　　　④ 4

03회 Review

문항	정답	과목	키워드	Self Check	문항	정답	과목	키워드	Self Check
01	④	거시	거시경제모형	○/△/×	14	④	미시	약공리	○/△/×
02	④	미시	외부불경제	○/△/×	15	②	국제	세계이자율의 하락	○/△/×
03	①	미시	현시선호이론	○/△/×	16	④	미시	후생경제이론	○/△/×
04	②	거시	AD곡선	○/△/×	17	④	미시	탄력성	○/△/×
05	②	거시	초과지급준비금	○/△/×	18	④	거시	통화정책	○/△/×
06	②	미시	생산가능곡선	○/△/×	19	④	거시	일반균형	○/△/×
07	①	미시	완전경쟁시장	○/△/×	20	②	거시	화폐의 중립성	○/△/×
08	①	미시	소득소비곡선	○/△/×	21	①	미시	수요곡선	○/△/×
09	③	미시	기대효용이론	○/△/×	22	①	거시	부가가치	○/△/×
10	②	거시	솔로우성장모형	○/△/×	23	②	미시	손익분기점	○/△/×
11	①	국제	무역이론	○/△/×	24	②	거시	필립스모형	○/△/×
12	④	국제	자유무역	○/△/×	25	①	거시	정상상태	○/△/×
13	①	국제	구매력평가설	○/△/×					

[Self Check] 문제에 대한 이해 정도를 스스로 점검하여 ○(문제 이론의 내용을 정확히 알고 있음)/ △(개념이 헷갈리거나 정확히 알지 못함)/×(생소하거나 학습하지 못한 이론)으로 구분하여 표시합니다.

핵심지문 OX

시험 직전 꼭 되짚어야 할 핵심지문을 ○×문제로 확인해보시기 바랍니다.

01 일반적인 생산가능곡선에서 우하방의 점으로 이동할수록 Y재 생산의 한계비용이 커진다. (　　)

02 불확실성하에서 기대효용과 동일한 효용을 주는 확실한 현금의 크기를 확실성등가라 한다. (　　)

03 기술진보가 이루어진다면 더 적은 양의 생산요소 투입으로도 동일한 양의 재화를 생산할 수 있기에 등량곡선은 원점에 가까워진다. (　　)

04 평균생산물이 극대일 때 평균비용은 극소이다. (　　)

05 통화공급의 내생성, 즉 통화공급이 이자율의 증가함수이면 금융정책의 유효성이 낮아진다. (　　)

06 케인즈는 명목임금이 신축적이기에 항상 완전고용이 달성되고 실업은 일시적 현상으로 본다. (　　)

07 AD곡선의 기울기는 LM곡선과 유사하고 IS곡선과 반대이다. (　　)

08 아담스미스는 자본주의 경제는 근본적으로 안정적이기에 정부개입이 불필요하다는 비개입주의를 주장한다. (　　)

09 수출재 위주의 경제성장으로 경제성장 이후에 오히려 후생수준이 낮아지는 것을 바그와티의 궁핍화성장이라 한다. (　　)

10 립진스키정리는 어떤 재화의 상대가격이 상승하면 그 재화에 집약적으로 사용되는 생산요소소득이 증가한다는 것이다. (　　)

[정답] 01 × 생산가능곡선에서 우하방의 점으로 이동할수록 MRT_{XY}가 증가하기에 X재 생산의 한계비용이 커지고 Y재 생산의 한계비용은 작아진다. 02 ○ 03 ○ 04 × 평균생산물이 극대일 때 평균비용이 아니라 평균가변비용이 극소이다. 05 ○ 06 × 아담스미스는 명목임금이 신축적이기에 항상 완전고용이 달성되고 실업은 일시적 현상으로 본다. 07 × AD곡선의 기울기는 IS곡선과 유사하고 LM곡선과 반대이다. 08 ○ 09 ○ 10 × 립진스키정리가 아닌 스톨퍼-사무엘슨정리에 대한 설명이다.

04회 실전동형모의고사

제한시간 : 20분 시작 시 분 ~ 종료 시 분 점수 확인 개/ 25개

01 $Y = AK^{0.3}L^{0.7}$인 콥-더글라스(Cobb-Douglas) 생산함수에 대한 설명으로 옳은 것은? (단, Y는 생산량, K는 자본량, L은 노동량이다)

① 자본가에게는 전체 소득의 70%, 노동자에게는 전체 소득의 30%가 분배된다.

② 만약 이민으로 노동력만 10% 증가하였다면 총생산량과 자본의 임대가격은 상승하나 실질임금은 하락한다.

③ 만약 노동력과 자본 모두가 10%씩 증가하였다면 총생산량, 자본의 임대가격, 실질임금 모두 10%씩 증가한다.

④ A는 기술수준을 나타내는 매개변수로 A가 상승하면 총생산량은 증가하나 자본의 임대가격과 실질임금은 변화하지 않는다.

02 어떤 경제의 2020년, 2021년의 연간 물가상승률이 각각 2%, 4%였고, 같은 기간 동안 연초 명목이자율은 각각 5%, 6%였다고 하자. 또한 사람들의 예상물가상승률은 전년도의 물가상승률과 같다고 하자(즉, 사람들은 전년도 물가상승률이 올해에 그대로 실현될 것이라고 예상한다). 만약 피셔방정식(Fisher equation)이 성립한다면 2021년 초에 1년짜리 예금에 가입할 당시의 예상실질이자율은?

① 1% ② 2%
③ 3% ④ 4%

03 경제성장에 관한 해로드-도마모형(Harrod-Domar model)과 솔로우모형(Solow model)에 대한 설명으로 옳은 것은?

① 솔로우모형은 생산요소 간 대체가 불가능하고 규모에 대한 보수가 불변인 레온티에프 1차동차 생산함수를 가정한다.

② 해로드-도마모형은 매 기당 인구증가율과 자본증가율이 외생적으로 일정하게 주어진다고 가정한다.

③ 솔로우모형과 달리 해로드-도마모형은 저축률은 일정한 반면 사전적 투자수요와 사후적 투자지출이 같아서 매 기당 균형이 유지된다고 본다.

④ 해로드-도마모형과 달리 솔로우모형은 완전고용균형성장은 경제성장률, 자본증가율, 인구증가율이 같을 때 이루어진다고 주장한다.

04 화폐수요에 대한 설명으로 옳지 않은 것은?

① 케인즈(Keynes)에 따르면 화폐수요는 이자율에 반비례한다.

② 보몰-토빈(Baumol-Tobin)은 이자율이 올라가면 거래목적의 현금 보유도 줄어들기 때문에 화폐유통속도는 증가한다고 주장한다.

③ 토빈의 포트폴리오이론(Tobin's portfolio theory)에 의하면 이자율상승 시 소득효과는 화폐수요를 증가시킨다.

④ 보몰-토빈(Baumol-Tobin)에 따르면 거래적 화폐수요에는 범위의 경제가 존재한다.

05 재화시장과 화폐시장에서 정상적인 균형관계가 성립할 때, 고정환율제도하에서 확장적 통화정책의 효과에 대한 설명으로 옳지 않은 것은? (단, 확장적 통화정책은 국공채매입을 통해 실시하고 국내 및 외국물가수준은 고정이며, 자본이동이 불완전할 경우 중앙은행 완전중화정책을 실시하지만 자본이동이 완전할 경우에는 실시하지 않는다고 가정한다)

① 자본이동이 불완전한 경우에 확장적 통화정책은 금리를 하락시키고 실질국민소득을 향상시킨다.

② 자본이동이 불완전한 경우에 확장적 통화정책은 자본의 이동성 정도와는 상관없이 국제수지를 악화시킨다.

③ 자본이동이 완전한 경우에 확장적 통화정책은 금리에는 영향을 주지 못하지만 실질국민소득은 향상시킨다.

④ 자본이동이 완전한 경우에 확장적 통화정책은 국제수지에 영향을 미치지 못한다.

06 ○○국 정부는 2021년 대기 오염물질 연간 배출 허용량을 A, B, C 세 기업에게 각각 120톤으로 할당하고, 오염물질배출량이 허용량 기준보다 적은 기업은 허용량을 초과한 기업에게 배출권을 팔 수 있는 '오염물질배출권 거래제'를 시행했다. 각 기업은 허용량까지 배출하는 데는 비용이 들지 않으나, 배출권을 구입하지 않고 허용량을 초과하여 배출하는 경우 초과량에 대해서 톤당 15,000원의 부담금을 납부해야 한다.

(단위: 톤)

구분	A 기업	B 기업	C 기업
2020년 배출량	110	130	180
2021년 허용량	120	120	120

〈연간 오염물질배출량 및 허용량〉

(단위: 원)

구분	연간 20톤 미만	연간 20톤 이상 50톤 미만	연간 50톤 이상
정화비용 (톤당)	13,000	12,000	11,000

〈기업의 초과 오염물질정화 비용〉

* 오염물질배출권 시장에는 A, B, C 기업만이 존재하고 오염물질배출권 가격이 시장에서 초과 수요가 없어질 때까지 조정된다고 가정함

** 각 기업의 2021년 예상 배출량은 2020년도와 동일하다고 가정함

위 제도의 도입에 따른 영향으로 옳지 않은 것은?

① A 기업은 이 제도의 시행으로 새로운 수익이 발생할 것이다.

② B 기업이 자체적인 오염물질정화를 선택한다면 정화비용은 130,000원일 것이다.

③ C 기업은 배출권의 구입보다는 자체적인 오염물질정화를 선호할 것이다.

④ 오염물질배출권의 거래량은 오염물질 70톤에 해당할 것이다.

07 생산함수가 $Y = L^2$ 일 때 평균비용과 한계비용에 대한 설명으로 옳은 것은? (단, L은 노동, Y는 생산량을 나타내고, 생산요소시장은 완전경쟁적이다)

	평균비용	한계비용
①	우하향	우하향
②	우하향	우상향
③	우상향	우상향
④	우상향	우하향

08 다음 그림은 가계의 노동소득과 여가 사이의 관계를 나타낸 것이다. 가로축(L)은 여가, 세로축(C)은 노동소득이며, 하루 24시간 중 총가용시간에서 여가를 제외한 나머지 시간은 노동으로 사용한다. 다음 그림에서 가계의 노동소득과 여가 사이의 관계가 점 A에서 점 B로 변화할 경우 이에 대한 설명으로 옳은 것은?

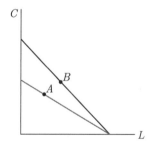

① 시장임금률이 낮아진다.
② 가계의 노동소득이 감소한다.
③ 가계의 여가시간이 감소한다.
④ 가계의 노동시간이 감소한다.

09 다른 조건이 동일할 때, A에게는 X재 1단위가 추가(감소)된 경우와 Y재 2단위가 추가(감소)될 때 동일한 효용의 증가(감소)가 나타나고, B에게는 Y재 1단위가 추가(감소)된 경우와 X재 3단위가 추가(감소)된 경우에 동일한 효용의 증가(감소)가 나타난다. 다음 설명 중 옳은 것은?

① 현 상태는 파레토 최적상태이다.
② 현 상태에서 A, B의 X재, Y재에 대한 한계대체율은 같다.
③ A의 경우에 Y재의 한계효용은 X재의 한계효용보다 크다.
④ A가 Y재 1단위를 B에게 양도하고 X재 1단위를 받으면 현 상태가 개선될 수 있다.

10 어느 완전경쟁기업의 비용구조가 다음과 같을 때, 이 기업이 조업을 중단하게 되는 시장가격은? (단, 이 기업의 고정비용은 100이다)

생산량	0	1	2	3	4	5	6	7	8	9	10
총비용	100	130	150	160	172	185	210	240	280	330	390

① 13   ② 15
③ 17   ④ 21

11 $IS-LM$모형에서 정부가 소비자의 소득에 대해 부과한 정액세를 인상하고, 동시에 균형소득을 정액세 인상 이전과 동일한 수준으로 유지되도록 정부가 통화량을 증가시킬 경우에 나타나는 정책효과는? (단, IS곡선은 우하향, LM곡선은 우상향, 소비는 가처분소득만의 증가함수이며, 투자는 이자율만의 감소함수이다)

① 소비는 감소하고 투자는 증가한다.
② 소비는 증가하고 투자는 감소한다.
③ 소비는 증가하고 투자는 증가한다.
④ 소비는 감소하고 투자는 감소한다.

12 다음 자료에 대한 옳은 설명을 〈보기〉에서 고른 것은?

그림은 고용과 관련한 갑국의 15세이상인구 구성을 나타낸다. 갑국은 기존에 취업자로 분류되던 A와 비경제활동인구로 분류되던 B를 재분류하여 고용 상황을 더 정확하게 파악하려고 한다.

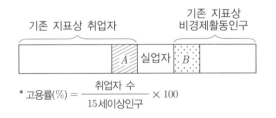

* 고용률(%) = $\dfrac{\text{취업자 수}}{\text{15세이상인구}} \times 100$

─〈보기〉─
ㄱ. A를 실업자에 포함하면 경제활동참가율이 상승한다.
ㄴ. B를 실업자에 포함하면 실업률이 상승한다.
ㄷ. A, B를 모두 실업자에 포함하면 고용률이 하락한다.
ㄹ. A, B를 모두 실업자에 포함하면 경제활동참가율이 하락한다.

① ㄱ, ㄴ
② ㄱ, ㄷ
③ ㄴ, ㄷ
④ ㄴ, ㄹ

13 노동수요는 $L_d = 19,000 - w$, 노동공급은 $L_s = -4,000 + w$이고 정부가 근로시간당 1,000의 세금을 부과할 때, 근로자가 받을 세후 임금과 정부의 조세수입을 바르게 나열한 것은? (단, w는 시간당 임금이다)

	세후 임금	조세수입
①	11,000	7,000,000
②	11,000	7,500,000
③	11,500	7,000,000
④	12,000	7,500,000

14 어느 국민경제의 단기 총공급곡선과 총수요곡선은 각각 $Y = \overline{Y} + \alpha(P - P^e)$와 $Y = \dfrac{2M}{P}$이다. 경제주체들은 이용가능한 모든 정보를 활용하여 합리적으로 기대를 형성한다. 이 국민경제에 대한 설명으로 옳지 않은 것은? (단, Y는 산출량, $\overline{Y}$는 자연산출량, P는 물가수준, P^e는 기대물가수준, M은 통화량이며 $\alpha > 0$가 성립한다)

① 단기 총공급곡선의 기울기는 $\dfrac{1}{\alpha}$이다.
② 예상된 통화량 증가는 물가수준을 높일 것이다.
③ 예상된 물가수준의 상승은 산출량을 증가시키지 못한다.
④ 물가예상 착오(price misconception)가 커질수록 공급곡선의 기울기는 가팔라질 것이다.

15 장기 총공급곡선이 $Y = 2,000$에서 수직이고, 단기 총공급곡선은 $P = 1$에서 수평이다. 총수요곡선은 $Y = \dfrac{2M}{P}$ 이고 $M = 1,000$이다. 최초에 장기균형 상태였던 국민경제가 일시적 공급충격을 받아 단기 총공급곡선이 $P = 2$로 이동하였을 때, 총수요곡선과 장기 총공급곡선이 변하지 않았다면 공급충격 후에 장기균형은? (단, Y는 국민소득, P는 물가, M은 통화량이다)

① $(P : Y) = (1 : 2,000)$

② $(P : Y) = (2 : 1,000)$

③ $(P : Y) = (1 : 1,000)$

④ $(P : Y) = (2 : 2,000)$

16 어떤 소비자의 효용함수는 $U(x, y) = 20x - 2x^2 + 4y$ 이고, 그의 소득은 24이다. 가격이 $P_X = 6$, $P_Y = 2$일 때, X재와 Y재의 최적 소비량은? (단, x, y는 각각 X재와 Y재의 소비량이다)

① $(x = 2, y = 8)$ ② $(x = 4, y = 8)$

③ $(x = 2, y = 6)$ ④ $(x = 4, y = 6)$

17 소비자물가지수에 관한 설명으로 옳지 않은 것은?

① 기준연도에서 항상 100이다.

② 대체효과를 고려하지 못해 생계비 측정을 왜곡할 수 있다.

③ 가격변화 없이 품질이 개선될 경우, 생계비 측정을 왜곡할 수 있다.

④ GDP 디플레이터보다 소비자들의 생계비를 더 왜곡한다.

18 기업 A의 생산함수가 $Q = \sqrt{2K + L}$ 이다. 이에 관한 설명으로 옳은 것은? (단, Q는 산출량, K는 자본, L은 노동이다)

① 생산함수는 규모에 대한 수확불변이다.

② 등량곡선의 기울기는 -4이다.

③ 두 생산요소는 완전보완재이다.

④ 등량곡선과 등비용곡선의 기울기가 다르면 비용최소화 점에서 한 생산요소만 사용한다.

19 다음의 기존 가정에 따라 독립투자승수를 계산했다. 계산된 승수를 하락시키는 가정의 변화를 모두 고르면?

기존 가정	가정의 변화
ㄱ. 생산자들은 고정된 가격에 추가적인 생산물을 공급한다.	→ 총공급곡선이 수직이다.
ㄴ. 이자율은 고정이다.	→ 이자율 상승에 따라 투자가 감소한다.
ㄷ. 정부지출과 세금은 없다.	→ 정부지출과 세금이 모두 외생적으로 증가한다.
ㄹ. 수출과 수입은 모두 영(0)이다.	→ 수출과 수입이 모두 외생적으로 증가한다.

① ㄱ, ㄴ
② ㄱ, ㄷ
③ ㄴ, ㄷ
④ ㄴ, ㄹ

20 표는 기업 甲과 乙로만 구성된 A국의 연간 국내 생산과 분배를 나타낸다. 이에 관한 설명으로 옳지 않은 것은?

항목	甲	乙
매출액	400	900
중간투입액	0	400
임금	250	300
이자	0	50
임대료	100	100
이윤	( )	( )
요소소득에 대한 총지출	( )	( )
부가가치	( )	( )

① 기업 甲의 요소소득에 대한 총지출은 400이다.
② 기업 甲의 부가가치는 400이다.
③ 기업 甲의 이윤은 기업 乙의 이윤과 같다.
④ A국의 국내총생산은 기업 甲과 기업 乙의 매출액 합계에서 요소소득에 대한 총지출을 뺀 것과 같다.

21 모든 시장이 완전경쟁 상태인 경제에서 총생산함수는 $Y = AL^{2/3}K^{1/3}$이다. 매년 L, K, A가 각각 3%씩 증가하는 경제에 관한 설명으로 옳은 것을 모두 고른 것은? (단, Y는 국내총생산, L은 노동량, K는 자본량, A는 총요소생산성이다)

ㄱ. 총생산함수는 규모수익불변이다.
ㄴ. 노동소득분배율은 $\frac{2}{3}$이다.
ㄷ. 경제성장률은 6%이다.

① ㄱ
② ㄱ, ㄴ
③ ㄴ, ㄷ
④ ㄱ, ㄴ, ㄷ

22 성장모형에서 $\frac{s}{v} < n$ (s = 한계저축성향, n = 인구증가율, v = 자본계수)과 같은 관계식이 성립한다면, 다음 중 옳은 것은?

① 이자율에 비해 임금이 싸므로 자본-노동비율이 증가한다.
② 이자율에 비해 임금이 비싸므로 자본-노동비율이 증가한다.
③ 이자율에 비해 임금이 싸므로 자본-노동비율이 감소한다.
④ 이자율에 비해 임금이 비싸므로 자본-노동비율이 감소한다.

23 한 나라의 쌀 시장에서 국내 생산자의 공급곡선은 $P = 2Q$, 국내 소비자의 수요곡선은 $P = 12 - Q$이며, 국제시장의 쌀 공급곡선은 $P = 4$이다. 만약 이 나라 정부가 수입쌀에 대해 50%의 관세를 부과한다면 정부의 관세수입 규모는? (단, 이 나라는 소규모 경제이며 Q는 생산량, P는 가격이다)

① 2   ② 3
③ 6   ④ 8

24 패스트푸드 판매업자인 A 씨는 아래와 같은 최대지불용의금액을 갖고 있는 두 명의 고객에게 햄버거, 감자튀김, 콜라를 판매한다. 판매전략으로 묶어팔기(Bundling)를 하는 경우, 햄버거와 묶어 팔 때가 따로 팔 때보다 이득이 더 생기는 품목과 해당상품을 햄버거와 묶어 팔 때 얻을 수 있는 최대 수입은?

구분	최대지불용의금액		
	햄버거	감자튀김	콜라
고객 (ㄱ)	4,000	2,500	1,500
고객 (ㄴ)	6,000	3,000	1,000

① 감자튀김, 13,000   ② 감자튀김, 14,000
③ 콜라, 10,000   ④ 콜라, 11,000

25 한국과 미국 간 유위험이자율평가설(uncovered interest rate parity)이 성립한다. 원화표시 채권의 명목이자율이 6%/년, 미 달러화 표시 채권의 명목이자율이 4%/년, 현재 환율이 미화 1달러 당 1,200원인 경우, 다음 중 3개월 후 원-달러환율의 예상치로서 가장 가까운 것은?

① 1,176원   ② 1,194원
③ 1,206원   ④ 1,224원

04회 Review

문항	정답	과목	키워드	Self Check	문항	정답	과목	키워드	Self Check
01	②	거시	$C-D$생산함수	○/△/×	14	④	거시	합리적 기대	○/△/×
02	④	거시	피셔방정식	○/△/×	15	①	거시	총수요와 총공급	○/△/×
03	②	거시	경제성장	○/△/×	16	③	미시	효용극대화	○/△/×
04	④	거시	화폐수요	○/△/×	17	④	거시	소비자물가지수	○/△/×
05	③	국제	$IS-LM-BP$곡선	○/△/×	18	④	미시	생산이론	○/△/×
06	④	미시	오염배출권거래제도	○/△/×	19	①	거시	투자승수	○/△/×
07	①	미시	평균비용과 한계비용	○/△/×	20	④	거시	국민소득	○/△/×
08	④	미시	여가와 소득 간 효용극대화	○/△/×	21	④	거시	성장회계	○/△/×
09	④	미시	완전경쟁시장	○/△/×	22	③	거시	성장모형	○/△/×
10	③	미시	조업중단점	○/△/×	23	③	국제	관세	○/△/×
11	①	거시	$IS-LM$곡선	○/△/×	24	④	미시	묶어팔기	○/△/×
12	③	거시	고용지표	○/△/×	25	③	국제	이자율평가설	○/△/×
13	①	미시	조세부과	○/△/×					

[Self Check] 문제에 대한 이해 정도를 스스로 점검하여 ○(문제 이론의 내용을 정확히 알고 있음)/ △(개념이 헷갈리거나 정확히 알지 못함)/×(생소하거나 학습하지 못한 이론)으로 구분하여 표시합니다.

핵심지문 OX

시험 직전 꼭 되짚어야 할 핵심지문을 ○×문제로 확인해보시기 바랍니다.

01 효용개념을 이용하지 않는다는 점에서 현시선호이론은 기존의 소비자이론과 구분된다. (   )

02 독점기업은 단기적으로도 항상 초과이윤을 얻는다. (   )

03 죄수의 딜레마 상황이 무한 반복되는 경우 참가자들 간의 협조가 더 어려워진다. (   )

04 공정한 보험료와 위험프리미엄의 합을 최대보험료라 한다. (   )

05 모든 실질변수가 통화량과 무관하게 실물부문에 의해 결정되기에 통화량변화에도 물가변화는 명목변수만 영향을 줄 뿐 실질변수는 불변인 것을 구축효과라 한다. (   )

06 고전학파는 미래에 대해 현상태가 그대로 유지될 것으로 예상하는 정태적 기대로 화폐환상이 존재한다고 가정한다. (   )

07 불확실성이 존재하는 경우 옵션의 가치가 커지기에 투자가 감소하게 되는 것을 투자옵션모형이라 한다. (   )

08 피구효과로 유동성함정하에서도 금융정책이 유효함을 보여준다. (   )

09 여러 국제가격수준에서 수출하고자 하는 재화의 양과 수입하고자 하는 재화의 양의 조합을 오퍼곡선이라 한다. (   )

10 (고정환율제도하) 자본이동이 완전한 경우, BP곡선은 수평선으로, 재정정책은 매우 효과적이나 금융정책은 전혀 효과가 없다. (   )

[정답] 01 ○ 02 × 독점기업은 단기적으로 초과이윤을 얻을 수도, 손실을 볼 수도 있다. 03 × 죄수의 딜레마 상황이 1회라면 협력을 기대하기 어렵지만 무한반복되는 경우 상대방의 보복을 염려하여 참가자들 간의 협조가 용이해진다. 04 ○ 05 × 화폐의 중립성에 대한 설명이다. 06 × 케인즈는 미래에 대해 현상태가 그대로 유지될 것으로 예상하는 정태적 기대로 화폐환상이 존재한다고 가정한다. 07 ○ 08 ○ 09 ○ 10 ○

05회 실전동형모의고사

제한시간 : 20분 시작 시 분 ~ 종료 시 분 점수 확인 개/ 25개

01 경제학파들의 안정화정책에 대한 주장 중 옳은 것은?

① 초기의 케인즈학파는 필립스곡선은 우상향하며, 경제안 정화정책에 유용하게 활용할 수 있다고 생각했다.

② 통화주의는 재량적 정책에 따라 경제정책을 운영해 나 가야 한다고 주장했다.

③ 새케인즈학파는 합리적 기대이론을 분석의 틀로 수용하 되, 임금과 물가의 경직성에 대하여 미시경제학적으로 설명하고자 했다.

④ 새고전학파의 합리적 기대이론에 따르면 예상되지 못한 정책도 실질변수에 영향을 미치지 못하게 된다.

02 다음 자료에 대한 분석으로 옳지 않은 것은?

그림은 갑국과 을국의 X, Y 두 재화에 대한 생산 가능 곡선을 나타낸 것이다. 갑국은 을국에게 비교 우위가 있 는 재화에 특화하여 생산한 후 일정한 비율로 두 재화를 교역할 것을 제안하였다. 이에 을국은 교역을 통해 한 재 화라도 현재보다 소비가 줄어들지 않을 경우에만 갑국의 제안을 수락하겠다고 하였다.

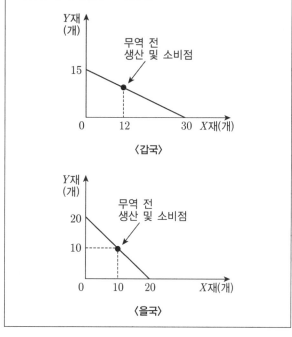

① 교역 전 갑국의 경우 X재 1개 생산의 기회비용은 Y재 $\frac{1}{2}$개이다.

② 교역 전 을국의 경우 X재와 Y재의 교환 비율은 Y재 1개당 X재 1개이다.

③ 교역 전 갑국과 을국의 Y재 생산량 합계는 19개이다.

④ 교역을 통해 갑국이 최대로 소비할 수 있는 X재와 Y 재의 수량은 각각 10개와 10개이다.

03 국가 간 자본의 자유이동과 고정환율제도를 가정할 때, 국민 소득을 증가시키기 위한 확장적 재정정책과 확장적 통화정책의 효과에 대한 설명으로 옳은 것은?

① 재정정책이 통화정책보다 효과가 크다.
② 재정정책과 통화정책 모두 효과가 없다.
③ 재정정책과 통화정책 모두 효과가 크다.
④ 통화정책이 재정정책보다 효과가 크다.

05 생산요소시장에 대한 설명으로 옳은 것은?

① 이전수입은 요소공급에 따른 기회비용을 의미한다.
② 요소수요가 비탄력적일수록 경제적 지대가 증가한다.
③ 장기 완전경쟁시장에서 준지대는 발생한다.
④ 손실이 발생한 경우 준지대는 총고정비용에 손실을 합하여 계산한다.

04 후방굴절 노동공급곡선에 대한 설명으로 옳은 것은?

① 여가가 정상재인 경우, 대체효과가 소득효과보다 클 때 후방굴절 노동공급곡선이 나타난다.
② 여가가 정상재인 경우, 소득효과가 대체효과보다 클 때 후방굴절 노동공급곡선이 나타난다.
③ 여가가 열등재인 경우, 대체효과가 소득효과보다 클 때 후방굴절 노동공급곡선이 나타난다.
④ 여가가 열등재인 경우, 소득효과가 대체효과보다 클 때 후방굴절 노동공급곡선이 나타난다.

06 어느 나라의 단기 필립스곡선은 $\pi = n - u + \pi_e$ 이다. 5% 의 물가상승을 예상하여 실업률을 3% 로 낮추었더니 실제적으로 7.5% 의 물가상승이 일어났다. 이 나라의 자연실업률은 얼마인가? (단, π 는 실제물가상승률, n 은 정 (正)의 상수, u 는 실업률, π_e 는 예상물가상승률이다)

① 3.5%
② 4.5%
③ 5.5%
④ 6.5%

07 개방경제체제하에 있는 소국 A는 세계시장에서 의류 한 벌을 40달러에 수출할 수 있다고 한다. A국 내 의류의 공급곡선(S)은 $S = -30 + 2P$이고, 수요곡선(D)은 $D = 45 - \dfrac{1}{2}P$이다. 의류 한 벌당 10달러의 보조금을 지급할 때, A국에 미치는 사회적 후생 순손실(deadweight loss)은? (단, P는 가격이다)

① 125달러   ② 250달러

③ 350달러   ④ 375달러

08 매년 이자를 지급하는 일반 이표채권(straight coupon bond)의 액면가는 100만 원이고, 이표이자율은 20%이다. 현재 상황에 대한 설명으로 옳지 않은 것은?

① 채권의 수익률과 시장이자율은 같다.

② 채권가격과 수익률은 반비례 관계이다.

③ 이표이자액은 매년 20만 원으로 동일하게 지급된다.

④ 수익률이 20%보다 낮아진다면 채권의 가격도 100만 원보다 낮아진다.

09 국내의 갑 기업이 A상표권을 외국의 을 기업으로부터 인수하고 현금을 지급하였다. 이를 국제수지표상에 표시하고자 할 때 옳은 것은?

수취 및 지급 계정	외화수취	외화지급
경상수지	㉠	㉡
자본·금융계정	㉢	㉣

〈국제수지표〉

① ㉠   ② ㉡

③ ㉢   ④ ㉣

10 X재가 중립재이고 Y재가 정상재인 경우의 무차별곡선은?

① $X + Y = 100$ ② $\min[X, Y] = 100$

③ $X = 100$ ④ $Y = 200$

11 케인즈의 국민소득결정이론에서 한계소비성향이 0.5인 조건하에서 균형국민소득이 가장 크게 증가하는 경우는?

① 정부지출이 200억 원 증가하는 경우
② 조세가 200억 원 감소하는 경우
③ 투자가 150억 원 증가하는 경우
④ 정부지출이 200억 원 증가하는 경우와 조세가 200억 원 감소하는 경우 모두

12 실물적 균형경기변동론에 대한 설명으로 옳은 것은?

① 화폐의 중립성을 가정한다.
② 유리한 수요충격이 발생하면 호경기가 초래된다.
③ LM곡선에 영향을 미치는 충격도 경기변동의 요인이 된다고 본다.
④ 화폐적 균형경기변동론과 달리 경기변동의 지속성을 설명하지 못한다.

13 아래의 폐쇄경제모형에서 균형국민소득은?

- $C = 100 + 0.8(Y - T)$
- $M^d = M^s$
- $I = 150 - 600r$
- $\dfrac{M^d}{P} = 2Y - 8{,}000(r + \pi^e)$
- $G = 200,\ T = 0.5Y$
- $M^s = 1{,}000$
- $P = 1,\ \pi^e = 0$

(Y: 소득, C: 소비, I: 투자, r: 실질이자율, T: 세입, G: 정부지출, P: 물가, π^e: 기대물가상승률, M^d: 명목화폐수요, M^s: 명목화폐공급)

① 600   ② 700
③ 800   ④ 900

14 다음의 설명 중 옳지 않은 것은?

① 국민총소득(gross national income, GNI)은 한 나라 국민이 일정 기간 동안 벌어들인 임금·이자·지대 등의 요소소득을 모두 합한 것이다.
② 국민순소득(net national income, NNI)은 국민소득(national income, NI)에서 간접세를 빼고 정부의 기업보조금을 합한 것이다.
③ 생산자물가지수(producer price index, PPI)는 라스파이레스 방식을 이용하여 작성한다.
④ 소비자물가지수(consumer price index, CPI)는 가계소비지출에서 차지하는 비중이 높은 품목의 가격을 가중평균하여 작성한다.

15 두 생산요소 자본 K와 노동 L을 투입하는 A기업의 생산함수가 $Q = (\min\{L, 3K\})^{0.5}$로 주어져 있다. 산출물의 가격은 p, 노동의 가격은 $w = 4$, 자본의 가격은 $r = 6$인 경우, 이윤을 극대화하는 A기업의 공급(Q_S)곡선은? (단, 생산물시장과 생산요소시장은 완전경쟁적이다)

① $Q_S = p \times \min\{w, 3r\}$

② $Q_S = \dfrac{p}{12}$

③ $Q_S = p \times \max\{w, 3r\}$

④ $Q_S = 6p$

16 주어진 예산으로 효용 극대화를 추구하는 소비자 A의 효용함수는 $U(X, Y) = X^{0.3}Y^{0.7}$일 때, A의 수요에 관한 설명 중 옳지 않은 것은?

① X재의 가격이 상승하면 X재의 수요량은 감소한다.

② Y재 수요는 Y재 가격에 대해 단위탄력적이다.

③ X재의 소득탄력성은 1이다.

④ X재 가격이 상승하면 Y재의 수요량은 감소한다.

17 A기업의 총비용함수는 $TC = 20Q^2 - 15Q + 4{,}500$이다. 다음 설명 중 옳지 않은 것은? (단, Q는 생산량이다)

① 평균가변비용을 최소화하는 생산량은 4이다.

② 총고정비용은 4,500이다.

③ 한계비용은 우상향한다.

④ 평균비용을 최소화하는 생산량은 15이다.

18 이윤을 극대화하는 甲은 동네에서 사진관을 독점적으로 운영하고 있다. 사진을 찍으려는 수요자 8명, $A \sim H$의 유보가격은 다음과 같으며 사진의 제작비용은 1명당 12로 일정하다. 다음 중 옳지 않은 것은? (단, 甲은 단일가격을 책정한다)

수요자	A	B	C	D	E	F	G	H
유보가격	50	46	42	38	34	30	26	22

① 甲은 5명까지 사진을 제작한다.

② 8명의 사진을 제작하는 것이 사회적으로 최적이다.

③ 이윤을 극대화하기 위해 甲이 책정하는 가격은 34이다.

④ 甲이 이윤을 극대화할 때 소비자잉여는 45이다.

19 다음은 A 국가의 경제를 나타낸다. 총생산 갭을 제거하기 위해 정부지출을 얼마나 변화시켜야 하는가?

- $C = 3,000 + 0.5(Y - T)$
- $I = 1,500$
- $G = 2,500$
- $NX = 200$
- $T = 2,000$
- $Y^* = 12,000$

(단, C 는 소비, Y 는 소득, T 는 조세, I 는 투자, G 는 정부지출, NX 는 순수출, Y^* 는 잠재생산량이다)

① 200 증가
② 400 증가
③ 200 감소
④ 400 감소

20 화폐수요함수가 $\dfrac{M^d}{P} = 5,000 - 5,000i$ 이고, 기대물가 상승률은 10%, 화폐공급은 $8,000$, 물가수준은 2 이다. 피셔효과가 성립할 때 균형실질이자율은 얼마인가? (단, M^d 는 화폐수요, P 는 물가수준, i 는 소수로 표시된 명목이자율이다)

① 8%
② 9%
③ 10%
④ 11%

21 대체탄력성에 대한 다음 설명 중 잘못된 것은?

① 요소가격비가 요소집약도에 미치는 영향의 정도를 나타낸다.
② 등량곡선의 곡률이 클수록 대체탄력성은 작다.
③ 콥-더글라스 생산함수의 대체탄력성은 1이다.
④ 레온티에프 생산함수의 대체탄력성은 무한대이다.

22 해커스은행이 300억 원의 예금과 255억 원의 대출을 가지고 있다. 만약 법정지급준비율이 10% 라면, 동 은행의 초과지급준비율은 얼마인가?

① 5%
② 6%
③ 7%
④ 8%

23 수요함수가 $q = 10 - p$로 주어진 생산물시장에서 두 기업 1과 2가 꾸르노경쟁(Cournot competition)을 하고 있다. 기업 1의 비용함수는 $c_1(q_1) = 3q_1$이고 기업 2의 비용함수는 $c_2(q_2) = 2q_2$라 할 때, 균형에서 시장생산량은? (단, p는 시장가격, q는 시장생산량, q_i는 기업 $i(=1, 2)$의 생산량이다)

① 5　　　　　　　　② 10

③ 15　　　　　　　 ④ 20

24 자본과 노동을 투입해서 모니터를 생산하는 A 전자회사의 생산함수가 다음 식으로 표시된다고 가정하자.

$$Q = 5\sqrt{KL}$$

(단, Q는 모니터 생산량, K는 자본투입량, L은 노동투입량이다)

위의 생산함수에 대한 설명으로 타당하지 않은 것은?

① 수확체감의 법칙이 적용된다.

② 규모수익불변 현상이 나타난다.

③ 한계기술대체율은 일정하다.

④ 생산요소 간 대체탄력성은 1이다.

25 연간 수익률이 15%인 한국채권과 6%인 미국채권이 있다. 현재 한국의 투자자가 1년 후 만기가 도래하는 미국채권을 매입할 때, 매입시점의 환율이 달러당 1,000원이고 채권만기에는 1,100원으로 예상된다면 이 투자자의 기대수익률은 얼마인가?

① 6%　　　　　　　② 10.6%

③ 15%　　　　　　 ④ 16.6%

05회 / Review

문항	정답	과목	키워드	Self Check	문항	정답	과목	키워드	Self Check
01	③	거시	안정화정책	○/△/×	14	②	거시	물가지수	○/△/×
02	④	국제	무역이론	○/△/×	15	②	미시	공급함수	○/△/×
03	①	국제	$IS-LM-BP$	○/△/×	16	④	미시	효용극대화	○/△/×
04	②	미시	노동공급곡선	○/△/×	17	①	미시	비용이론	○/△/×
05	①	미시	생산요소시장	○/△/×	18	④	미시	독점	○/△/×
06	③	거시	필립스곡선	○/△/×	19	③	거시	인플레이션갭	○/△/×
07	①	국제	수출보조금	○/△/×	20	③	거시	피셔효과	○/△/×
08	④	거시	이표채권	○/△/×	21	④	미시	대체탄력성	○/△/×
09	④	국제	국제수지	○/△/×	22	①	거시	지급준비금	○/△/×
10	④	미시	무차별곡선	○/△/×	23	①	미시	꾸르노모형	○/△/×
11	①	거시	승수	○/△/×	24	③	미시	생산함수	○/△/×
12	①	거시	실물적 균형경기변동이론	○/△/×	25	④	국제	기대수익률	○/△/×
13	②	거시	균형국민소득	○/△/×					

[Self Check] 문제에 대한 이해 정도를 스스로 점검하여 ○(문제 이론의 내용을 정확히 알고 있음)/
△(개념이 헷갈리거나 정확히 알지 못함)/×(생소하거나 학습하지 못한 이론)으로 구분하여 표시합니다.

핵심지문 OX

시험 직전 꼭 되짚어야 할 핵심지문을 ○×문제로 확인해보시기 바랍니다.

01 주인-대리인 문제가 발생하는 것은 대리인의 정보수준이 주인의 정보수준보다 낮기 때문이다. (   )

02 두 기업이 모두 추종자라고 가정하는 꾸르노모형은 완전경쟁의 $\frac{2}{3}$만큼 생산한다. (   )

03 노동시장의 역선택은 생산성을 높은 수준으로 유지하기 위해 시장균형임금보다 높은 임금을 지급하는 효율성임금으로 해결할 수 있다. (   )

04 생산물시장이 불완전경쟁이면, 한계수입생산(MRP_L)은 한계생산물가치(VMP_L)보다 더 높기에 고용량은 감소하고 임금은 하락한다. 이때 공급독점적 착취가 발생한다. (   )

05 균형재정승수는 정부지출과 조세가 동액만큼 증가할 때의 승수로 정부지출승수와 조세승수의 합으로 계산된다. 정액세의 경우는 1이지만, 비례세의 경우 1보다 작다. (   )

06 이자율이 하락해도 투자가 불변(독립투자)이면 총수요도 불변으로 국민소득도 불변이기에, 이자율이 하락할 때 국민소득이 불변인 수직의 IS곡선이 도출된다. (   )

07 절대소득가설은 소비의 독립성과 소비의 비가역성을 전제로 한다. (   )

08 IS곡선의 하방은 생산물시장이 초과공급상태이고, IS곡선의 상방은 생산물시장이 초과수요상태이다. (   )

09 (대국)관세가 부과되면 소비자잉여감소, 생산자잉여증가, 재정수입증가이나 사회적후생은 감소 또는 증가할 수 있다. (   )

10 중앙은행이 국제수지 불균형을 바로 잡기 위해 사용할 수 있는 대외자산인 준비자산은, 외화순유입이 (+)이면 준비자산증가를 의미하고, 금융계정의 지급 항목에 표시된다. (   )

[정답] 01 × 주인-대리인 문제가 발생하는 것은 주인의 정보수준이 대리인의 정보수준보다 낮기 때문이다. 02 ○ 03 ○ 04 × 생산물시장이 불완전경쟁이면, 한계수입생산(MRP_L)은 한계생산물가치(VMP_L)보다 더 낮다. 05 ○ 06 ○ 07 × 절대소득가설은 개인의 소비는 자신의 소득에 의해서만 결정된다는 소비의 독립성과 소비지출이 소득수준에 따라 자유롭게 변한다는 소비의 가역성을 전제로 한다. 08 × IS곡선의 상방은 균형보다 이자율이 높기에 투자과소로 생산물시장이 초과공급상태이고, IS곡선의 하방은 균형보다 이자율이 낮기에 투자과다로 생산물시장이 초과수요상태이다. 09 ○ 10 ○

06회 실전동형모의고사

제한시간 : 20분 시작   시   분 ~ 종료   시   분 점수 확인   개/ 25개

01 다음 중 가격차별 사례가 아닌 것은?

① □□극장의 관람료가 7,000원인데, 첫 회는 4,000원이다.

② ☆☆놀이 공원의 입장료는 성수기에는 15,000원, 비수기에는 10,000원이다.

③ △△백화점은 10만 원인 구두를 세일 기간 동안 반값인 5만 원에 판매한다.

④ ○○섬을 운항하는 유일한 교통수단인 여객선의 일반석 운임 18,000원이 섬 주민들에게는 5,000원으로 할인된다.

02 어느 국가에서는 대규모로 자본이 유입됨에 따라 환율의 안정을 위하여 외환시장에 개입함과 동시에 통화량변동을 상쇄시킬 목적으로 공개시장조정정책을 실시하였다. 이들 정책의 구체적 내용으로 옳은 것은?

① 외환의 매입과 국채의 매입

② 외환의 매입과 국채의 매출

③ 외환의 매출과 국채의 매입

④ 외환의 매출과 국채의 매출

03 다음 그림은 이윤극대화를 추구하는 어떤 기업의 단기균형조건을 나타내고 있다. 다음 중 이윤극대화 점은?

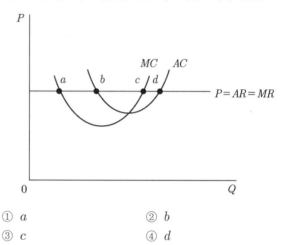

① a

② b

③ c

④ d

04 어떤 기업의 생산함수가 $Q = 40L^{0.5}K^{0.5}$ 으로 주어졌으며, 노동의 가격은 2, 그리고 자본의 가격은 3으로 주어졌다고 한다. 이 기업의 확장경로는?

① $K = \dfrac{1}{3}L$

② $K = \dfrac{2}{3}L$

③ $K = L$

④ $K = \dfrac{4}{3}L$

05 다음 중 직각쌍곡선 모양으로 옳지 않은 것은?

① 모든 점에서 수요의 가격탄력성이 1인 수요곡선
② 개별기업의 평균고정비용곡선
③ 고전적 화폐수량설에서 도출되는 총수요곡선
④ 한계대체율이 일정한 무차별곡선

06 각 나라의 빅맥 가격과 현재 시장환율이 다음 표와 같다. 빅맥 가격을 기준으로 구매력평가설이 성립할 때, 다음 중 자국 통화가 가장 고평가(overvalued)되어 있는 나라는?

구분	빅맥 가격	현재 시장환율
미국	3달러	–
영국	2파운드	1파운드 = 2달러
한국	3,000원	1달러 = 1,100원
인도네시아	20,000루피아	1달러 = 8,000루피아
멕시코	400페소	1달러 = 120페소

① 영국
② 한국
③ 인도네시아
④ 멕시코

07 어느 기업의 자본의 한계생산물(MP_K)이 $50-0.1K$라고 하자. 자본재 가격은 단위당 10,000원, 감가상각률은 5%로 일정하며, 생산물 가격은 단위당 200원으로 일정하다. 명목이자율이 15%이고 인플레이션율이 5%일 때, 자본의 사용자 비용은? (단, K는 자본량이다)

① 1,000
② 1,500
③ 2,000
④ 2,500

08 다음은 갑국의 국제 수지표이다. 이에 대한 분석이나 추론으로 옳은 것은?

(단위: 억 달러)

구분	2019년	2020년	2021년
경상수지	-56	㉠	5
상품수지	-30	-12	6
서비스수지	-21	-13	-1
⋮	⋮	⋮	⋮
자본·금융 계정	58	20	-3
자본수지	4	5	3
금융계정	54	15	-6
직접 투자	12	-6	-14
증권 투자	-16	8	12
⋮	⋮	⋮	⋮
준비 자산 증감	34	-5	-19
오차 및 누락	-2	1	-2

① ㉠에 들어갈 수치는 '-25'이다.
② 2019년에는 상품의 수출이 수입보다 많았다.
③ 2020년에는 외화의 유입이 유출보다 많았다.
④ 2021년에는 경상수지 중 여행, 운송 등의 거래가 반영된 항목이 흑자였다.

09 단기와 장기의 비용곡선 간 관계에 대한 설명으로 옳지 않은 것은?

① 단기 총비용곡선은 장기 총비용곡선과 한 점에서만 접한다.

② 단기와 장기의 총비용곡선이 서로 접하면 단기와 장기의 한계비용곡선도 서로 접한다.

③ 단기 평균비용곡선은 장기 평균비용곡선과 한 점에서만 접한다.

④ 단기와 장기의 총비용곡선이 서로 접하면 단기와 장기의 평균비용곡선도 서로 접한다.

10 해외 부문이 존재하지 않는 케인즈 단순모형에서 가처분소득이 0일 때 소비의 크기는 300, 한계소비성향은 0.75, 독립투자의 크기는 250이다. 조세는 정액세만 존재하는데 정부재정이 200만큼 흑자이다. 잠재GDP가 2,000이고, 잠재GDP에 도달하려면 75만큼의 추가적인 독립투자가 필요하다고 한다. 이때 균형국민소득수준에서 민간저축의 크기는?

① 50　　　　　② 100

③ 150　　　　　④ 200

11 통화승수에 대한 설명으로 옳은 것은?

① 법정지급준비율을 인상하면 통화승수는 감소한다.

② 초과지급준비율을 인하하면 통화승수는 감소한다.

③ 현금통화비율이 감소하면 통화승수는 감소한다.

④ 중앙은행이 이자율을 인상하면 통화승수는 감소한다.

12 효율성임금가설(Efficiency Wage Hypothesis)에 대한 설명으로 옳은 것은?

① 효율성임금과 노동자의 근무태만은 비례한다.

② 효율성임금과 노동자의 이직동기는 비례한다.

③ 높은 임금을 지급할수록 노동자의 근로의욕이 높아져서 생산성이 향상된다.

④ 노동공급과 노동수요가 일치하는 시장균형임금 수준이 효율성 임금 수준과 같다.

13 정부가 경기부양을 위하여 확장금융정책을 시행하면서 동시에 건전한 재정을 위하여 재정적자 폭을 줄이는 긴축 재정정책을 시행할 때, 소규모 개방경제인 이 나라에서 나타날 것으로 기대되는 현상으로 옳지 않은 것은?

① 국내이자율은 하락한다.

② 국내채권가격이 상승한다.

③ 국내통화의 가치가 하락한다.

④ 무역수지보다 자본수지의 개선을 가져온다.

15 다음에서 정부의 전기 히터에 대한 개별소비세의 초과부담의 크기는?

현재 전기 히터의 공급곡선은 완전탄력적이다. 지금 에너지 절약 대책으로 전기 히터 1대당 2만 원의 개별소비세를 부과하여 전기 히터의 소비자가격은 70만 원이 되었으며, 전기 히터의 수요도 150대에서 120대로 줄었다고 한다.

① 12만 원　　　　　② 15만 원

③ 30만 원　　　　　④ 68만 원

14 두 기간을 사는 소비자의 효용극대화 문제를 생각해보자. 소비자의 효용함수는 $U = \sqrt{C_1 C_2}$ 로 주어져 있으며, 이 소비자는 첫 번째 기에서만 소득 Y를 얻고 두 번째 기에는 소득이 없다. 저축에 대한 이자율은 $r > 0$로 주어져 있을 때, 소비자의 각 기의 소비(C_1과 C_2)로 옳은 것은?

① $C_1 = \dfrac{1}{2} Y,\ C_2 = (1+r)\dfrac{1}{2} Y$

② $C_1 = (1+r)\dfrac{1}{2} Y,\ C_2 = \dfrac{1}{2} Y$

③ $C_1 = \dfrac{1}{2} Y,\ C_2 = \dfrac{1}{2} Y$

④ $C_1 = (1+r)\dfrac{1}{2} Y,\ C_2 = (1+r)\dfrac{1}{2} Y$

16 노동을 수요독점하고 있는 A기업의 노동의 한계생산물가치는 $VMP_L = 38 - 4L$이고 노동공급곡선은 $w = 2 + L$이다. A기업의 이윤을 극대화하기 위한 임금은? (단, 생산물 시장은 완전경쟁적이며 A기업은 생산요소로 노동만 사용하고, L은 노동, w는 임금이다)

① 4　　　　　② 6

③ 8　　　　　④ 10

17 수요곡선은 $Q^D = 400 - 2P$ 이고 공급곡선은 $Q^S = 100 + 3P$ 이다. 종량세를 소비자에게 부과하여 발생한 사회적 후생손실(Deadweight Loss)이 135라면, 부과한 종량세의 크기는 얼마인가?

① 15

② 32

③ 44

④ 50

18 솔로우(Solow) 성장모형이 다음과 같이 주어진 경우, 균제상태(steady state)에서 자본 1단위당 산출량은? (단, 기술진보는 없다)

> • 총생산함수: $Y = 2L^{1/2}K^{1/2}$
> (단, Y는 총산출량, K는 총자본량이다)
> • 감가상각률 5%, 인구증가율 5%, 저축률 20%

① 0.2

② 0.4

③ 0.5

④ 0.8

19 다음 채권 중 만기수익률(Yield to Maturity)이 가장 높은 것은?

① 95원에 구입한 액면가 100원인 무이표 1년 만기 채권

② 100원에 구입한 연이자 5원인 무한 만기 채권

③ 100원에 구입한 액면가 100원, 연이자 5원인 1년 만기 채권

④ 100원에 구입한 액면가 100원, 연이자 5원인 2년 만기 채권

20 중앙은행의 통화정책 반응함수가 다음과 같다. 전년도에 물가상승률은 4%였고 실질 GDP와 잠재 GDP는 같았다고 하자. 금년도에 물가상승률이 6%가 되고 실질 GDP가 잠재 GDP 대비 4% 증가한다면 중앙은행의 행동으로 가장 적절한 것은?

> $$r = 0.05 + 1.5 \times (\pi - 0.04) - \frac{0.5(Y - Y^*)}{Y^*}$$
> (단, r은 중앙은행의 정책이자율, π는 물가상승률, Y는 실질 GDP, Y^*는 잠재 GDP이다)

① 정책이자율을 1% 포인트 올린다.

② 정책이자율을 3% 포인트 올린다.

③ 정책이자율을 2% 포인트 내린다.

④ 정책이자율을 그대로 유지한다.

21 아래 그림에서 OK, OA는 각각 쌀과 밀에 대한 한국과 미국의 상호수요곡선이다. 만약 쌀과 밀의 국제가격비가 OS로 주어진다면, 다음 설명 중 옳은 것은?

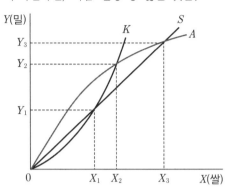

① 쌀은 $X_1 X_3$만큼 초과공급상태에 있고, 밀은 $Y_1 Y_3$만큼 초과수요상태에 있다.

② 쌀은 $X_1 X_3$만큼 초과수요상태에 있고, 밀은 $Y_1 Y_3$만큼 초과공급상태에 있다.

③ 쌀은 $X_1 X_2$만큼 초과수요상태에 있고, 밀은 $Y_1 Y_2$만큼 초과공급상태에 있다.

④ 쌀은 OX_1만큼 초과수요상태에 있고, 밀은 OY_1만큼 초과공급상태에 있다.

22 다음과 같은 상황에서 정부지출이 1,000만큼 증가하고 조세가 1,000만큼 증가하는 경우 $IS-LM$ 균형에 의해 변하는 GDP 값 중 가능한 값은? (단, 승수효과 > 구축효과 > 0이다)

> - 폐쇄경제를 가정한다.
> - IS곡선은 우하향하고 LM곡선은 우상향하는 일반적인 형태를 가진다.
> - 가계의 한계소비성향이 0.5이고 소득세는 존재하지 않는다.

① 0

② 500

③ 1,000

④ 2,000

23 A라는 사람의 2001년 연봉은 6천만 원이었고, 2010년에는 8천만 원의 연봉을 받았다. 소비자물가지수가 2001년에는 177이었고, 2010년에는 221.25였다고 할 때, A의 2010년 연봉을 2001년 가치로 계산했을 때 연봉으로 옳은 것은?

① 4천5백만 원

② 6천만 원

③ 6천4백만 원

④ 7천만 원

24 어떤 독점기업이 서로 분리된 두 개의 시장에서(즉, 두 시장의 소비자 간 상품의 전매가 금지되어 있다), 가격을 차별하여 이윤을 극대화하고자 한다. 두 시장의 수요곡선은 각각 $Q_1 = -P_1 + 80$, $Q_2 = -P_2 + 40$이고, 이 기업의 한계비용은 10원으로 고정되어 있다면, 두 시장에서 각각 어떤 가격에 얼마만큼을 판매해야 하는가?

	1시장	2시장
①	35개, 45원	15개, 25원
②	30개, 45원	10개, 25원
③	80개, 80원	40개, 40원
④	40개, 40원	20개, 20원

25 기업의 생산함수가 $Y = \min\left\{\dfrac{L}{2},\ K\right\}$ (Y는 생산량, L은 노동투입량, K는 자본투입량)이다. 노동의 단위당 임금이 100, 자본의 단위당 임대료가 50인 경우에 이 기업의 한계비용은?

① 100

② 150

③ 200

④ 250

06회 Review

문항	정답	과목	키워드	Self Check	문항	정답	과목	키워드	Self Check
01	④	미시	가격차별	○/△/×	14	①	미시	두기간모형	○/△/×
02	②	거시	공개시장조작정책	○/△/×	15	③	미시	초과부담	○/△/×
03	③	미시	이윤극대화	○/△/×	16	③	미시	노동시장균형	○/△/×
04	②	미시	확장경로	○/△/×	17	①	미시	종량세	○/△/×
05	④	거시	직각쌍곡선	○/△/×	18	③	거시	솔로우모형	○/△/×
06	①	국제	빅맥지수	○/△/×	19	①	거시	만기수익률	○/△/×
07	②	거시	투자	○/△/×	20	①	거시	정책이자율	○/△/×
08	③	국제	국제수지	○/△/×	21	②	국제	오퍼곡선	○/△/×
09	②	미시	비용곡선	○/△/×	22	②	거시	IS곡선	○/△/×
10	①	거시	민간저축	○/△/×	23	③	거시	소비자물가지수	○/△/×
11	①	거시	통화승수	○/△/×	24	①	미시	가격차별	○/△/×
12	③	거시	효율성임금가설	○/△/×	25	④	미시	레온티에프형 생산함수	○/△/×
13	④	거시	확장금융과 긴축재정	○/△/×					

[Self Check] 문제에 대한 이해 정도를 스스로 점검하여 ○(문제 이론의 내용을 정확히 알고 있음)/ △(개념이 헷갈리거나 정확히 알지 못함)/×(생소하거나 학습하지 못한 이론)으로 구분하여 표시합니다.

핵심지문 OX

시험 직전 꼭 되짚어야 할 핵심지문을 ○×문제로 확인해보시기 바랍니다.

01 법인세 감면 정책이 시행되면 기업의 투자 수익이 늘어나 기업의 투자가 증가하고 결과적으로 노동수요도 증가한다. ( )

02 기업은 평균비용 > 가격 > 평균가변비용이면 단기적으로는 생산을 지속하나 장기적으로는 생산을 중단한다. ( )

03 수요의 가격탄력성은 가격 한 단위 변화에 대한 수요량의 변화를 측정한 것이다. ( )

04 광고를 비판하는 사람들은 광고가 수요의 가격탄력성의 크기를 높이고, 기업은 높은 가격을 매길 수 있게 한다고 주장한다. ( )

05 상한과 하한을 설정하고 상하한의 범위 내에서 승수와 가속도원리가 작용하여 경기변동이 일어난다는 것을 사무엘슨의 승수–가속도원리라 한다. ( )

06 통화량은 유량이다. ( )

07 루카스비판은 정책효과를 달성하기 위해서는 정책변화에 따른 경제구조변화를 고려하여 정책을 수립하고 집행해야 한다는 주장이다. ( )

08 마샬의 k에 해당하는 부분이 증가하면 LM곡선의 기울기는 커지기에 가파르게 된다. ( )

09 수출보조금으로 국내소비감소, 국내생산증가, 국제수지개선 효과가 발생한다. 그리고 소비자잉여는 감소하고, 생산자잉여는 증가하나 보조금지급으로 사회적 후생손실이 발생한다. ( )

10 이자율평가설에 의하면, 환율변화율 = 국내이자율 − 해외이자율이다. ( )

[정답] 01 ○ 02 ○ 03 × 수요의 가격탄력성은 가격이 1% 변화할 때, 수요량의 변화율이다. 04 × 광고를 비판하는 사람들은 광고가 수요의 가격탄력성의 크기를 낮추고, 이에 따라 기업의 지배력이 커지기에 기업이 높은 가격을 매길 수 있게 한다고 주장한다. 05 × 힉스의 순환제약이론에 대한 설명이다. 06 × 일정시점에서 시중에 유통되고 있는 화폐의 양을 통화량이라 한다. 따라서 통화량은 저량이다. 07 ○ 08 ○ 09 ○ 10 ○

07회 실전동형모의고사

제한시간 : 20분 시작   시   분 ~ 종료   시   분 점수 확인 개/ 25개

01 다음 자료에서 X재 시장에 대한 분석 및 추론으로 옳은 것은?

> 다음 그림은 갑국과 을국의 X재 시장을 나타낸다. 갑국의 X재 생산자는 개당 P_0 가격에 X재를 무한히 공급할 수 있다. 을국의 X재 생산자는 가격에 관계없이 X재를 Q_0 만큼만 공급할 수 있다.

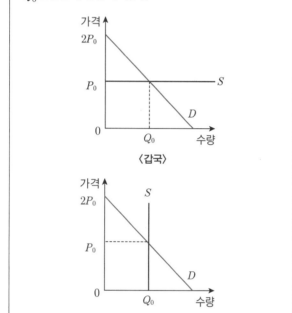

① 갑국의 생산자잉여는 소비자잉여보다 크다.
② 을국의 생산자잉여는 소비자잉여보다 크다.
③ 갑국과 달리 을국의 생산자잉여는 0이다.
④ 을국과 달리 갑국의 소비자잉여는 0이다.

02 이윤극대화를 추구하는 독점기업 M이 직면하는 수요곡선은 $P = 10,000 - 2Q^d$이고, 비용곡선은 $TC = 2,000Q$일 때, 그림의 소비자잉여 A와 후생손실 B가 옳게 짝지어진 것은? (단, P는 가격, Q^d는 수요량, TC는 총비용, Q는 생산량이다)

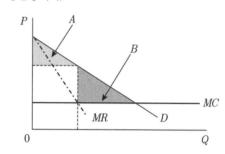

	A	B
①	8,000,000	8,000,000
②	4,000,000	4,000,000
③	5,000,000	5,000,000
④	2,000,000	2,000,000

03 다음에서 설명하는 금융거래를 통해 증가한 통화량은?

> 윤석이는 아르바이트를 해서 받은 50만 원을 매경은행에 예금했다. 승주는 매경은행으로부터 월세로 쓸 30만 원을 대출받았다.

① 20만 원　　　　② 30만 원
③ 50만 원　　　　④ 80만 원

04 다음 표는 2019 ~ 2021년의 미국 달러화 대비 갑국의 환율변동률을 나타낸 것이다. 같은 금액의 미국 달러를 갑국 통화로 환전하는 경우, 가장 많은 금액으로 교환할 수 있는 연도는? (단, 국제 거래는 미국 달러화로 이루어지며, 환율변동률은 전년 대비 증가율이다)

(단위: %)

구분	2019년	2020년	2021년
갑국	5	−6	−6

① 2018년 ② 2019년
③ 2020년 ④ 2021년

05 어떤 소비자가 주어진 예산 범위 내에서 두 재화 A, B 를 구매하였다. A재화의 가격이 단위당 100원, B재화의 가격이 단위당 200원이고 현재 한계대체율(A재화의 한계효용/B재화의 한계효용)은 3이다. 효용극대화를 위한 A, B 두 재화의 소비 방향으로 옳은 것은? (단, 모서리해(corner solution)는 없다고 가정한다)

① A재화의 소비를 늘리고 B재화의 소비를 줄여야 한다.
② A재화의 소비를 줄이고 B재화의 소비를 늘려야 한다.
③ A재화의 소비를 늘리고 B재화의 소비도 늘려야 한다.
④ A재화의 소비를 줄이고 B재화의 소비도 줄여야 한다.

06 신고전학파의 경제성장론에서 생산함수는 다음과 같이 주어졌다. 이때 균제(정상)상태하에서의 1인당 자본스톡(k^*)은? (단, 한계저축성향 = 0.1, 인구증가율 = 0.02이고, Y는 생산량, N은 노동량, K는 자본량이다)

$$Y = N^{\frac{1}{2}} K^{\frac{1}{2}}$$

① 10 ② 15
③ 20 ④ 25

07 토빈의 q(Tobin's q)에 대한 설명으로 옳지 않은 것은?

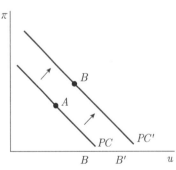

① 기업의 수익성, 경제정책 등 미래에 대한 기대가 투자에 큰 영향을 미친다는 것을 강조한다.
② 자본조정비용을 고려할 경우 감가상각률이 증가하면 투자는 감소한다.
③ 토빈의 q가 증가하면 투자유인도 증가한다.
④ 전통적 투자모형인 신고전학파 투자모형과는 무관한 모형이다.

08 동질적인 투자수요함수가 $I = \bar{I} - dr$, 실질화폐수요함수가 $\dfrac{M}{P} = kY - hr$일 때 재정정책이 총수요에 미치는 영향으로 옳은 것은?

① d가 작을수록, h가 작을수록 재정정책이 상대적으로 강력해진다.

② d가 클수록, h가 작을수록 재정정책이 상대적으로 강력해진다.

③ d가 작을수록, h가 클수록 재정정책이 상대적으로 강력해진다.

④ d가 클수록, h가 클수록 재정정책이 상대적으로 강력해진다.

09 정액세, 비례세, 누진세만 존재하는 경우 정부지출승수의 크기가 작은 순서대로 나열하면?

a. 정액세	b. 비례세	c. 누진세

① a < b < c

② b < c < a

③ c < b < a

④ c < a < b

10 1,000만 원의 자산을 보유한 개인이 전 자산을 위험이 따르는 사업에 투자하여 사업이 성공하면 그의 자산은 X 원으로 되고 실패하면 모든 자산을 잃는다고 한다. 개인이 사업에 성공할 확률은 4%이고 개인의 사업에 관한 효용함수가 $U = Y^2$ (U: 효용수준, Y: 자산액)이라고 할 때 개인이 성공하여 얻은 자산액 X가 얼마 이상이면 그 사업에 투자할까? (단, 개인은 기대효용의 극대화를 꾀하는 것으로 한다)

① 2,000만 원

② 5,000만 원

③ 1억 원

④ 2억 원

11 두 재화를 소비하는 어떤 소비자의 x재에 대한 수요함수가 $x = \dfrac{m}{P_x + P_y}$라 하자. 여기서 P_x와 P_y는 각각 x재와 y재의 가격이고, m은 소득이다. 다음 진술 중 옳은 것을 모두 고르면?

A. 이 소비자에게 x재는 기펜재이다.
B. 이 소비자에게 x재는 y재의 보완재이다.
C. 이 소비자에게 x재는 사치재이다.

① A

② B

③ B, C

④ A, B, C

12 매년 12만 원을 받는 영구채(원금상환 없이 일정 금액의 이자를 영구히 지급하는 채권)가 있다. 연 이자율이 3%에서 4%로 오른다면 이 채권가격의 변화는?

① 104만 원 감소한다.
② 104만 원 증가한다.
③ 100만 원 감소한다.
④ 100만 원 증가한다.

13 다음은 $A \sim C$재의 달러 표시 수출액변화율을 나타낸 것이다. 미국 수요자에게 $A \sim C$재 수요의 가격탄력성으로 옳은 것은?

한국에 있는 갑 기업은 원/달러 환율의 변화에 따라 미국으로 수출하는 $A \sim C$재의 원화 표시 가격은 그대로 유지하면서 달러 표시 가격을 모두 10% 인하하였다.

수출액
변화율

	A재	B재	10
	-10	0	C재

	A재	B재	C재
①	비탄력적	단위탄력적	탄력적
②	비탄력적	단위탄력적	비탄력적
③	완전비탄력적	단위탄력적	탄력적
④	완전비탄력적	단위탄력적	비탄력적

14 다음 표는 A국, B국, C국, D국의 2020년 주요 경제지표를 나타낸 것이다. 1인당 실질GDP의 증가율이 가장 높은 국가는? (단, 경제성장률과 물가상승률은 각각 실질GDP와 GDP디플레이터 기준이다)

구분	A국	B국	C국	D국
경제성장률	4.5	6.2	-2.3	8
인구증가율	5.2	4.5	3.3	6.5

① A국
② B국
③ C국
④ D국

15 갑국에는 기업A, B, C만 존재한다. 다음 표는 기업A, B, C의 오염배출량과 오염저감비용을 나타낸 것이다. 정부가 각 기업에 오염배출권 30장씩을 무료로 배부하고, 오염배출권을 가진 한도 내에서만 오염을 배출할 수 있도록 하였다. 오염배출권제도하에서의 오염배출권의 가격과 사회적인 총비용으로 옳은 것은? (단, 오염배출권 1장당 오염을 1톤씩 배출하고, 단위는 만 원이다)

구분	오염배출량 (톤)	오염저감비용 (만 원/톤)
기업A	70	20
기업B	60	25
기업C	50	10

	오염배출권의 가격	사회적인 총비용
①	20	1,300
②	25	1,300
③	20	1,750
④	25	1,750

16 기펜재(Giffen goods)에 관한 설명으로 옳지 않은 것은?

① 가격이 하락하면 재화의 소비량은 감소한다.

② 소득효과가 대체효과보다 큰 재화이다.

③ 가격 상승 시 소득효과는 재화의 소비량을 감소시킨다.

④ 기펜재는 모두 열등재이지만 열등재가 모두 기펜재는 아니다.

18 경제성장모형에서 생산함수가 $Y = AK$일 때 다음 설명 중 옳은 것만을 모두 고른 것은? (단, Y는 생산량, A는 생산성 수준이며 0보다 큰 상수, K는 자본량이다)

> ㄱ. 자본의 한계생산물은 일정하다.
> ㄴ. 자본량이 증가할 때 생산량은 증가한다.
> ㄷ. 노동량이 증가할 때 생산량은 증가한다.
> ㄹ. 자본의 증가율과 생산량의 증가율은 같다.

① ㄱ, ㄴ

② ㄱ, ㄴ, ㄹ

③ ㄱ, ㄷ, ㄹ

④ ㄴ, ㄷ, ㄹ

17 갑은 회사취업 또는 창업을 선택할 수 있다. 각 선택에 따른 결과로 고소득과 저소득의 확률(P)과 보수(R)가 아래와 같을 때, 이에 관한 설명으로 옳지 않은 것은?

구분	고소득(P, R)	저소득(P, R)
회사취업	(0.9, 600만 원)	(0.1, 300만 원)
창업	(0.2, 1,850만 원)	(0.8, 250만 원)

① 갑이 위험기피자라면 창업을 선택한다.

② 회사취업을 선택하는 경우 기대소득은 570만 원이다.

③ 창업이 회사취업보다 분산으로 측정된 위험이 더 크다.

④ 갑의 효용함수가 소득에 대해 오목하다면 회사취업을 선택한다.

19 먼델-플레밍모형을 이용하여 고정환율제하에서 정부지출을 감소시킬 경우 나타나는 변화로 옳은 것은? (단, 소규모 개방경제하에서 국가 간 자본의 완전 이동과 물가불변을 가정하고, IS곡선은 우하향, LM곡선은 수직선이다)

① IS곡선은 오른쪽 방향으로 이동한다.

② LM곡선은 오른쪽 방향으로 이동한다.

③ 통화량은 감소한다.

④ 고정환율수준 대비 자국의 통화가치는 일시적으로 상승한다.

20 화폐수량설에 관한 설명으로 옳은 것을 보기에서 모두 고르면?

> ㄱ. 거래형 화폐수량설에서는 가치의 저장수단으로서의 기능을 강조하고 있다.
> ㄴ. 현금잔고형 화폐수량설에서는 교환의 매개수단으로서의 기능을 강조하고 있다.
> ㄷ. 프리드만(M. Friedman)의 신화폐수량설에서는 실질국민소득, 이자율, 인플레이션 등을 이용하여 화폐에 대한 실질적인 수요를 계산할 수 있다고 보았다.
> ㄹ. 프리드만(M. Friedman)의 신화폐수량설은 화폐에 대한 수요이론적인 측면이 강하다.

① ㄱ, ㄴ ② ㄱ, ㄷ
③ ㄴ, ㄷ ④ ㄷ, ㄹ

21 중고차 시장에 두 가지 유형(고품질과 저품질)의 중고차가 있고, 전체 중고차 중 고품질 중고차가 차지하는 비율은 p이다. 고품질 중고차 소유자들은 최소 1,000만 원을 받아야 판매할 의향이 있고, 저품질 중고차 소유자들은 최소 600만 원을 받아야 판매할 의향이 있다. 소비자들은 고품질 중고차를 최대 1,400만 원에, 저품질 중고차는 최대 800만 원에 구매할 의사가 있다. 중고차 유형은 소유자들만 알고 있으며 소비자들은 위험 중립적이다. 다음 설명 중 옳은 것은?

① $p = 0.2$일 때, 모든 균형에서 저품질 중고차만 거래된다.
② $p = 0.2$일 때, 모든 균형에서 고품질 중고차만 거래된다.
③ $p = 0.5$일 때, 모든 균형에서 저품질 중고차만 거래된다.
④ $p = 0.5$일 때, 모든 균형에서 고품질 중고차만 거래된다.

22 한 경제에 부유한 계층과 가난한 계층이 존재하고 부유한 계층의 한계소비성향은 가난한 계층의 한계소비성향보다 작다. 정부가 경기 부양을 위해 조세를 감면하려고 할 때 다음 중 적절하지 않은 것은?

① 조세감면 총액이 클수록 경기 부양효과가 커진다.
② 가난한 계층의 비율이 높을수록 경기 부양효과가 커진다.
③ 가난한 계층의 조세감면을 크게 할수록 경기 부양효과가 크다.
④ 부유한 계층과 가난한 계층의 한계소비성향의 차이가 작을수록 경기 부양효과가 커진다.

23 다음은 IS곡선과 메츨러의 역설에 관한 내용이다. ㉠과 ㉡에 들어갈 말은? (단, 관세부과국이 대국이라고 가정한다)

> • IS곡선은 투자의 이자율탄력성과 한계소비성향이 (㉠) 완만해진다.
> • 메츨러의 역설은 수입품에 대한 한계소비성향이 (㉡), 상대국의 수입수요가 비탄력적일 때 발생한다.

① 클수록, 작고 ② 클수록, 크고
③ 낮을수록, 작고 ④ 낮을수록, 크고

24 자본이동 및 무역거래가 완전히 자유롭고 변동환율제도를 채택하고 있는 소규모 개방경제인 A국에서 확대재정정책이 실시되는 경우, $IS-LM$모형에 의하면 최종균형에서 국민소득과 환율은 정책 실시 이전의 최초 균형에 비해 어떻게 변하는가? (단, 물가는 고정되어 있다고 가정한다)

	국민소득	환율
①	불변	A국 통화 강세
②	증가	A국 통화 강세
③	감소	A국 통화 강세
④	증가	A국 통화 약세

25 투자자는 장기채권 혹은 화폐를 금융자산으로 보유하고 있다. 화폐는 이자수익이 없는 반면 채권을 구입했을 때는 r의 시장수익을 얻으며 장기채권의 자본이득은 g이다. 그리고 A는 장기채권에 투자한 포트폴리오의 비율이다. 만일 $A=0.90, r=0.06, g=0.02$인 경우 포트폴리오의 기대수익은?

① 0.072   ② 0.98

③ 0.08   ④ 0.074

07회 / Review

문항	정답	과목	키워드	Self Check	문항	정답	과목	키워드	Self Check
01	②	미시	사회적잉여	○/△/×	14	②	거시	경제성장률	○/△/×
02	②	미시	독점	○/△/×	15	①	미시	오염배출권	○/△/×
03	②	거시	통화량	○/△/×	16	③	미시	기펜재	○/△/×
04	②	국제	환율	○/△/×	17	①	미시	기대효용이론	○/△/×
05	①	미시	효용극대화	○/△/×	18	②	거시	경제성장모형	○/△/×
06	④	거시	경제성장론	○/△/×	19	③	거시	먼델-플레밍모형	○/△/×
07	④	거시	토빈의 q이론	○/△/×	20	④	거시	화폐수량설	○/△/×
08	③	거시	재정정책	○/△/×	21	①	미시	중고차 시장	○/△/×
09	③	거시	승수	○/△/×	22	④	거시	조세승수	○/△/×
10	②	미시	기대효용함수	○/△/×	23	①	국제	메출러역설	○/△/×
11	②	미시	재화의 종류	○/△/×	24	①	국제	환율	○/△/×
12	③	거시	영구채권	○/△/×	25	①	거시	포트폴리오의 기대수익률	○/△/×
13	③	미시	탄력성	○/△/×					

[Self Check] 문제에 대한 이해 정도를 스스로 점검하여 ○(문제 이론의 내용을 정확히 알고 있음)/
△(개념이 헷갈리거나 정확히 알지 못함)/×(생소하거나 학습하지 못한 이론)으로 구분하여 표시합니다.

핵심지문 OX

시험 직전 꼭 되짚어야 할 핵심지문을 ○×문제로 확인해보시기 바랍니다.

01 준지대는 (−)가 될 수 없다. (   )

02 죄수의 딜레마는 '개인의 이기심'이 아닌 '정보의 부족'에 의해 발생하는 현상으로 개인의 합리성이 집단의 합리성을 보장하지 못함을 뜻한다. (   )

03 과세대상금액이 증가할수록 세율이 증가하는 세제를 누진세라 한다. (   )

04 투표의 역설이 발생하면 다수결투표를 통해 사회적인 합의도달이 가능하다. (   )

05 화폐수요의 이자율탄력성이 클수록, 투자의 이자율탄력성이 작을수록 재정정책의 유효성은 커진다. (   )

06 노동에 대한 수요가 탄력적일수록 임금상승 시 노동의 대한 수요량이 크게 줄어 고용량이 크게 줄기에 실업이 크게 증가한다. (   )

07 부분화폐환상 시 완전화폐환상보다 완만한 우상향의 총공급곡선(AS)이 도출된다. (   )

08 라스파이레스 방식(LP)은 물가변화를 과소평가하고, 파셰 방식(PP)은 물가변화를 과대평가한다. (   )

09 스톨퍼−사무엘슨정리는 어떤 생산요소 부존량이 증가하면 그 요소를 집약적으로 사용하는 재화 생산량은 증가하고 다른 재화 생산량은 감소한다는 것이다.
(   )

10 해외투자증가는 자본·금융 계정 적자 요인이다. (   )

[정답] 01 ○ 02 × 죄수의 딜레마는 '개인의 이기심'에 의해 발생하는 현상으로 개인의 합리성이 집단의 합리성을 보장하지 못함을 뜻한다. 03 ○ 04 × 투표의 역설이 발생하면 다수결투표를 통해 사회적인 합의도달이 불가능하다. 05 ○ 06 ○ 07 × 부분화폐환상 시 물가상승으로 노동공급곡선도 일부 좌측이동이기에 완전화폐환상보다 작은 고용량증가와 총생산증가로 보다 가파른 우상향의 총공급곡선(AS)이 도출된다. 08 × 라스파이레스 방식은 물가변화를 과대평가하고, 파셰 방식은 물가변화를 과소평가한다. 09 × 스톨퍼−사무엘슨정리가 아닌 립진스키정리에 대한 설명이다. 10 ○

08회 실전동형모의고사

제한시간 : 20분 시작 시 분 ~ 종료 시 분 점수 확인 개/ 25개

01 수요독점의 한계수입생산곡선이 $MRP_L = 200 - 2L$ 이고, 시장 전체의 노동공급곡선이 $w = 20 + 2L$ 일 때, 임금은? (단, 생산물 시장도 불완전경쟁시장이다)

① 80 ② 100
③ 120 ④ 140

02 X재 수요함수가 $Q_X = 200 - 2P_X + 4P_Y + M$ 일 때, $P_X = 100$, $P_Y = 100$, $M = 100$ 이면 X재의 Y재에 대한 교차탄력성은?

① $\dfrac{1}{5}$ ② $\dfrac{2}{5}$
③ $\dfrac{3}{5}$ ④ $\dfrac{4}{5}$

03 박제 토끼의 시장 수요곡선은 $Q = 3,600 - 20P$ 이다. 정부는 박제 토끼 한 마리당 5달러의 세금을 부과하려고 한다. 공급곡선이 $Q = 500$ 일 때 자중적 손실(deadweight loss)의 크기는?

① 0달러 ② 50달러
③ 100달러 ④ 150달러

04 어떤 기업의 생산함수가 $Q = 40L^{0.5}K^{0.5}$ 으로 주어졌으며, 노동의 가격은 2, 그리고 자본의 가격은 3으로 주어졌다고 한다. 이 기업의 확장경로는?

① $K = \dfrac{1}{3}L$ ② $K = \dfrac{2}{3}L$
③ $K = L$ ④ $K = \dfrac{4}{3}L$

05 X재를 교역하는 수입국과 수출국에 관한 다음 설명 중 옳은 것만을 모두 고르면? (단, 수요곡선은 우하향하고 공급곡선은 우상향한다)

> ㄱ. 교역 이후 수출국의 X재 가격은 상승하나 수입국의 X재 가격은 하락한다.
> ㄴ. 대국인 수입국이 수입관세를 부과할 경우 수입국의 후생변화는 불분명하다.
> ㄷ. 소국인 수입국이 수입관세를 부과할 경우 수입에서 소비자는 손실을 보고 생산자는 이득을 얻는다.
> ㄹ. 수출국이 수출보조금을 도입하는 경우 수출국의 후생은 증가한다.

① ㄱ, ㄴ   ② ㄴ, ㄷ
③ ㄷ, ㄹ   ④ ㄱ, ㄴ, ㄷ

06 공무원학원 시장에 하나의 기업만 존재하는 완전독점시장을 가정할 때, 이 독점기업의 한계비용(MC) 함수는 $MC = 20$이고 시장의 수요는 $P = 100 - 5Q$이다. 만약 이 기업이 이부가격(two part tariff) 설정을 통해 이윤을 극대화하고자 한다면, 고정요금(가입비)은 얼마로 설정해야 하는가?

① 160   ② 320
③ 640   ④ 1,280

07 어느 기업이 1~3분기 동안 1억 원어치의 제품을 생산하였으나 소비부진으로 전혀 판매하지 못하고 재고로 쌓아두고 있었다. 그런데 4분기에 들어 소비가 되살아나면서 5천만 원어치를 소비자에게 판매하였다면 GDP의 구성에 어떤 변화가 생기는가?

① 투자지출은 증가하고, 소비지출은 증가한다.
② 투자지출은 증가하고, 소비지출은 감소한다.
③ 투자지출은 감소하고, 소비지출은 증가한다.
④ 투자지출은 변화 없고, 소비지출은 증가한다.

08 다음 그림은 시장개방 시 보조금 지급 전후에 소규모 경제국인 갑국의 X재 시장 균형 상태를 보여준다. 개방이전 국내시장에서 X재는 P_0가격에 X_0만큼 거래되고 있으며, 세계시장 가격은 P_1이다. 갑국이 시장을 개방할 때 보조금 지급 전과 X재 산업을 육성하기 위해 단위당 $P_1 P_2$의 보조금을 지급하기로 결정하였다면 보조금 지급 후, 갑국의 경제적잉여의 변화로 옳지 않은 것은? (단, 시장개방으로 인해 갑국의 국내수요곡선과 국내공급곡선은 변하지 않는다)

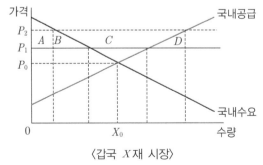

〈갑국 X재 시장〉

① 소비자잉여: $A + B$만큼 감소
② 생산자잉여: $A + B + C$만큼 증가
③ 보조금지급액: $A + B + C + D$
④ 사회후생변화: $B + D$만큼 감소

09 스마트폰 시장은 기업 A 가 독점하고 있다. 그러나 신규 기업 B 가 스마트폰 시장으로의 진입 여부를 검토하고 있다. B 의 선택은 진입, 포기의 두 가지가 있으며, B 의 진입 여부에 따라 A 의 선택은 가격인하(B 진입 보복), 현 가격유지(B 진입 수용) 두 가지가 있다. 각 경우의 보수가 다음 표와 같을 때 내쉬균형은? (단, 보수조합의 왼쪽 값은 B 의 보수이고 오른쪽 값은 A 의 보수이다)

구분		기업 A	
		가격인하	현 가격유지
기업 B	진입	$(-30, 20)$	$(30, 30)$
	포기	$(0, 40)$	$(0, 60)$

① $(-30, 20)$ ② $(30, 30)$
③ $(0, 40)$ ④ $(0, 60)$

10 생산가능곡선에 대한 설명으로 옳지 않은 것은?

① 우하향의 형태는 자원의 희소성을 반영하며, 원점에 대하여 오목한 모습은 기회비용이 체증함을 의미한다.
② 생산가능곡선상 기울기를 한계변화율(MRT)이라 하며, 이는 한계비용의 비율로 표시할 수 있다.
③ 생산가능곡선상의 점은 내부의 점과 달리 생산의 여력이 있는 효율적 조합이다.
④ 기술진보, 천연자원의 발견 등을 통해 생산가능곡선은 바깥쪽으로 이동할 수 있다.

11 D 국가의 명목 GDP 는 $20,000$ 달러이고, 통화량은 $8,000$ 달러이다. 이 나라의 물가 수준은 20% 상승하고 통화량은 10% 증가, 실질GDP는 10% 증가할 경우 화폐유통속도는 얼마인가?

① 2.5 ② 2.8
③ 3.0 ④ 3.3

12 민간경제주체들은 현금을 제외한 나머지는 모두 요구불예금으로 보유한다. 통화량에서 현금통화가 차지하는 비율이 20%, 법정지급준비율이 15%, 초과지급준비율이 5% 이다. 은행의 지급준비금이 200 억 원이라면 본원통화와 통화량은 각각 얼마일까?

	본원통화	통화량
①	250억 원	1,000억 원
②	250억 원	1,250억 원
③	450억 원	1,000억 원
④	450억 원	1,250억 원

13 완전경쟁시장에서 이윤을 극대화하는 개별 기업의 장기 비용함수가 $C = Q^3 - 4Q^2 + 8Q$이다. 완전경쟁시장의 장기균형가격(P)은? (단, 모든 개별 기업의 장기 비용함수는 동일하다)

① 1   ② 2
③ 3   ④ 4

14 다음은 X재, Y재, Z재의 관계에 대한 설명이다. 이에 대한 분석으로 옳은 것은?

> • X재의 가격상승 시 Y재의 수요는 감소한다.
> • X재와 Z재의 관계는 '꿩 대신 닭의 관계'와 같다.

① '밀가루와 빵의 관계'는 X재와 Y재의 관계와 같다.
② X재와 Z재의 교차탄력성은 양(+)의 값을 갖는다.
③ '휘발유와 승용차의 관계'는 Y재와 Z재의 관계와 같다.
④ X재의 공급감소 시 Y재와 달리 Z재의 판매수입은 감소한다.

15 역선택에 대한 설명으로 옳은 것은?

① 역선택은 정보를 가지고 있는 자의 자기선택 과정에서 생기는 현상이다.
② 교육수준이 능력에 관한 신호를 보내는 역할을 하는 경우 역선택의 문제가 심화된다.
③ 자동차 보험 가입 후 더욱 난폭하게 운전하는 것은 역선택이다.
④ 역선택 현상이 존재하는 상황에서 강제적인 보험프로그램의 도입은 후생을 악화시킨다.

16 폐쇄경제 균형국민소득은 $Y = C + I + G$이고 다른 조건이 일정할 때, 재정적자가 대부자금시장에 미치는 효과로 옳은 것은? (단, 총투자곡선은 우하향, 총저축곡선은 우상향, Y는 균형국민소득, C는 소비, I는 투자, G는 정부지출이다)

① 대부자금공급량은 감소한다.
② 이자율은 하락한다.
③ 공공저축은 증가한다.
④ 저축곡선은 오른쪽 방향으로 이동한다.

17 폐쇄경제하 총수요(AD) - 총공급(AS)모형을 이용하여 정부 지출증가로 인한 변화에 관한 설명으로 옳지 않은 것을 모두 고르면? (단, AD곡선은 우하향, 단기 AS곡선은 우상향, 장기 AS곡선은 수직선이다)

> ㄱ. 단기에 균형소득수준은 증가한다.
> ㄴ. 장기에 균형소득수준은 증가한다.
> ㄷ. 장기에 고전파의 이분법이 적용되지 않는다.
> ㄹ. 장기균형소득수준은 잠재산출량 수준에서 결정된다.

① ㄱ, ㄴ   ② ㄱ, ㄷ
③ ㄴ, ㄷ   ④ ㄴ, ㄹ

18 경제학파별 이론에 관한 설명으로 옳은 것을 모두 고른 것은?

> ㄱ. 고전학파는 화폐의 중립성을 주장한다.
> ㄴ. 실물경기변동이론은 임금과 가격의 신축성을 전제한다.
> ㄷ. 케인즈 학파는 경기침체의 원인이 총공급의 부족에 있다고 주장한다.
> ㄹ. 가격의 경직성을 설명하는 메뉴 비용(menu cost) 이론은 새케인즈학파(new Keynesian)의 주장이다.

① ㄱ, ㄴ   ② ㄱ, ㄹ
③ ㄴ, ㄷ   ④ ㄱ, ㄴ, ㄹ

19 A국가는 경제활동인구가 1,000만 명이고, 매 기간 동안 실직률(취업자 중 실직하는 사람의 비율)과 구직률(실직자 중 취업하는 사람의 비율)은 각각 2%와 18%이다. 균제상태(steady state)의 실업자 수는?

① 25만 명   ② 40만 명
③ 50만 명   ④ 100만 명

20 현재 우리나라 통계청의 고용통계 작성기준에 관한 설명으로 옳지 않은 것은? (단, 만 15세 이상 인구를 대상으로 한다)

① 아버지가 수입을 위해 운영하는 편의점에서 조사대상주간에 무상으로 주당 20시간 근로한 자녀는 비경제활동인구로 분류된다.
② 다른 조건이 같을 때, 실업자가 구직활동을 포기하면 경제활동참가율은 하락한다.
③ 질병으로 입원하여 근로가 불가능한 상태에서 구직활동을 하는 경우에는 실업자로 분류되지 않는다.
④ 대학생이 수입을 목적으로 조사대상주간에 주당 1시간 이상 아르바이트를 하는 경우 취업자로 분류된다.

21 다음 글에 따를 때 A국에서 균제상태의 효율적 노동 1단위당 자본을 변화시켜 황금률 수준의 효율적 노동 1단위당 자본을 달성하기 위하여 필요한 조건으로 옳은 것은?

- A국의 총생산함수는 $Y=K^{\alpha}(E\times L)^{1-\alpha}$이다. (단, K는 총자본, L은 총노동, E는 노동효율성, Y는 총생산, α는 자본의 비중을 의미한다)
- $\alpha=0.5$, $s=0.5$, $\delta=0.1$, $n=0.05$, $g=0.03$이다. (단, s는 저축률, δ는 감가상각률, n은 인구증가율, g는 노동효율성 증가율을 의미한다)

① 균제상태에서 효율적 노동 1단위당 자본이 황금률수준의 효율적 노동 1단위당 자본보다 많아서 저축률을 증가시켜야 한다.
② 균제상태에서 효율적 노동 1단위당 자본이 황금률수준의 효율적 노동 1단위당 자본보다 적어서 저축률을 증가시켜야 한다.
③ 균제상태에서 효율적 노동 1단위당 자본이 황금률수준의 효율적 노동 1단위당 자본보다 많아서 저축률을 감소시켜야 한다.
④ 균제상태에서 효율적 노동 1단위당 자본을 황금률수준의 효율적 노동 1단위당 자본으로 변화 시키기 위한 추가 조건은 없다.

22 폐쇄경제인 A국에서 화폐수량설과 피셔방정식(Fisher equation)이 성립한다. 화폐유통속도가 일정하고, 실질경제성장률이 2%, 명목이자율이 5%, 실질이자율이 3%인 경우 통화증가율은?

① 1%　　　　② 2%
③ 3%　　　　④ 4%

23 실업률과 인플레이션율의 관계는 $u=u_n-2(\pi-\pi_e)$이고 자연실업률이 3%이다. 다음을 고려하여 중앙은행이 0%의 인플레이션율을 유지하는 준칙적 통화정책을 사용했을 때의 실업률(ㄱ)과, 최적 인플레이션율로 통제했을 때의 실업률(ㄴ)은? (단, u, u_n, π, π^e는 각각 실업률, 자연실업률, 인플레이션율, 기대 인플레이션율이다)

- 중앙은행은 물가를 완전하게 통제할 수 있다.
- 민간은 합리적인 기대를 하며 중앙은행이 결정한 인플레이션율로 기대 인플레이션율을 결정한다.
- 주어진 기대 인플레이션에서 중앙은행의 최적 인플레이션율은 1%이다.

① ㄱ: 0%, ㄴ: 0%
② ㄱ: 1%, ㄴ: 0%
③ ㄱ: 1%, ㄴ: 1%
④ ㄱ: 3%, ㄴ: 3%

24 국제수지가 흑자일 경우, 이로 인해 통화량이 증가하고 인플레이션이 우려될 때 중앙은행이 외화자산 증가액과 동일한 액수의 통화를 공개시장조작을 통해 환수하는 정책과 관련이 있는 것은?

① 재정정책　　　　② 불태화 정책
③ 정부지출 감소　　④ 국제수지 조정정책

25 빈칸에 들어갈 표현이 순서대로 알맞게 짝지어진 것은?

> 경제가 개방된 국가에서 중앙은행이 ㉠ 정책을 실행
> 하여 시중에 유통 중인 채권을 매입하게 되면 시중금리는
> ㉡ 지게 된다. 이러한 금리의 변동은 우리나라 화폐의
> 가치를 ㉢ 시켜 ㉣ 을(를) 증가시킨다.

	㉠	㉡	㉢	㉣
①	재할인율	높아	상승	투자
②	양적 완화	낮아	하락	수입
③	양적 완화	높아	하락	수출
④	공개시장 조작	낮아	하락	수출

08회 / Review

문항	정답	과목	키워드	Self Check		문항	정답	과목	키워드	Self Check
01	①	미시	수요독점	○/△/×		14	②	미시	대체재와 보완재	○/△/×
02	④	미시	교차탄력성	○/△/×		15	①	미시	역선택과 도덕적 해이	○/△/×
03	①	미시	자중적 손실	○/△/×		16	①	거시	대부자금	○/△/×
04	②	미시	확장경로	○/△/×		17	③	거시	일반균형	○/△/×
05	④	거시	관세 · 수출보조금	○/△/×		18	④	거시	학파별 고찰	○/△/×
06	③	미시	이부가격제	○/△/×		19	④	거시	자연실업률	○/△/×
07	③	거시	국민소득결정모형	○/△/×		20	①	거시	고용통계	○/△/×
08	④	국제	수출보조금	○/△/×		21	④	거시	황금률	○/△/×
09	②	미시	내쉬균형	○/△/×		22	④	거시	피셔방정식	○/△/×
10	③	미시	생산가능곡선	○/△/×		23	④	거시	필립스곡선	○/△/×
11	③	거시	성장회계	○/△/×		24	②	국제	불태화정책	○/△/×
12	④	거시	본원통화와 통화량	○/△/×		25	④	거시	통화정책	○/△/×
13	④	미시	완전경쟁시장	○/△/×						

[Self Check] 문제에 대한 이해 정도를 스스로 점검하여 ○(문제 이론의 내용을 정확히 알고 있음)/ △(개념이 헷갈리거나 정확히 알지 못함)/×(생소하거나 학습하지 못한 이론)으로 구분하여 표시합니다.

핵심지문 OX

시험 직전 꼭 되짚어야 할 핵심지문을 ○×문제로 확인해보시기 바랍니다.

01 소득소비곡선의 경우, 사치재는 완만한 형태이고 필수재는 가파른 형태이며 소득탄력도가 1일 때 원점을 지나는 직선이다. (   )

02 생산요소시장이 수요독점이면 고용량은 $MRP_L = MFC_L$에서 결정된다. (   )

03 가격규제나 수량규제를 통해 사회적잉여는 극대화된다. (   )

04 완전경쟁기업의 장기 공급곡선(MC곡선)을 수평으로 합하여 도출한 곡선이 완전경쟁산업의 장기 공급곡선이다. (   )

05 이자율효과, 실질잔고효과, 경상수지효과 등에 의해 일반적으로 AD곡선은 우하향한다. (   )

06 케인즈의 IS곡선과 AD곡선은 수평선이며, LM곡선과 AS곡선은 수직선이다. (   )

07 BP곡선의 상방은 국제수지적자이고, BP곡선의 하방은 국제수지흑자이다. (   )

08 자본이동성이 높은 경우 국민소득증가로 수입이 증가할 때 이자율이 조금만 상승해도 충분한 자본유입으로 국제수지균형이 가능하기에 BP곡선은 완만해진다. (   )

09 (소국)관세가 부과되더라도 국제가격(수입가격)이 변하지 않아 교역조건은 불변이고 단위당 T원의 관세가 부과되면 국내가격이 T원만큼 상승한다. (   )

10 메츨러의 역설은 상대국의 수입수요가 비탄력적이고, 수입품에 대한 한계소비성향이 작을 때 발생한다. (   )

[정답] **01** ○ **02** ○ **03** × 최고가격제나 최저가격제를 시행하면 거래량이 줄고 사회적잉여도 감소한다. **04** × 장기에는 개별기업의 진입과 퇴거가 진행 중이기에 MC곡선의 합으로 구할 수 없다. 완전경쟁산업의 장기균형점을 연결하여 도출한 곡선이 완전경쟁산업의 장기공급곡선이다. **05** ○ **06** × 케인즈의 IS곡선과 AD곡선은 수직선이며, LM곡선과 AS곡선은 수평선이다. **07** × BP곡선의 상방은 균형보다 이자율이 높기에 과다한 자본유입으로 국제수지흑자이고, BP곡선의 하방은 균형보다 이자율이 낮기에 자본유출로 국제수지적자이다. **08** ○ **09** ○ **10** ○

09회 실전동형모의고사

01 기대효용이론에 대한 설명으로 옳은 것은?

① 확실성하의 소비자 행동분석이론이다.
② 불확실성하에서 기대효용과 동일한 효용을 주는 확실한 현금의 크기를 위험프리미엄이라 한다.
③ 위험기피자의 경우 기대효용보다 기대치의 효용이 더 크기에 효용함수가 아래로 오목하다.
④ 위험선호자의 경우 기대치가 확실성등가보다 작기에 위험프리미엄이 (+)이다.

02 독점적 경쟁에 대한 설명으로 옳지 않은 것은?

① 시장 진입과 퇴거가 자유롭다.
② 독점적 경쟁기업은 장기에는 정상이윤만 얻는다.
③ 수요곡선이 한계비용곡선에 접할 때 장기균형점에 도달한다.
④ 각 기업이 생산하는 재화의 이질성이 높을수록 초과설비규모가 커진다.

03 갑국과 을국이 자국의 수출보조금을 결정하는 정책 게임을 한다. 갑국과 을국의 전략은 a, b, c로 구성된다. 이 게임의 보수함수가 다음과 같을 때, 내쉬(Nash)균형에서 갑국과 을국의 보수(payoff) 조합은? (단, 보수조합의 왼쪽 값은 갑국, 오른쪽 값은 을국의 보수를 나타낸다)

구분		을국		
		a	b	c
갑국	a	(6, 1)	(4, 2)	(1, 7)
	b	(3, 3)	(6, 5)	(4, 4)
	c	(1, 8)	(4, 5)	(2, 6)

① (1, 7)
② (1, 8)
③ (4, 4)
④ (6, 5)

04 완전보완재 관계인 X재와 Y재를 항상 $1:1$ 비율로 사용하는 소비자가 있다. 이 소비자가 효용극대화를 추구할 때, X재의 가격소비곡선과 소득소비곡선에 대한 설명으로 옳은 것은? (단, X재와 Y재의 가격이 0보다 크다고 가정한다)

① 가격소비곡선과 소득소비곡선의 기울기는 모두 1이다.
② 가격소비곡선의 기울기는 1이고 소득소비곡선은 수평선이다.
③ 가격소비곡선은 수평선이고 소득소비곡선의 기울기는 1이다.
④ 가격소비곡선은 수직선이고 소득소비곡선의 기울기는 1이다.

05 다음 그림에 대한 설명으로 옳지 않은 것은?

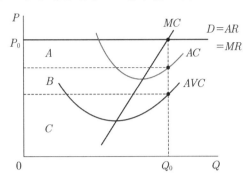

① 초과이윤은 A이다.
② 총고정비용은 B이다.
③ 총가변비용은 C이다.
④ 준지대는 $A-B$이다.

06 K국은 A와 B의 두 사람으로 구성되어 있으며, 사회후생함수는 $W=U^A \cdot U^B$이다. A의 효용이 1이고 B의 효용이 9라면 K국의 애킨슨 지수는?

① 0   ② 0.4
③ 0.8   ④ 1

07 통화정책의 단기적 효과를 높이는 요인으로 옳은 것을 모두 고르면?

> ㄱ. 화폐수요의 이자율탄력성이 높은 경우
> ㄴ. 투자의 이자율탄력성이 높은 경우
> ㄷ. 한계소비성향이 높은 경우

① ㄱ   ② ㄴ
③ ㄱ, ㄴ   ④ ㄴ, ㄷ

08 밑줄 친 ㉠~㉣에 들어갈 말로 옳은 것은?

> 구축효과에 의하면 정부지출의 증가가 ㉠ 을/를 통해 민간의 ㉡ 를 유발한다. ㉢ 학파 이론에서는 구축효과가 큰 반면에 ㉣ 학파 이론에서는 구축효과가 작다.

	㉠	㉡	㉢	㉣
①	소득증가	소비수요증가	고전	케인즈
②	소득증가	소비수요증가	케인즈	고전
③	이자율상승	투자수요감소	고전	케인즈
④	이자율상승	투자수요감소	케인즈	고전

09 어떤 재화를 생산하는 데 중간재 비중이 70%, 부가가치 계수가 30%이다. A국이 중간재에 대해 15%, 최종재에 대해 20%의 관세를 부과하면 실효보호관세율은?

① 21.6%　　　　　② 26.5%

③ 31.6%　　　　　④ 36.5%

11 다음은 기대를 반영한 필립스곡선이다. 기대인플레이션이 전기의 실제인플레이션과 동일하다고 할 때, 실제인플레이션이 전기에 비해 $2\%p$ 감소하기 위한 실제실업률은?

$$\pi = \pi^e - 0.4(u - 4)$$

(단, π는 실제인플레이션, π^e는 기대인플레이션, u는 실제실업률이다)

① 1%　　　　　② 3%

③ 6%　　　　　④ 9%

10 다음 표는 원/달러 환율과 엔/달러 환율을 가정하여 나타낸 것이다. 이와 같은 환율 변동에 따라 2021년에 나타날 수 있는 효과로 옳지 않은 것은?

구분	원/달러	엔/달러
2020년	1,200	120
2021년	1,100	100

① 미국 시장에서 일본보다 우리나라 제품의 수출 가격 경쟁력이 낮아졌다.

② 일본산 부품을 사용하는 우리나라 기업의 생산 비용이 증가하게 되었다.

③ 원화의 가치가 상승하여 우리나라의 달러 표시 외채 상환 부담이 감소하게 되었다.

④ 달러의 가치가 하락하여 미국이 한국과 일본에 수출하는 제품의 가격 경쟁력이 높아졌다.

12 두 소비자 1, 2에게 디지털카메라와 스마트폰을 판매하는 독점기업을 고려해 보자. 개별 소비자는 디지털카메라와 스마트폰을 각각 최대한 1대 구매한다. 두 소비자의 최대지불용의금액이 아래 표와 같을 때 다음 설명 중 옳은 것은? (단, 소비자별로 가격차별을 할 수 없으며 두 상품의 생산비용은 0이라고 가정한다)

구분	디지털카메라	스마트폰
소비자 1	125	90
소비자 2	50	110

① 소비자 잉여는 결합판매 할 때보다 개별적으로 판매할 때 더 크다.

② 독점기업은 결합판매 할 때보다 개별적으로 판매할 때 더 큰 이윤을 얻을 수 있다.

③ 디지털카메라와 스마트폰을 결합하여 판매하는 경우 이윤극대화를 위한 가격 하에서 소비자 잉여는 55이다.

④ 디지털카메라와 스마트폰을 개별적으로 판매하는 경우 독점기업이 얻을 수 있는 최대이윤은 215이다.

13 다음은 갑국의 *GDP*를 산출하기 위한 서로 다른 방식의 자료와 그림이다. 이에 대한 설명으로 옳지 않은 것은? (단, 갑국에는 *A*와 *B*기업만 존재하고, 생산된 상품은 해당 연도에 모두 판매되었다)

(단위: 달러)

구분	*A* 기업	*B* 기업
매출액	15,000	41,000
중간 투입물	4,000	11,000

〈자료 1〉

(단위: 달러)

구분	*A* 기업	*B* 기업
지대	1,000	2,000
임금	5,800	11,000
이자	1,200	8,000

〈자료 2〉

〈그림〉

① *A*기업은 3,000달러의 부가가치를 창출하였다.
② *B*기업은 9,000달러의 이윤이 발생하였다.
③ 수입 소비재에 대한 지출이 증가해도 그림의 *GDP*는 변함이 없다.
④ 갑국의 *GDP*는 어느 방식으로 산출하든 사후적으로 같다.

14 *IS*곡선과 *LM*곡선의 이동에 대한 설명으로 옳지 않은 것은?

① 정부지출이 증가하면 *IS*곡선은 우측으로 이동한다.
② 저축이 증가하면 *IS*곡선은 좌측으로 이동한다.
③ 통화량증가로 *LM*곡선은 우측으로 이동한다.
④ 신용카드 보급이 활성화되면 *LM*곡선은 좌측으로 이동한다.

15 구매력평가설과 이자율평가설이 성립할 때, *A*국과 *B*국의 명목이자율이 각각 7%, 8%이며 *A*국의 예상 물가상승률이 5%일 경우 *B*국의 예상 물가상승률은?

① 5   ② 6
③ 7   ④ 8

16 그림은 A국과 B국의 생산가능곡선이다. 비교우위에 특화해서 교역할 때 양국 모두에게 이득을 주는 교환은?

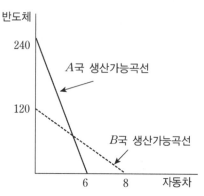

① A국의 자동차 1대와 B국의 반도체 50개
② A국의 자동차 1대와 B국의 반도체 40개
③ A국의 반도체 20개와 B국의 자동차 1대
④ A국의 반도체 14개와 B국의 자동차 1대

17 X재의 사적한계비용곡선(MC)은 $MC = 0.1Q + 2$이고, 한계편익곡선은 $P = 14 - 0.1Q$이다. X재의 공급에 부정적 외부효과가 존재하여 경제적 순손실이 발생하였다. 이에 정부가 공급자에게 단위당 2의 세금을 부과하여 사회적 최적을 달성했다면 정부개입 이전의 경제적 순손실은? (단, P는 가격, Q는 수량이다)

① 10
② 20
③ 30
④ 40

18 A국의 생산함수는 $Y = K^{\alpha}(EL)^{1-\alpha}$이다. 효율적 노동당 자본($K/EL$)의 한계생산은 0.14이고, 자본의 감가상각률은 0.04이며, 인구증가율은 0.02이다. 만약 이 경제가 황금률 균제상태(golden-rule steady state)라면 노동효율성(E) 증가율은? (단, Y는 총생산, K는 총자본, E는 노동효율성, L은 총노동을 나타내며 $0 < \alpha < 1$이다)

① 0.08
② 0.10
③ 0.12
④ 0.14

19 A는 항상 매달 소득의 1/5을 일정하게 뮤지컬 혹은 영화 티켓 구입에 사용한다. 이에 대한 다음의 글에서 ㉠과 ㉡에 들어갈 말로 옳은 것은?

> A에게 뮤지컬 혹은 영화는 (㉠)이며, 뮤지컬 혹은 영화티켓의 가격이 10% 상승하면 A의 뮤지컬 혹은 영화티켓 수요량은 (㉡)한다.

	㉠	㉡
①	정상재	10% 감소
②	정상재	20% 감소
③	열등재	10% 감소
④	열등재	20% 감소

20 A국 경제는 총수요-총공급 모형에서 현재 장기균형상태에 있다. 부정적 충격과 관련한 설명으로 옳은 것은?

① 부정적 단기공급충격 시 정부의 개입이 없을 경우 장기적으로 물가는 상승한다.
② 부정적 단기공급충격 시 확장적 재정정책으로 단기에 충격 이전 수준과 동일한 물가와 생산으로 돌아갈 수 있다.
③ 부정적 수요충격 시 정부의 개입이 없을 경우 장기적으로 충격 이전 수준과 동일한 물가로 돌아간다.
④ 부정적 수요충격 시 확장적 통화정책으로 단기에 충격 이전 수준과 동일한 물가와 생산으로 돌아갈 수 있다.

22 화폐수요와 화폐공급에 관한 설명으로 옳지 않은 것은?

① 본원통화는 화폐발행액과 중앙은행에 예치한 지급준비 예금의 합계이다.
② 마샬의 k가 커지면 유통속도도 증가한다.
③ 부분지급준비제도하에서 통화량을 본원통화로 나눈 통화승수는 1보다 크다.
④ 화폐공급이 이자율의 증가함수라면 화폐공급의 내생성이 존재한다.

21 갑, 을 두 사람으로 구성된 경제를 에지워스 상자로 나타내면 아래 그림과 같고, C점은 갑과 을의 두 재화의 부존량을 나타내는 점이다.

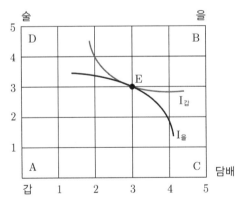

현재 갑과 을의 교환점을 E라고 하자. 여기서 만일 갑이 을에게 담배를 한 단위 주고, 을로부터 술을 한 단위 받는다면 다음 중 옳은 것은?

① 갑의 효용은 증대되고, 을의 효용은 감소한다.
② 갑의 효용은 감소하고, 을의 효용은 증대한다.
③ 갑의 효용은 감소하고, 을의 효용도 감소한다.
④ 갑의 효용은 불변이고, 을의 효용은 감소한다.

23 아래에 열거된 A국의 통계치를 이용하여 A국의 고통지수(misery index)를 구하고, A국 정부가 인플레이션율을 4.0%에서 2.0%로 떨어뜨리려는 정책이 성공한다면 연간 GDP는 얼마나 감소하겠는가? (단, 다른 조건들이 일정하다고 가정한다)

- 실업율: 8.5%
- 인플레이션율: 4.0%
- 희생비율: 3
- GDP: 1,000조 원
- 청년실업율: 10.5%
- 예상인플레이션율: 3.0%

	고통지수	연간 GDP 감소
①	14.5%	60조
②	12.5%	60조
③	14.5%	30조
④	12.5%	30조

24 A국은 글로벌 과잉유동성에 따른 대규모 투기 자본 유입에 대응하기 위해 A국의 주식 및 채권에 대한 외국인 투자자금에 2%의 금융거래세를 부과하고자 한다. A국의 금융거래세 도입 정책에 대한 설명으로 옳지 않은 것은?

① A국 통화의 절하 요인이다.
② A국 자본수지의 흑자 요인이다.
③ A국 증권시장의 변동성을 줄이는 요인이다.
④ A국으로의 외환 유입을 줄이는 요인이다.

25 다음의 국제무역의 발생원인 및 영향에 관한 서술에서 빈칸에 들어갈 말을 옳게 고른 것은?

> 헥셔–올린의 근대적 무역이론에 따르면 노동이 풍부한 국가는 (㉠) 재화를 수출하고, 무역 후 (㉡)의 실질소득 또는 구매력이 증가한다.

	㉠	㉡
①	노동집약적	노동
②	노동집약적	자본
③	자본집약적	노동
④	자본집약적	자본

09회 Review

문항	정답	과목	키워드	Self Check	문항	정답	과목	키워드	Self Check
01	③	미시	기대효용이론	○/△/×	14	④	거시	$IS-LM$곡선	○/△/×
02	③	미시	독점적 경쟁시장	○/△/×	15	②	국제	구매력평가설과 이자율평가설	○/△/×
03	④	미시	내쉬균형	○/△/×	16	③	국제	교역조건	○/△/×
04	①	미시	가격소비곡선과 소득소비곡선	○/△/×	17	①	미시	외부효과	○/△/×
05	④	미시	준지대	○/△/×	18	①	거시	황금률	○/△/×
06	②	미시	애킨슨 지수	○/△/×	19	①	미시	탄력도	○/△/×
07	④	거시	통화정책	○/△/×	20	④	거시	총수요-총공급모형	○/△/×
08	③	거시	구축효과	○/△/×	21	④	미시	소비의 파레토효율성	○/△/×
09	③	국제	실효보호관세율	○/△/×	22	②	거시	화폐시장	○/△/×
10	①	국제	환율	○/△/×	23	②	거시	고통지수	○/△/×
11	④	거시	필립스곡선	○/△/×	24	②	국제	금융거래세 정책	○/△/×
12	③	미시	묶어팔기	○/△/×	25	①	국제	헥셔-올린정리	○/△/×
13	①	거시	GDP	○/△/×					

[Self Check] 문제에 대한 이해 정도를 스스로 점검하여 ○(문제 이론의 내용을 정확히 알고 있음)/△(개념이 헷갈리거나 정확히 알지 못함)/×(생소하거나 학습하지 못한 이론)으로 구분하여 표시합니다.

핵심지문 OX

시험 직전 꼭 되짚어야 할 핵심지문을 ○×문제로 확인해보시기 바랍니다.

01 정상재는 통상수요곡선이 보상수요곡선보다 완만하고, 열등재는 통상수요곡선이 보상수요곡선보다 급경사이다. (   )

02 생산요소시장이 수요독점이면 수요독점기업의 요소수요곡선은 한계수입생산곡선이다. (   )

03 생산의 외부불경제 시 시장균형거래량이 사회적 최적거래량보다 적다. (   )

04 코즈정리는 거래비용 없이 협상을 할 수 있다면, 외부효과로 인해 초래되는 비효율성을 시장에서 스스로 해결할 수 있다는 원리이다. (   )

05 수확체감의 법칙이 적용되지 않는 $Y=AK$라는 생산함수를 가정할 때, AK모형은 정부의 감세정책 등으로 저축률이 높아지면 지속적인 경제성장이 가능함을 보여준다. (   )

06 고전학파는 화폐가 베일(veil)에 불과하다고 보는 반면 케인즈학파는 화폐가 실물경제에 영향을 미친다고 본다. (   )

07 총공급곡선의 이동으로 인플레이션율과 실업률이 반비례인 우하향의 필립스곡선을 도출할 수 있다. (   )

08 고전학파는 구축효과발생으로 재정정책효과는 전혀 없으나 금융정책효과는 크다고 본다. (   )

09 실질환율은 $\epsilon = \dfrac{e \times P_f}{P}$($\epsilon$: 실질환율, e: 명목환율, P_f: 해외물가, P: 국내물가)이기에, 이를 변형하면 '실질환율변화율 = 명목환율변화율 + 해외물가상승률 −국내물가상승률'이다. (   )

10 구매력평가설에 의하면, 환율상승률 = 국내물가상승률 − 해외물가상승률이다. (   )

[정답] 01 ○ 02 × 일반적으로 생산요소시장에서 수요독점이면 생산물시장도 불완전경쟁(독점)으로 우상향의 노동공급곡선상에서 가장 유리한 고용량을 선택할 수 있으므로 수요독점의 노동수요곡선은 존재하지 않는다. 03 × 생산의 외부불경제 시 외부한계비용이 발생하여 사적 한계비용보다 사회적 한계비용이 크고, 시장균형거래량이 사회적 최적거래량보다 많다. 04 ○ 05 ○ 06 ○ 07 × 총수요곡선의 이동으로 인플레이션율과 실업률이 반비례인 우하향의 필립스곡선을 도출할 수 있다. 08 × 고전학파는 구축효과발생으로 재정정책효과는 전혀 없고, 화폐의 중립성으로 금융정책과도 전혀 없다고 본다. 09 ○ 10 ○

10회 실전동형모의고사

제한시간 : 20분 | 시작 시 분 ~ 종료 시 분 점수 확인 개/ 25개

01 A국의 총생산함수가 $Y = K^{\frac{1}{2}} L^{\frac{1}{2}}$ 이다. 이에 대한 설명으로 옳은 것을 모두 고르면? (단, Y는 국민소득, K는 자본량, L은 노동량으로 인구와 같다)

> ㄱ. 총생산함수는 규모에 따른 수익불변의 성질을 가진다.
> ㄴ. 1인당 자본량이 증가하면 1인당 국민소득은 증가한다.
> ㄷ. 자본량이 일정할 때, 인구가 증가하면 1인당 국민소득은 감소한다.

① ㄱ
② ㄴ
③ ㄱ, ㄷ
④ ㄱ, ㄴ, ㄷ

02 효용함수가 $U = X^6 Y^4$ 이고 예산제약식이 $3X + 4Y = 100$ 일 때, 효용이 극대화되는 X재와 Y재의 구매량은?

① $X = 20$, $Y = 10$
② $X = 10$, $Y = 17.5$
③ $X = 5$, $Y = 21.25$
④ $X = 1$, $Y = 24.25$

03 어느 공공재에 대한 두 소비자 A와 B의 수요함수는 각각 다음과 같다. 여기서 P_A는 소비자 A의 소비가격, P_B는 B의 소비가격, Q는 수요량이다. 이 공공재의 한계비용은 200으로 일정할 때, 사회적으로 효율적인 공공재 공급량의 수준은?

$$P_A = 250 - \frac{1}{3} Q, \ P_B = 100 - \frac{1}{2} Q$$

① 10
② 180
③ 190
④ 200

04 2010년과 2020년 사이에 명목 GDP가 200조 원에서 450조 원으로 증가하고 GDP디플레이터는 100에서 150으로 상승했다면, 이 기간 동안의 실질경제성장율은?

① 50%
② 100%
③ 150%
④ 200%

05 한국은행의 금융통화위원회에서 16개월간 동결되었던 정책금리를 인상하였을 때 예상되는 결과로 옳지 않은 것은?

① 채권가격의 하락
② 원화가치의 하락
③ 통화증가율의 감소
④ 실질 GDP감소와 물가 하락

07 다음은 효용함수 $U = Ax^\alpha y^\beta$에 대한 설명이다. ㉠에 들어갈 비율로 옳은 것은?

효용함수 $U = Ax^\alpha y^\beta$는 X에 대한 지출이 소득에서 차지하는 비율이 언제나 (㉠)의 수준을 유지한다.

① α ② β

③ $\dfrac{\alpha}{\alpha + \beta}$ ④ $\dfrac{\beta}{\alpha + \beta}$

06 A팀과 B팀의 공연이 같은 날 그리고 같은 시간에 열린다. A팀의 공연관람료는 5만 원, B팀의 공연관람료는 7만 원이다. 서연이는 B팀의 공연을 관람하기 위해 사전에 관람권을 예매하였으나 곧 잃어버리고 말았다. 그 직후 친구인 정연이가 A팀의 무료관람권을 얻었다며 A팀 공연관람을 제안하였으나 서연이가 이를 거부하고 B팀의 공연관람권을 다시 구입하여 B팀의 공연을 관람한다면 그에 따른 기회비용으로 가장 적절한 것은? (단, 서연이가 A팀의 공연을 관람할 때의 편익은 5만 원이라고 한다)

① 5만 원   ② 7만 원
③ 12만 원   ④ 17만 원

08 두 생산요소 자본 K와 노동 L을 투입하는 A기업의 생산함수가 $Q = [\min\{L, 3K\}]^{0.5}$로 주어져 있다. 산출물의 가격은 p, 노동의 가격은 $w = 4$, 자본의 가격은 $r = 6$인 경우, 이윤을 극대화하는 A기업의 공급(Q_S)곡선은? (단, 생산물시장과 생산요소시장은 완전경쟁적이다)

① $Q_S = p \times \min\{w, 3r\}$

② $Q_S = \dfrac{p}{12}$

③ $Q_S = p \times \max\{w, 3r\}$

④ $Q_S = 6p$

09 철수가 x만큼의 재산을 가지고 있을 때 효용수준이 $u = \sqrt{x}$ 라고 하자. 1년 후 철수가 소유한 재산의 가치는 90%의 확률로 지금과 동일한 $x = 100$원일 수도 있지만 10%의 확률로 불의의 사고를 당하여 $x = 0$원이 될 수도 있다고 한다. 보험회사가 철수의 재산을 보험에 가입시켜 줌으로써 얻을 수 있는 최대 이윤은?

① 1   ② 9
③ 10   ④ 19

10 다음 A 또는 B로 인해 인플레이션이 우려될 때, 이에 대한 설명으로 옳지 않은 것은? (단, 총수요곡선은 우하향하고 총공급곡선은 우상향하며, 다른 조건은 불변이다)

> • A: 원자재 가격의 급등
> • B: 소비 및 투자증가로 인한 경기 과열

① A로 인해 생산과 고용이 감소한다.
② A의 경우 총공급곡선이 좌측으로 이동한다.
③ B로 인해 생산과 고용이 증가한다.
④ B에 대한 대책으로 재할인율 인하를 들 수 있다.

11 다음 설명에서 ㉠과 ㉡에 들어갈 말을 옳게 짝지은 것은?

> 현시선호이론은 현실적으로 측정 불가능한 (㉠)의 개념에 의존하지 않고 시장에서 실제로 관측되는 소비자들의 구매행태로부터 (㉡)을 도출한다.

	㉠	㉡
①	무차별곡선	수요곡선
②	예산제약식	무차별곡선
③	수요곡선	소비계획
④	소비계획	예산제약식

12 현재 한국의 물가수준은 2,000, 미국의 물가수준은 1이다. 구매력평가설이 성립할 때 한국의 명목환율과 이때의 실질환율은?

	명목환율	실질환율
①	1,000	1
②	1,000	2
③	2,000	1
④	2,000	2

13 총수요곡선과 총공급곡선에 대한 설명으로 옳은 것은?

① 이자율효과 등에 의해 일반적으로 총수요곡선은 우상향한다.

② 단기에 총공급곡선은 우하향으로 도출된다.

③ 두 곡선이 교차하는 점에서의 국민소득수준이 잠재 GDP보다 크면 인플레이션 갭이 발생한다.

④ 예상물가수준의 상승과 달리 물가수준의 상승은 단기 총공급곡선을 오른쪽으로 이동시킨다.

15 다음 A국의 GDP에 관한 자료에 대한 설명으로 옳지 않은 것은? (단, 기준연도는 2018년이다)

연도	명목GDP	GDP디플레이터
2018	$2,000	100
2019	$3,000	120
2020	$3,750	150
2021	$6,000	200

① 2018년에서 2019년 사이의 인플레이션율은 20%이다.

② 2020년에서 2021년 사이의 인플레이션율은 33.3%이다.

③ 2018년에서 2019년 사이에 경제성장을 경험했다.

④ 2020년에서 2021년 사이에 경제성장을 경험하지 못했다.

14 그림은 X재와 Y재만을 생산하는 갑국과 을국의 생산가능곡선이다. 이에 대한 분석 및 추론으로 적절한 것은? (단, 양국의 생산가능곡선은 직선이며 생산 요소의 양은 동일하다)

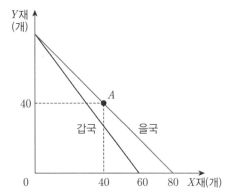

① 갑국은 A점에서 생산할 수 있다.

② 을국의 Y재 최대 생산량은 70개이다.

③ 갑국은 Y재 생산에 절대 우위를 갖는다.

④ 양국이 교역할 경우 을국은 X재 생산에 특화한다.

16 X재의 수요함수는 $Q^d = 100 - P$이고, 공급함수는 $Q^s = P$이다. 소비자에게 단위당 10의 세금이 부과될 경우 소비자에게 귀착되는 세금의 총액은? (단, P는 가격이다)

① 225

② 250

③ 450

④ 500

17 경기변동에 관한 설명으로 옳지 않은 것은?

① 확장국면과 수축국면이 반복되어 나타나는 현상이다.

② 확장국면과 수축국면의 기간과 강도가 다르다.

③ 루카스(R. Lucas)는 거시 경제변수들이 공행성(comovement)을 보인다고 했다.

④ 케인즈(J. Keynes)는 경기변동의 주기적인 규칙성을 강조했다.

18 장기균형하의 독점적 경쟁기업의 수요곡선이 $P = 51 - 2Y$로 주어지고 평균비용곡선의 방정식이 $LAC = Y^2 - 16Y + 100$으로 주어질 때 장기균형가격과 산출량은?

① $P = 37, Y = 7$

② $P = 35, Y = 8$

③ $P = 33, Y = 9$

④ $P = 31, Y = 8$

19 완전자본이동하의 소규모 개방경제에서 먼델-플레밍 모형에 관한 설명으로 옳지 않은 것은?

① 국내 이자율은 해외 이자율에 의해 결정된다.

② 변동환율제하에서는 확장적 재정정책으로 총수요를 증가시킬 수 없다.

③ 변동환율제하에서는 확장적 통화정책으로 총수요를 증가시킬 수 있다.

④ 변동환율제하에서는 수입할당과 관세 등의 무역정책으로 총수요를 증가시킬 수 있다.

20 리카디언 등가(Ricardian Equivalence)에 관한 설명으로 옳지 않은 것은?

① 정부부채를 통해 조세삭감의 재원을 충당하는 정책은 소비를 변화시키지 않는다.

② 정부부채는 미래의 조세와 같기 때문에 민간이 미래를 충분히 고려한다면 민간의 소득에는 변화가 없다.

③ 정부가 장래의 정부구매를 축소하기 위해 조세를 삭감했을 경우에도 민간은 소비를 증가시키지 않는다.

④ 리카도(D. Ricardo)는 정부 재정을 부채를 통해 확보하는 것이 조세를 통해 확보하는 것과 같다고 주장했다.

21 두 상품의 선택모형에서 소비자 A의 무차별곡선에 관한 설명으로 옳지 않은 것은?

① 두 상품이 각각 재화(goods)와 비재화(bads)인 경우 무차별곡선은 우상향한다.

② 두 상품이 모두 재화(goods)인 경우 한계대체율체감의 법칙이 성립하면, 무차별곡선은 원점에 대하여 볼록하다.

③ 두 상품이 모두 재화(goods)인 경우 무차별곡선이 원점으로부터 멀어질수록 무차별곡선이 나타내는 효용수준이 높아진다.

④ 두 상품이 완전대체재인 경우 무차별곡선의 형태는 L자형이다.

22 A국은 노동과 자본만을 사용하여 노동집약재와 자본집약재를 생산하며 자본에 비해 상대적으로 노동이 풍부한 나라다. 스톨퍼-사무엘슨 정리를 따를 때, 밑줄 친 ㉠과 ㉡에 대한 내용으로 옳은 것은?

> A국에서 자본집약재인 Y재 수입에 관세를 부과하면 노동자는 (㉠)해지고, 자본가는 (㉡)해진다.

	㉠	㉡
①	유리	유리
②	유리	불리
③	불리	불리
④	불리	유리

23 어느 한 국가의 기대를 반영한 필립스곡선이 $\pi = \pi^e - 0.5u + 2.2$이다. 잠재GDP에 해당하는 실업률은?

① 4.1%

② 4.2%

③ 4.3%

④ 4.4%

24 솔로우(Solow)모형에서 생산함수는 $Y = K^{0.5}(E \times L)^{0.5}$이다($K$는 자본, L은 노동, E는 노동의 효율성, Y는 생산량). 이 경제에서 저축률은 20%, 노동증가율은 5%, 노동효율성 증가율은 5%, 감가상각률은 10%일 때, 현재 균제상태(steady state)에 있는 이 경제에 대한 설명으로 옳은 것은?

① 이 경제는 황금률(golden rule) 자본수준에 있다.

② 황금률 자본수준으로 가기 위해서는 저축률을 높여야 한다.

③ 황금률 자본수준으로 가기 위해서는 현재 효율노동 단위당 소비를 증가시켜야 한다.

④ 황금률 자본수준에 도달하면 효율노동 단위당 소비가 현재 균제상태보다 낮아진다.

25 원/달러 명목환율, 한국과 미국의 물가지수가 다음과 같다. 2013년을 기준연도로 하였을 때, 2014년의 원/달러 실질환율의 변화는?

구분	2013년	2014년
원/달러 명목환율	1,000	1,100
한국의 물가지수	100	105
미국의 물가지수	100	102

① 3% 하락
② 3% 상승
③ 7% 하락
④ 7% 상승

10회 Review

문항	정답	과목	키워드	Self Check
01	④	거시	총생산함수	○/△/×
02	①	미시	효용함수 ·	○/△/×
03	②	미시	공공재	○/△/×
04	①	거시	실질GDP 증가율	○/△/×
05	②	거시	국내금리의 인상	○/△/×
06	③	미시	기회비용	○/△/×
07	③	미시	$C-D$효용함수	○/△/×
08	②	미시	생산함수	○/△/×
09	②	미시	기대효용함수	○/△/×
10	④	거시	인플레이션	○/△/×
11	①	미시	현시선호이론	○/△/×
12	③	국제	구매력평가설	○/△/×
13	③	거시	AD곡선과 AS곡선	○/△/×

문항	정답	과목	키워드	Self Check
14	④	국제	무역이론	○/△/×
15	④	거시	GDP디플레이터	○/△/×
16	①	미시	조세의 귀착	○/△/×
17	④	거시	경기변동이론	○/△/×
18	①	미시	독점적 경쟁	○/△/×
19	④	국제	먼델-플레밍모형	○/△/×
20	③	거시	리카르도 등가정리	○/△/×
21	④	미시	무차별곡선	○/△/×
22	④	국제	스톨퍼-사무엘슨 정리	○/△/×
23	④	거시	필립스곡선	○/△/×
24	②	거시	솔로우모형	○/△/×
25	④	국제	환율	○/△/×

[Self Check] 문제에 대한 이해 정도를 스스로 점검하여 ○(문제 이론의 내용을 정확히 알고 있음)/△(개념이 헷갈리거나 정확히 알지 못함)/×(생소하거나 학습하지 못한 이론)으로 구분하여 표시합니다.

핵심지문 OX

시험 직전 꼭 되짚어야 할 핵심지문을 ○×문제로 확인해보시기 바랍니다.

01 생산량증가 시 생산비가 완만히 상승할수록, 측정기간이 길수록 탄력적이다. (   )

02 완전경쟁시장에서 개별기업이 직면하는 수요곡선은 수평선이다. (   )

03 현물보조를 실시하면 예산선이 바깥쪽으로 평행이동하고, 현금보조를 실시하면 우측으로 평행이동한다. (   )

04 한계비용이 평균비용보다 작은 구간에서 생산량을 감소시키면 평균비용이 감소한다. (   )

05 상대소득가설에 따르면 단기에는 소비의 상호의존성으로 전시효과, 소비의 비가역성으로 톱니효과가 발생하여 APC가 MPC보다 크다. (   )

06 실망실업자의 비경제활동인구 분류는 공식 실업률을 체감 실업률보다 높게 한다. (   )

07 고용률이 감소하고 경제활동참가율이 증가할 때, 실업률은 크게 감소한다. (   )

08 통화량증가율을 경제성장률에 맞추어 k%로 유지해야 한다는 준칙에 따른 금융정책실시를 주장하였는데, 이를 k% rule이라 한다. (   )

09 평가절하시 단기적으로 경상수지가 개선되었다가 시간이 지나면서 점차 악화되는 효과를 J-커브효과라 한다. (   )

10 빅맥지수가 원달러 환율보다 작으면, 원화는 미달러화에 비해 저평가되어 있는 것이다. (   )

[정답] 01 ○ 02 ○ 03 × 현금보조를 실시하면 예산선이 바깥쪽으로 평행이동하고, 현물보조를 실시하면 우측으로 평행이동한다. 04 × 한계비용이 평균비용보다 작은 구간에서 생산량을 감소시키면 평균비용은 증가한다. 05 ○ 06 × 비정규직 근로자 등 불완전 취업자의 취업자 분류와 실망실업자의 비경제활동인구 분류는 공식 실업률을 체감 실업률보다 낮게 한다. 07 고용률이 감소하고 경제활동참가율이 증가할 때, 취업률은 크게 낮아지고 실업률은 크게 증가한다. 08 ○ 09 × 평가절하 시 수출품과 수입품의 가격은 즉각 변하나 수출입량의 조정은 서서히 이루어진다. 즉, 달러표시 수출품의 가격은 즉각 하락하나 수출량은 서서히 증가하기에 단기적으로 경상수지가 악화되었다가 시간이 지나면서 점차 개선되는 효과를 J-커브효과라 한다. 10 ○

해커스공무원 학원·인강
gosi.Hackers.com

기출로 확인체크

잠깐! 최종점검 기출모의고사 전 확인사항

최종점검 기출모의고사도 실전처럼 문제를 푸는 연습이 필요합니다.

- ✔ 휴대전화는 전원을 꺼주세요.
- ✔ 연필과 지우개를 준비하세요.
- ✔ 제한시간 20분 내 최대한 많은 문제를 정확하게 풀어보세요.

매 회 최종점검 기출모의고사 전, 위 사항을 점검하고 시험에 임하세요.

미리 보는 핵심 기출지문

〈최종점검 기출모의고사〉를 풀기 전 시험에 출제되었던 내용 중 꼭 되짚어야 하는 핵심적인 기출지문을 미리 확인해보시기 바랍니다.
또한 각 지문에 대한 상세한 局설명은 해설집 58쪽에서 확인해볼 수 있습니다.

01 신성장이론(AK모형)에서 저축률의 상승이 영구적으로 경제성장률을 높일 수 있다.

02 글로벌 금융위기로 인해 외국 기관투자가들이 우리나라 주식을 매각하면 환율이 상승한다.

03 현금통화비율이 클수록 통화량의 조절이 어려워진다.

04 실물경기변동이론하 경기변동은 외부 충격에 대한 시장의 자연스러운 반응이다.

05 은행들이 자기자본비율을 높이면 지급준비율을 높이기에 통화승수가 감소하여 통화량이 감소한다.

06 소국개방경제의 경우, 일국과 관련된 위험할증이 증가(자본유출)하면 고정환율제도하에서 국민소득이 감소하고, 변동환율제도하에서 국민소득이 증가한다.

07 기준연도의 실질GDP와 명목GDP는 항상 같다.

08 노동자 1인당 생산량증가율이 5%이고, 노동인구증가율은 1%이면 총생산량증가율은 6%이다.

09 과세부과에 따른 자중적 손실(deadweight loss)의 최소화를 기하는 것은 효율성 측면과 관련이 있다.

10 독점기업이 제1차 가격차별을 하는 경우 사회적으로 바람직한 양이 산출된다.

MEMO

11 솔로우성장모형에서 A국의 저축률이 B국의 저축률보다 높을 때, 균제상태(steady state)에서 양국의 일인당 국민소득증가율도 모두 0 이다.

12 수입물품의 가격상승은 GDP디플레이터에 반영되지 않는다.

13 멘델－토빈효과에 따르면 명목이자율의 감소함수인 투기적 화폐수요가 감소한다.

14 신용중시 견해란 정부의 통화정책이 시중은행의 대출경로를 거쳐야 효과를 달성할 수 있다고 보는 학설이다. 은행의 자금운용은 대출형 태와 채권구입의 형태로 완전대체재가 아니어야 한다.

15 한계비용(MC)곡선이 한계수입(MR)곡선을 아래에서 위로 교차하는 영역에서 이윤극대화의 2차 조건이 달성된다.

16 불확실성하에서 자산보유에 따른 위험을 줄이기 위해 무위험 자산인 화폐에 대한 수요를 강조한 이론은 토빈의 화폐수요에 관한 자산선 택이론이다.

17 실물적 경기변동이론에 따르면, 비자발적 실업이 존재하지 않아도 경기가 변동한다.

18 내생적 성장이론에 따르면, 기술진보 없이도 성장할 수 있다.

19 A국은 자본에 비해 상대적으로 노동이 풍부한 나라이다. 따라서 자유무역이 이루어지면 노동풍부국인 A국에서는 노동의 실질소득은 증가하고 자본의 실질소득은 감소한다.

20 황금률의 균제상태(steady state)를 A, 이보다 적은 자본을 갖고 있는 균제상태를 B라고 할 때, B에서 A로 가기 위해 저축률을 높일 경우 이는 미래 세대를 중시하는 것이기에, 미래 세대보다 현재 세대를 중시하는 정책당국은 B에서 A로 가는 정책을 추구하지 않을 수 있다.

MEMO

21 A국은 w원에 대한 A의 효용함수는 $U(w) = \sqrt{w}$이다. A는 50%의 확률로 10,000원을 주고, 50%의 확률로 0원을 주는 복권 L을 가지고 있을 때, 누군가 현금 2,400원과 복권 L을 교환하자고 제의한다면 A는 제의에 응하지 않을 것이다.

22 1달러당 원화 환율이 1,100원이고 1달러당 엔화 환율이 110엔이면, 110엔당 원화 환율은 1,100원으로 100엔당 원화 환율은 1,000원이다.

23 단기 필립스곡선에서 합리적기대와 정부의 정책에 대한 신뢰가 확보된 경우 고통 없는 인플레이션 감축이 가능하다.

24 리카도대등정리가 성립하기 위해서는 저축과 차입이 자유롭고 저축이자율과 차입이자율이 동일하다는 가정이 충족되어야 한다.

25 이력현상(hysteresis)이 존재할 경우 거시경제정책은 장기적으로도 실업률에 영향을 미칠 수 있다.

26 가계에 유동성제약이 존재하면 현재소득에 대한 현재소비의 의존도는 강화된다.

27 물가연동제를 실시하는 고용계약의 비중이 클수록 단기 필립스곡선은 더 가파른 기울기를 갖는다.

28 기준금리의 인하로 채권수익률이 낮아지면 주식과 부동산에 대한 수요가 늘어나 자산가격이 상승하고 소비가 늘어난다.

29 임대 주택이 제공하는 주거서비스뿐만 아니라 자가주택이 제공하는 주거서비스도 자가주택의 귀속임대료로 GDP에 포함된다.

30 적응적 기대하 단기 필립스곡선은 우하향으로, 예상되지 못한 단기 긴축정책의 효과(A에서 C)는 있다. 따라서 단기 균형점은 우하향의 단기 필립스곡선을 따라 우하방으로 이동한다.

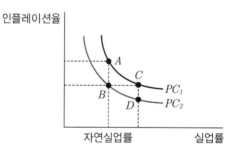

MEMO

31 정상상태(steady state)에서 인구증가율의 변화는 1인당 경제성장률에 영향을 미치지 않는다.

32 가격과 한계비용의 차이가 클수록 후생손실이 증가한다는 점을 반영하여 도출된 $dm = \dfrac{P-MC}{P}$ 가 러너의 독점도이다.

33 순자본유출이 정(+)이면 순수출, 즉 경상수지는 흑자이다.

34 초과부담을 조세수입으로 나눈 값을 비효율성계수라 한다.

> 어느 재화를 생산하는 기업이 직면하는 수요곡선은 $Q_d = 200 - P$이고, 공급곡선 Q_s 는 $P = 100$에서 수평선으로 주어져 있다. 정부가 이 재화의 소비자에게 단위당 20원의 물품세를 부과할 때, 비효율성계수(coefficient of inefficiency)는? (단, P는 가격이다)

35 리카르도등가정리에 따르면, 소비자들은 미래에 부과되는 조세를 장래세대가 아닌 자기세대가 부담할 것으로 기대한다.

36 사람들이 지불수단으로 요구불예금보다 현금을 더 선호하게 되면 본원통화량이 불변인 경우 통화량을 감소시킨다.

37 t기의 인플레이션율이 목표인플레이션율과 같고 t기의 실업률이 자연실업률과 같으면, t기의 실질이자율은 ρ와 같다.

> $$i_t = \pi_t + \rho + \alpha(\pi_t - \pi^*) + \beta(u_n - u_t)$$
> (단, i_t는 t기의 명목이자율, π_t는 t기의 인플레이션율, ρ는 자연율 수준의 실질이자율, π^*는 목표 인플레이션율, u_n은 자연실업률, u_t는 t기의 실업률, α와 β는 1보다 작은 양의 상수이다)

38 어느 경제의 총생산함수는 $Y = AL^{\frac{1}{3}}K^{\frac{2}{3}}$이다. 실질 GDP 증가율이 5%, 노동증가율이 3%, 자본증가율이 3%라면 솔로우 잔차(Solow residual)는 2%이다.

39 생산함수 $Q = L^2 K^2$에서 주어진 생산량을 최소비용으로 생산하는 균형점에서 생산요소 간 대체탄력성은 1이다.

40 준칙에 따른 정책은 매년 통화량증가율을 일정하게 유지하는 소극적 경제정책과, 일정하게 유지하되 경제여건에 따라 약간 조정이 가능한 적극적 경제정책이 있다.

MEMO

최종점검 기출모의고사

실제 기출문제를 실전동형모의고사 형태에 맞추어

학습함으로써, 최신 출제경향을 파악하고

문제풀이 능력을 극대화 시킬 수 있습니다.

승리는 가장 끈기있는 자에게 돌아간다.

- 나폴레옹 보나파르트

공개경쟁채용 필기시험 대비
해커스공무원 최종점검 기출모의고사

응시번호	
성 명	

문제회차
01회

【시 험 과 목】

과목명	소요시간	문항수	점 수
경제학	20분	25문항	100점

응시자 주의사항

1. **시험 시작 전**에 시험문제를 열람하는 행위나 시험종료 후 답안을 작성하는 행위를 한 사람은 부정행위자로 처리됩니다.

2. 시험 시작 즉시 **문제 누락 여부, 인쇄상태 이상유무 및 표지와 과목의 일치 여부** 등을 확인한 후 문제책 표지에 응시번호, 성명을 기재합니다.

3. 문제는 **총 25문항**으로 구성되어 있으니, 문제지와 답안지를 확인하시기 바랍니다.
   - 답안지는 '**해커스공무원 실전동형모의고사 답안지**'를 사용합니다.

4. 시험이 시작되면 문제를 주의 깊게 읽은 후, **문항의 취지에 가장 적합한 하나의 정답만**을 고르시기 바랍니다.

5. 답안을 잘못 표기하였을 경우에는 답안지를 교체하여 작성하거나 **수정테이프만을 사용**하여 수정할 수 있으며 (수정액 또는 수정스티커 등은 사용 불가), 부착된 수정테이프가 떨어지지 않게 손으로 눌러주어야 합니다.
   - 불량 수정테이프의 사용과 불완전한 수정 처리로 인해 발생하는 **모든 문제는 응시자에게 책임**이 있습니다.

6. **시험시간 관리의 책임**은 전적으로 응시자 본인에게 있습니다.

해커스공무원 최종점검 기출모의고사 정답 공개 및 안내

1. 해커스공무원 최종점검 기출모의고사의 문제들은 **국가직, 지방직 기출문제**에서 중요한 문제들로만 선별하여 수록하였습니다.

2. 각 문제별 **시행처 및 정답·해설은 해설집에 수록**되어 있으니, 참고하시기 바랍니다.

해커스공무원

경제학

문 1. 맥주시장이 기업 1과 기업 2만 존재하는 과점 상태에 있다. 기업 1과 기업 2의 한계수입(MR)과 한계비용(MC)이 다음과 같을 때, 꾸르노(Cournot)균형에서 기업 1과 기업 2의 생산량은? (단, Q_1은 기업 1의 생산량, Q_2는 기업 2의 생산량이다)

- 기업 1: $MR_1 = 32 - 2Q_1 - Q_2$, $MC_1 = 6$
- 기업 2: $MR_2 = 32 - Q_1 - 2Q_2$, $MC_2 = 4$

① (6, 15)   ② (8, 10)
③ (9, 18)   ④ (12, 6)

문 2. 두 상품 X재와 Y재를 소비하는 홍길동의 효용함수는 $U(X, Y) = XY + 3$이다. 홍길동의 소득이 $10,000$원이고 X재와 Y재의 가격이 각각 $1,000$원과 500원일 때, 홍길동의 효용을 극대화하는 X재와 Y재의 소비량은? (단, X재와 Y재의 소비량은 0보다 크다)

① (2, 16)   ② (5, 10)
③ (6, 8)   ④ (8, 4)

문 3. X 재화의 시장수요곡선은 $Q = 120 - P$이고, 독점기업이 이 재화를 공급한다. 이 독점기업의 사적인 비용함수는 $C(Q) = 1.5Q^2$이고, 환경오염비용을 추가로 발생시키며 그 환경오염비용은 $EC(Q) = Q^2$이다. 이 경우 사회적 순편익을 극대화하는 최적생산량은? (단, P는 시장가격, Q는 생산량이다)

① 20   ② 30
③ 40   ④ 50

문 4. A은행의 초과지급준비금이 0인 상황에서, 甲이 A은행에 예치했던 요구불예금 $5,000$만 원의 인출을 요구하자 A은행은 보유하고 있는 시재금을 활용하여 지급하였다. 이 경우 A은행의 상황으로 옳은 것은? (단, 요구불예금에 대한 법정지급준비율은 15%이다)

① 고객의 요구불예금 잔고가 750만 원 감소한다.
② 고객의 요구불예금 잔고가 $4,250$만 원 감소한다.
③ 지급준비금이 법정기준보다 750만 원 부족하게 된다.
④ 지급준비금이 법정기준보다 $4,250$만 원 부족하게 된다.

문 5. 매년 24만 원을 받는 영구채(원금상환 없이 일정 금액의 이자를 영구히 지급하는 채권)가 있다. 연 이자율이 6%에서 8%로 오른다면 이 채권가격의 변화는?

① 108만 원 감소   ② 108만 원 증가
③ 100만 원 감소   ④ 100만 원 증가

문 6. A기업의 고용량에 따른 노동의 한계생산물이 다음 표와 같다. A기업 제품의 가격이 20만 원이고 시장 균형 임금률이 월 300만 원일 때, A기업의 이윤극대화 고용량은? (단, 다른 조건은 일정하다)

고용량	1	2	3	4	5	6
한계생산물	10	15	30	25	10	5

① 2   ② 3
③ 4   ④ 5

문 7. 2013년에 한국은행이 국내 외환시장에서 8억 달러를 매입하였다. 이를 국제수지표에 기록한 것으로 옳은 것은?

	차변	대변
①	준비자산 8억 달러	금융계정(기타투자) 8억 달러
②	준비자산 8억 달러	금융계정(증권투자) 8억 달러
③	금융계정(기타투자) 8억 달러	준비자산 8억 달러
④	금융계정(증권투자) 8억 달러	준비자산 8억 달러

문 8. A국과 B국이 두 생산요소 노동(L)과 자본(K)을 가지고 두 재화 X와 Y를 생산한다고 가정하자. 두 재화 X와 Y의 생산기술은 서로 다르나 A국과 B국의 기술은 동일하다. 그리고 A국과 B국의 노동과 자본의 부존량은 각각 $LA = 100$, $KA = 50$이며, $LB = 180$, $KB = 60$이다. 또한 두 재화 X와 Y의 생산함수는 각각 $X = L^2 K$, $Y = LK^2$으로 주어진다. 헥셔-올린(Heckscher-Ohlin)이론에 따를 경우 옳은 것을 모두 고르면?

ㄱ. 상대적으로 자본이 풍부한 나라는 B국이다.
ㄴ. 상대적으로 노동집약적인 산업은 X재 산업이다.
ㄷ. A국은 Y재, B국은 X재에 비교우위가 있다.

① ㄱ, ㄴ   ② ㄴ, ㄷ
③ ㄱ, ㄷ   ④ ㄱ, ㄴ, ㄷ

문 9. 자본자산가격결정모형(Capital Asset Pricing Model)에서 자본시장선(Capital Market Line)의 기울기를 결정하는 요소가 아닌 것은?

① 시장포트폴리오의 기대수익률
② 시장포트폴리오 수익률의 표준편차
③ 무위험자산의 수익률
④ 개별 자산수익률의 시장수익률에 대한 민감도지수인 베타

문 10. 수요의 특성이 다른 두 개의 분리된 시장 A와 B에서 이윤극대화를 추구하는 독점기업이 있다고 가정하자. 이 독점기업의 한계비용은 5이고, 시장 A와 시장 B에서 수요의 가격탄력성이 각각 1.5 및 1.2일 때, 시장 A와 시장 B에서의 독점가격은?

	시장 A 독점가격	시장 B 독점가격
①	15	20
②	20	10
③	20	15
④	15	30

문 11. 자국과 외국은 두 국가 모두 한 가지 재화만을 생산하며, 노동투입량과 노동의 한계생산량의 관계는 다음 표와 같다. 자국과 외국의 현재 노동부존량은 각각 11과 3이고 모두 생산에 투입된다. 국가 간 노동이동이 자유로워지면 세계 총생산량의 변화는?

노동 투입량(명)	1	2	3	4	5	6	7	8	9	10	11
노동의 한계 생산량(개)	20	19	18	17	16	15	14	13	12	11	10

① 4개 증가
② 8개 증가
③ 12개 증가
④ 16개 증가

문 12. 매년 이자를 지급하는 일반 이표채권(straight coupon bond)의 가격 및 이자율과 관련된 설명으로 옳지 않은 것은?

① 이 이표채권의 가격은 액면가 아래로 낮아질 수 있다.
② 이 이표채권의 가격이 액면가보다 높다면 이 채권의 시장 수익률은 이표이자율보다 낮다.
③ 이미 발행된 이 이표채권의 이표이자액은 매년 시장수익률에 따라 다르게 지급된다.
④ 이표채권 가격의 상승은 그 채권을 매입하여 얻을 수 있는 수익률의 하락을 의미한다.

문 13. A회사와 B회사는 다음의 금리조건으로 자금을 조달할 수 있다. 그리고 A회사는 현재 변동금리 자금이 필요하고 B회사는 고정금리 자금이 필요하다. 두 회사가 각자 자금을 조달한 뒤 서로 금리스왑 거래를 한다고 할 때, 이를 통해 두 회사가 얻게 되는 총 차입비용의 최대 절감 효과는?

구분	고정금리	변동금리
A회사	10%	$LIBOR+0.5\%p$
B회사	11.5%	$LIBOR+1.0\%p$

① $0.05\%p$ ② $0.25\%p$

③ $0.50\%p$ ④ $1.00\%p$

문 14. 명목임금 W가 5로 고정된 다음의 케인지언 단기 폐쇄경제 모형에서 총공급곡선의 방정식으로 옳은 것은?

> • 소비함수: $C = 10 + 0.7(Y - T)$
> • 투자함수: $I = 7 - 0.5r$
> • 정부지출: $G = 5$
> • 생산함수: $Y = 2\sqrt{L}$
>
> (단, C는 소비, Y는 산출, T는 조세, I는 투자, r은 이자율, G는 정부지출, L은 노동, P는 물가, W는 명목임금을 나타내며, 노동자들은 주어진 명목임금 수준에서 기업이 원하는 만큼의 노동을 공급한다)

① $Y = P$

② $Y = 22$에서 수직이다.

③ 조세 T를 알 수 없어 총공급곡선을 알 수 없다.

④ $P = \dfrac{5}{2}Y$

문 15. 현재 시점에서 A국 경제의 채권시장에 1년 만기, 2년 만기, 3년 만기 국채만 존재하고 각각의 이자율이 3%, 5%, 6%이다. 현재 시점으로부터 2년 이후에 성립하리라 기대되는 1년 만기 국채의 이자율 예상치에 가장 가까운 값은? (단, 이자율의 기간구조에 대한 기대이론이 성립한다)

① 4%   ② 6%

③ 8%   ④ 10%

문 16. 다음 성장회계(growth accounting)식에서 노동자 1인당 GDP증가율이 4%, 노동자 1인당 자본증가율이 6%일 때, 총요소생산성증가율은?

> $$\frac{\triangle Y}{Y} = \frac{\triangle A}{A} + \frac{1}{3}\frac{\triangle K}{K} + \frac{2}{3}\frac{\triangle L}{L}$$
>
> (단, $\dfrac{\triangle Y}{Y}$, $\dfrac{\triangle A}{A}$, $\dfrac{\triangle K}{K}$, $\dfrac{\triangle L}{L}$ 은 각각 GDP증가율, 총요소생산성증가율, 자본증가율, 노동자증가율이다)

① 1%   ② 2%

③ 3%   ④ 4%

문 17. 독점기업 A는 동일한 상품을 생산하는 두 개의 공장을 가지고 있다. 두 공장의 비용함수와 A기업이 직면한 시장수요곡선이 다음과 같을 때, A기업의 이윤을 극대화하는 각 공장의 생산량을 옳게 짝지은 것은? (단, P는 가격, Q는 총생산량, Q_1은 공장 1의 생산량, Q_2는 공장 2의 생산량이다)

> • 공장 1의 비용함수: $C_1(Q_1) = 40 + Q_1^2$
> • 공장 2의 비용함수: $C_2(Q_2) = 90 + 6Q_2$
> • 시장수요곡선: $P = 200 - Q$

	Q_1	Q_2
①	3	94
②	4	96
③	5	98
④	6	100

문 18. 단기적으로 대미 환율(W/$)을 가장 크게 하락시킬 가능성이 있는 우리나라 정부와 중앙은행의 정책 조합으로 옳게 짝지은 것은? (단, 우리나라는 자본이동이 완전히 자유롭고, 변동환율제도를 채택하고 있는 소규모 개방경제 국가이며, IS와 LM곡선은 각각 우하향, 우상향하며, 경제주체들의 환율 예상은 정태적이다)

① 확장적 재정정책, 확장적 통화정책
② 확장적 재정정책, 긴축적 통화정책
③ 긴축적 재정정책, 확장적 통화정책
④ 긴축적 재정정책, 긴축적 통화정책

문 19. 효율임금이론(efficiency wage theory)에 대한 설명으로 옳지 않은 것은?

① 효율임금이론은 임금의 하방경직성을 설명할 수 있다.
② 효율임금은 근로자의 도덕적 해이를 완화시킬 수 있다.
③ 효율임금은 근로자의 이직을 감소시킬 수 있다.
④ 효율임금은 노동의 공급과잉을 해소시킬 수 있다.

문 20. 소득분배와 관련된 지표에 대한 설명으로 옳지 않은 것은?

① 10분위분배율은 최하위 40% 소득계층의 소득점유율을 최상위 20% 소득계층의 소득점유율로 나눈 값이다.
② 5분위배율은 값이 커질수록 소득분배가 불평등함을 나타낸다.
③ 지니계수는 값이 커질수록 소득분배가 불평등함을 나타낸다.
④ 지니계수는 특정 소득계층의 소득분배상태 측정에 유용하다.

문 21. 통화공급의 증가가 실물 경제에 영향을 미치는 전달경로 (transmission mechanism)에 대한 설명으로 옳지 않은 것은?

① 자산가격 상승에 따른 부의 효과(wealth effect)로 소비가 증가한다.

② 토빈의 q(Tobin's q)가 하락하여 투자가 증가한다.

③ 기업의 재무상태(balance sheet)가 개선되므로 은행 차입이 증가하여 투자가 증가한다.

④ 가계 대출이 증가하여 유동성제약을 받고 있는 가계의 소비가 증가한다.

문 22. 소비이론에 대한 설명으로 옳은 것은?

① 케인즈(Keynes)의 소비함수에서는 현재가처분소득이 증가하더라도 평균소비성향은 일정하다.

② 항상소득가설은 일시적인 소득증가가 소비에 영향을 크게 미친다고 가정한다.

③ 생애주기가설에 의하면 소비자는 현재가처분소득에만 의존하여 적절한 소비수준을 결정한다.

④ 홀(Hall)에 의하면 항상소득가설과 합리적 기대를 결합시킬 경우 소비는 임의보행(random walk)을 따른다.

문 23. 甲국과 乙국으로 이루어진 세계경제에서 생산요소는 노동과 자본만 있고, 양국은 두 생산요소를 사용하여 두 재화와 X와 Y를 생산할 수 있다. X는 자본집약적 재화이고 Y는 노동집약적 재화이다. 교역을 하지 않던 甲국과 乙국이 교역을 시작하면서 노동풍부국 甲국은 Y재를 수출하고, 자본풍부국 乙국은 X재를 수출하였다. 교역 후 甲국 노동자의 실질임금과 乙국 자본가의 실질임대료 변화를 바르게 연결한 것은? (단, 헥셔-올린 모형의 가정을 따른다)

	실질임금	실질임대료
①	감소	감소
②	감소	증가
③	증가	감소
④	증가	증가

문 24. 생산요소의 가격이 한계생산물과 같다고 할 때, 각 생산요소에 지급되는 요소소득의 합계가 총생산과 같아지는 생산함수는? (단, Y는 총생산, K는 자본, L은 노동이다)

① $Y = K^{0.1} L^{0.3}$ ② $Y = K^{0.3} L^{0.9}$

③ $Y = K^{0.4} L^{0.6}$ ④ $Y = KL$

문 25. 경제정책의 시차에 관한 설명으로 옳지 않은 것은?

① 내부시차란 경제적 충격과 정책 시행 시점 사이의 기간을 의미하고, 외부시차란 정책 시행과 정책이 경제에 영향을 미치는 시점 사이의 기간을 의미한다.

② 일반적으로 통화정책은 내부시차가 짧고 외부시차가 긴 반면, 재정정책은 내부시차가 길고 외부시차가 짧다.

③ 정책시차가 존재하기 때문에 적극적인 경제안정화정책은 오히려 경제를 불안정하게 할 수 있다.

④ 재정의 자동안정화 장치는 외부시차가 없는 재정정책이라고 볼 수 있다.

공개경쟁채용 필기시험 대비
해커스공무원 최종점검 기출모의고사

응시번호	
성 명	

문제회차
02회

【시 험 과 목】

과목명	소요시간	문항수	점 수
경제학	20분	25문항	100점

해커스공무원

경제학

문 1. 현재 어떤 생산자가 재화 X를 Q만큼 생산할 때 직면하게 되는 한계비용은 $MC = 2Q$, 한계수입은 $MR = 24$라고 하자. 재화 X의 생산은 제3자에게 환경오염이라는 형태의 외부불경제를 야기하는데, 재화 X가 Q만큼 생산될 때 유발되는 환경오염의 한계피해액(Marginal External Cost)은 $MEC = Q$이다. 정부는 X의 생산량을 사회적으로 바람직한 수준으로 감축시키기 위해, 생산자가 현재 생산량으로부터 한 단위 감축할 때마다 정액의 피구 보조금(Pigouvian subsidy)을 지급하고자 한다. 정부가 이 생산자에게 지급해야 할 생산량 감축 1단위당 보조금은?

① 2   ② 4
③ 6   ④ 8

문 2. 세계는 A국, B국, C국의 세 국가로 구성되어 있으며, 국가 간 자본이동에는 아무런 제약이 없다. B국은 고정환율제도를 채택하고 있으며, C국은 변동환율제도를 채택하고 있다. A국의 경제불황으로 인하여 B국과 C국의 A국에 대한 수출이 감소하였을 때, B국과 C국의 국내 경제에 미칠 영향에 대한 설명으로 옳지 않은 것은?

① B국 중앙은행은 외환을 매각할 것이다.
② C국의 환율(C국 화폐로 표시한 A국 화폐 1단위의 가치)은 상승할 것이다.
③ B국과 C국 모두 이자율 하락에 따른 자본유출을 경험한다.
④ C국이 B국보다 A국 경제불황의 영향을 더 크게 받을 것이다.

문 3. 다음 표는 각국의 시장환율과 빅맥가격을 나타낸다. 빅맥가격으로 구한 구매력평가 환율을 사용할 경우, 옳은 것은? (단, 시장환율의 단위는 '1달러 당 각국 화폐'로 표시되며, 빅맥가격의 단위는 '각국 화폐'로 표시된다)

국가 (화폐 단위)	시장환율	빅맥가격
미국(달러)	1	5
브라질(헤알)	2	12
한국(원)	1,000	4,000
중국(위안)	6	18
러시아(루블)	90	90

① 브라질의 화폐가치는 구매력평가 환율로 평가 시 시장환율 대비 고평가된다.
② 한국의 화폐가치는 구매력평가 환율로 평가 시 시장환율 대비 저평가된다.
③ 중국의 화폐가치는 구매력평가 환율로 평가 시 시장환율 대비 고평가된다.
④ 러시아의 화폐가치는 구매력평가 환율로 평가 시 시장환율 대비 저평가된다.

문 4. 다음 2기간 소비선택모형에 대한 설명으로 옳지 않은 것은?

> 소비자의 효용함수는 $U(C_1, C_2) = l_n(C_1) + \beta l_n(C_2)$이다. 여기서 C_1은 1기 소비, C_2는 2기 소비, $\beta \in (0, 1)$, l_n은 자연로그이다. 소비자의 1기 소득은 100이며, 2기 소득은 0이다. 1기의 소비 중에서 남은 부분은 저축 할 수 있으며, 저축에 대한 이자율은 r로 일정하다.

① 소비자의 예산제약식은 $C_1 + \dfrac{C_2}{1+r} = 100$이다.
② $\beta(1+r) = 1$이면, 1기의 소비와 2기의 소비는 같다.
③ $\beta > \dfrac{1}{1+r}$이면, 1기의 소비가 2기의 소비보다 크다.
④ 효용함수가 $U(C_1, C_2) = C_1 C_2^{\beta}$인 경우에도, 1기 소비와 2기 소비의 균형은 변하지 않는다.

문 5. 동일 제품을 생산하는 복점기업 A사와 B사가 직면한 시장수요 $P = 50 - 5Q$이다. A사와 B사의 비용함수는 각각 $C_A(Q_A) = 20 + 10Q_A$ 및 $C_B(Q_B) = 20 + 15Q_B$이다. 두 기업이 비협조적으로 행동하면서 이윤을 극대화하는 꾸르노모형을 가정할 때, 두 기업의 균형생산량은? (단, Q는 A사 생산량(Q_A)과 B사 생산량(Q_B)의 합이다)

	Q_A	Q_B
①	2	2.5
②	2.5	2
③	3	2
④	3	4

문 6. 어느 폐쇄경제에서 총생산함수가 $y = k^{\frac{1}{2}}$, 자본 축적식이 $\triangle k = sy - \delta k$, 국민소득계정 항등식이 $y = c + i$인 솔로우모형에 대한 설명으로 옳지 않은 것은? (단, y는 1인당 산출, k는 1인당 자본량, c는 1인당 소비, i는 1인당 투자, δ는 감가상각률이고, 이 경제는 현재 정상상태(steady state)에 놓여 있으며, 저축률 δ는 40%로 가정한다)

① 저축률이 50%로 상승하면 새로운 정상상태에서의 1인당 산출은 현재보다 크다.

② 저축률이 50%로 상승하면 새로운 정상상태에서의 1인당 소비는 현재보다 크다.

③ 저축률이 60%로 상승하면 새로운 정상상태에서의 1인당 산출은 현재보다 크다.

④ 저축률이 60%로 상승하면 새로운 정상상태에서의 1인당 소비는 현재보다 크다.

문 7. 다음은 A국 중앙은행이 따르는 테일러준칙이다. 현재 인플레이션율이 4%이고 GDP갭이 1%일 때, A국의 통화정책에 대한 설명으로 옳지 않은 것은? (단, r은 중앙은행의 목표이자율, π는 인플레이션율, Y^*는 잠재GDP, Y는 실제GDP이다)

$$r = 0.03 + \frac{1}{4}(\pi - 0.02) - \frac{3}{4}\frac{Y^* - Y}{Y^*}$$

① 목표이자율은 균형이자율보다 높다.

② 목표인플레이션율은 2%이다.

③ 균형이자율은 3%이다.

④ 다른 조건이 일정할 때, 인플레이션갭 1%p 증가에 대해 목표이자율은 0.25%p 증가한다.

문 8. 어느 경제에서 총생산함수는 $Y = 100\sqrt{N}$이고, 노동공급함수는 $N = 2,500\left(\dfrac{W}{P}\right)$이며, 생산가능인구는 3,000명이다. 이 경제에서는 실질임금이 단기에는 경직적이지만 장기에는 신축적이라고 가정하자. 이 경제의 단기와 장기에서 일어나는 현상으로 옳지 않은 것은? (단, W는 명목임금, P는 물가수준을 나타낸다)

① 장기균형에서 취업자 수는 2,500명이다.

② 장기균형에서 명목임금이 10이라면 물가수준은 10이다.

③ 장기균형에서 실업자는 500명이다.

④ 기대치 않은 노동수요 감소가 발생할 경우 단기적으로 실업이 발생한다.

문 9. 갑과 을이 150만 원을 각각 x와 y로 나누어 가질 때, 갑의 효용함수는 $u(x)=\sqrt{x}$, 을의 효용함수는 $u(y)=2\sqrt{y}$이다. 이때 파레토효율적인 배분과 공리주의적 배분은? (단, 공리주의적 배분은 갑과 을의 효용의 단순 합을 극대화하는 배분이며 단위는 만 원이다)

	파레토효율적인 배분	공리주의적 배분
①	$(x+y=150)$을 만족하는 모든 배분이다.	$(x=75,\ y=75)$
②	$(x=30,\ y=120)$의 배분이 유일하다.	$(x=75,\ y=75)$
③	$(x=75,\ y=75)$의 배분이 유일하다.	$(x=30,\ y=120)$
④	$(x+y=150)$을 만족하는 모든 배분이다.	$(x=30,\ y=120)$

문 10. 다음은 두 기간에 걸친 어느 소비자의 균형조건을 보여준다. 이 소비자의 소득 부존점은 E이고 효용극대화 균형점은 A이며, 이 경제의 실질이자율은 r이다. 이에 대한 설명으로 옳지 않은 것은? (단, 원점에 볼록한 곡선은 무차별곡선이다)

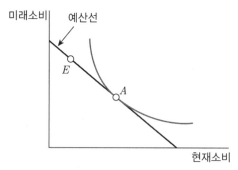

① 실질이자율이 하락하면, 이 소비자의 효용은 감소한다.
② 효용극대화를 추구하는 이 소비자는 차입자가 될 것이다.
③ 현재소비와 미래소비가 모두 정상재인 경우, 현재소득이 증가하면 소비평준화(Consumption smoothing) 현상이 나타난다.
④ 유동성 제약이 있다면, 이 소비자의 경우 한계대체율은 $1+r$보다 클 것이다.

문 11. 경매이론(Auction theory)에 대한 설명으로 옳은 것은?

① 비공개 차가 경매(Second price sealed bid auction)에서는 구매자가 자신이 평가하는 가치보다 낮게 입찰하는 것이 우월전략이다.
② 영국식 경매(English auction)의 입찰전략은 비공개 차가 경매의 입찰전략보다는 비공개 최고가 경매(First price sealed bidauction)의 입찰전략과 더 비슷하다.
③ 네덜란드식 경매(Dutch auction)는 입찰자가 경매를 멈출 때까지 가격을 높이는 공개 호가식 경매(Open outcry auction)이다.
④ 수입등가정리(Revenue equivalence theorem)는 일정한 가정 하에서 영국식 경매, 네덜란드식 경매, 비공개 최고가 경매, 비공개 차가 경매의 판매자 기대수입이 모두 같을 수 있다는 것을 의미한다.

문 12. 큰 기업인 A와 다수의 작은 기업으로 구성된 시장이 있다. 작은 기업들의 공급함수를 모두 합하면 $S(p)=200+p$, 시장의 수요곡선은 $D(p)=400-p$, A의 비용함수는 $c(y)=20y$이다. 이때 A의 잔여수요함수($D_A(p)$)와 균형가격(p)은? (단, y는 A의 생산량이다)

	잔여수요함수	균형가격
①	$D_A(p)=400-2p$	$p=50$
②	$D_A(p)=200-2p$	$p=60$
③	$D_A(p)=200-2p$	$p=50$
④	$D_A(p)=400-2p$	$p=60$

문 13. 위험자산 A와 B의 기대수익률은 각각 5%, 20%이고, 표준편차는 각각 5%, 10%이다. 이 두 자산으로 구성된 포트폴리오가 무위험이기 위한 조건으로 옳은 것은? (단, 위험자산 A와 B의 상관계수는 -1이다)

① A의 비중이 $\frac{1}{3}$, B의 비중이 $\frac{2}{3}$가 되게 포트폴리오를 구성한다.

② A의 비중이 $\frac{1}{2}$, B의 비중이 $\frac{1}{2}$이 되게 포트폴리오를 구성한다.

③ A의 비중이 $\frac{2}{3}$, B의 비중이 $\frac{1}{3}$이 되게 포트폴리오를 구성한다.

④ A의 비중이 $\frac{3}{4}$, B의 비중이 $\frac{1}{4}$이 되게 포트폴리오를 구성한다.

문 14. 국민연금제도하에서 연간 기본연금액은 $\alpha(A+B)(1+0.05y)$로 결정된다. α는 가입한 시점에 따라 달라지며, A는 연금 수급 전 3년간 전체 가입자의 평균소득월액의 평균액이고, B는 가입자 개인의 가입기간 중 기준소득월액의 평균액이다. 그리고 y는 가입연수에서 20년을 뺀 값이다. 연금에 40년간 가입한 김씨의 B값이 100만 원이라고 할 때, 김씨가 수령하게 될 연금의 소득대체율은? (단, α는 1.8로 고정되어 있으며, A는 100만 원이라고 가정한다)

① 30% ② 40%
③ 50% ④ 60%

문 15. 미국산 연필은 1달러, 중국산 연필은 2위안, 미국과 중국의 화폐 교환비율은 1달러당 5위안이다. 이때 미국 연필당 중국 연필로 표시되는 실질환율은? (단, 미국산 연필과 중국산 연필은 완벽하게 동일하다)

① 0.1 ② 0.4
③ 2.5 ④ 10

문 16. 이자율의 기간구조에 대한 설명으로 옳지 않은 것은?

① 만기가 서로 다른 채권들이 완전대체재일 경우 유동성프리미엄이 0에 가까워지더라도 양(+)의 값을 갖는다.

② 기대이론에 따르면 현재와 미래의 단기 이자율이 같을 것이라고 예상하는 경제주체들이 많을수록 수익률곡선은 평평해진다.

③ 유동성프리미엄이론에 따르면 유동성프리미엄은 항상 양(+)의 값을 갖고 만기가 길어질수록 커지는 경향을 보인다.

④ 미래에 단기 이자율이 대폭 낮아질 것으로 예상되면 수익률곡선은 우하향한다.

문 17. 공공사업 A에 투입할 100억 원의 자금 중에서 40억 원은 민간부문의 투자에 사용될 자금이었고, 60억 원은 민간부문의 소비에 사용될 자금이었다. 이 공공사업을 평가하기 위한 사회적 할인율(social discount rate)은? (단, 민간부문 투자의 세전 수익률과 세후 수익률은 각각 15.0%와 10.0% 이다)

① 11.5%   ② 12.0%

③ 12.5%   ④ 13.0%

문 18. 교역재인 자동차와 비교역재인 돌봄서비스만을 생산하는 갑국과 을국의 생산량과 가격은 다음과 같다. 이에 대한 설명으로 옳지 않은 것은? (단, 교역재와 비교역재를 모두 포함한 표준적 소비바구니(consumption basket)는 자동차 1대와 돌봄서비스 10회로 구성된다)

구분	자동차		돌봄서비스	
	1인당 생산량(대)	가격	1인당 생산량(대)	가격
갑	10	10	100	2
을	1	10	10	1

① 교역재만을 대상으로 한 갑국 통화와 을국 통화의 교환 비율은 1 : 1 이다.

② 표준적 소비바구니를 대상으로 한 구매력평가(purchasing power parity) 반영 환율은 갑국 통화 3단위에 대해 을국 통화 2단위이다.

③ 교역재만을 대상으로 한 환율을 적용하면 을국 1인당 GDP 는 갑국 1인당 GDP 의 1/10이다.

④ 표준적 소비바구니를 대상으로 한 구매력평가 반영 환율을 적용하면 을국 1인당 GDP 는 갑국 1인당 GDP 의 1/10이다.

문 19. 甲국에서 X재에 대한 국내 수요곡선과 국내 공급곡선은 다음과 같다.

- 국내 수요곡선: $Q_D = 700 - P$
- 국내 공급곡선: $Q_S = 200 + 4P$

소비자에게 X재 1개당 10의 세금이 부과될 때, 소비자가 지불하는 가격(P_B)과 공급자가 받는 가격(P_S)을 바르게 연결한 것은? (단, Q_D는 국내 수요량, Q_S는 국내 공급량, P는 X재 가격이다)

	P_B	P_S
①	98	108
②	108	98
③	100	110
④	110	100

문 20. 솔로우모형(Solow model)에서 경제가 황금률(golden rule) 수준보다 적은 자본을 갖고 시작하는 경우, 저축률을 황금률 수준의 저축률로 높인다면 시간이 지남에 따라 나타날 현상에 대한 설명으로 옳은 것은?

① 소비는 즉각적으로 증가하지만, 점진적으로 원래의 안정상태 수준으로 복귀한다.

② 소비는 즉각적으로 감소하지만, 점진적으로 원래의 안정상태 수준보다 증가한 수준으로 수렴한다.

③ 투자는 즉각적으로 증가하지만, 점진적으로 하향 조정되어 원래의 안정상태 수준으로 복귀한다.

④ 투자는 즉각적으로 감소하지만, 점진적으로 원래의 안정상태 수준으로 복귀한다.

문 21. 소비자물가지수(*CPI*)와 *GDP* 디플레이터(deflator)에 대한 설명으로 옳지 않은 것은?

① *CPI*는 소비자들이 상대적으로 가격이 높아진 재화 대신 가격이 낮아진 재화를 구입할 수 있다는 사실을 잘 반영한다.
② *CPI*는 재화 및 서비스 가격에 고정된 가중치를 사용하여 도출되지만 *GDP* 디플레이터는 변화하는 가중치를 사용한다.
③ 해외 생산되어 한국에서 판매되는 자동차 가격의 인상은 한국 *CPI*에 영향을 미치지만 한국 *GDP* 디플레이터에는 영향을 주지 못한다.
④ 경제 내에 새로운 상품이 도입되면 화폐의 실질가치가 상승하는 효과가 발생하지만 *CPI*는 이를 충분히 반영하지 못한다.

문 22. 외부성에 대한 설명으로 옳은 것만을 모두 고르면?

> ㄱ. 외부성은 생산 측면에서 발생하는 현상으로 소비 측면에서는 발생하지 않는다.
> ㄴ. 완전경쟁시장에서 외부성이 존재하면 효율적인 자원 배분이 이루어진다.
> ㄷ. 외부불경제가 존재하는 경우 일반적으로 균형거래량이 사회적으로 최적인 수준보다 많다.
> ㄹ. 외부불경제가 존재하는 상황에서 소유권이 명확하게 규정되지 않는 경우 공유지의 비극이 발생할 수 있다.

① ㄱ, ㄴ
② ㄱ, ㄹ
③ ㄴ, ㄷ
④ ㄷ, ㄹ

문 23. 경제안정화 정책에 대한 설명으로 옳지 않은 것은?

① 통화정책은 재정정책보다 내부시차는 짧지만 외부시차는 길다.
② 자동안정화장치의 사례로 누진소득세나 실업보험을 들 수 있다.
③ 경제가 유동성함정에 빠진 경우 통화정책보다 재정정책이 효과적이다.
④ 최적정책의 동태적 비일관성에 의하면 재량적 정책이 준칙을 따르는 정책보다 바람직하다.

문 24. 노동과 자본의 한계생산이 각각 45와 50인 상태에서 재화를 생산하고 있는 어떤 기업이 현재 생산량 수준을 유지하면서 장기적으로 비용을 최소화하기 위한 선택으로 옳은 것은? (단, 노동과 자본의 가격이 각각 10과 20이며, 등량곡선은 원점에 대해 볼록하다)

① 노동 투입량을 늘리고 자본 투입량을 줄여야 한다.
② 노동 투입량을 줄이고 자본 투입량을 늘려야 한다.
③ 노동과 자본 투입량을 모두 늘려야 한다.
④ 노동과 자본의 투입량을 현 상태로 유지해야 한다.

문 25. 시장실패에 관한 설명으로 옳지 않은 것은?

① 정보의 비대칭성은 시장실패의 원인 중 하나이다.

② 자연독점은 시장실패의 원인 중 하나이다.

③ 시장실패는 정부개입의 충분조건이다.

④ 국민건강보험의 의무가입제도는 역선택에 따른 시장실패의 문제를 해결할 수 있다.

공개경쟁채용 필기시험 대비
해커스공무원 최종점검 기출모의고사

응시번호	
성 명	

문제회차
03회

【시 험 과 목】

과목명	소요시간	문항수	점 수
경제학	20분	25문항	100점

해커스공무원

경제학

문 1. 한 나라의 쌀 시장에서 국내 생산자의 공급곡선은 $P = 2Q$, 국내 소비자의 수요곡선은 $P = 12 - Q$이며, 국제시장의 쌀 공급곡선은 $P = 4$이다. 만약 이 나라 정부가 수입 쌀에 대해 50%의 관세를 부과한다면 정부의 관세수입 규모는? (단, 이 나라는 소규모 경제이며 Q는 생산량, P는 가격이다)

① 2 ② 3
③ 6 ④ 8

문 2. ㉠과 ㉡에 들어갈 것으로 가장 옳은 것은?

> 먼델 – 플레밍모형에서 정부가 수입규제를 시행할 경우, 변동환율제에서는 순수출이 ___㉠___, 고정환율제에서는 순수출이 ___㉡___.

	㉠	㉡
①	증가하고	증가한다
②	증가하고	불변이다
③	불변이고	불변이다
④	불변이고	증가한다

문 3. 어떤 사람이 소득 수준에 상관없이 소득의 절반을 식료품 구입에 사용한다. 다음에서 옳은 것을 모두 고르면?

> ㄱ. 식료품의 소득탄력성의 절댓값은 1보다 작다.
> ㄴ. 식료품의 소득탄력성의 절댓값은 1이다.
> ㄷ. 식료품의 가격탄력성의 절댓값은 1보다 크다.
> ㄹ. 식료품의 가격탄력성의 절댓값은 1이다.

① ㄱ, ㄷ ② ㄱ, ㄹ
③ ㄴ, ㄷ ④ ㄴ, ㄹ

문 4. 최근 A는 비상금으로 숨겨두었던 현금 5천만 원을 은행에 요구불예금으로 예치하였다고 한다. 현재 이 경제의 법정지급준비율은 20%라고 할 때, 예금 창조에 대한 다음 설명 중 옳은 것을 모두 고르면?

> ㄱ. A의 예금으로 인해 이 경제의 통화량은 최대 2억 5천만 원까지 증가할 수 있다.
> ㄴ. 시중은행의 초과지급준비율이 낮을수록, A의 예금으로 인해 경제의 통화량이 더 많이 늘어날 수 있다.
> ㄷ. 전체 통화량 가운데 민간이 현금으로 보유하는 비율이 낮을수록, A의 예금으로 인해 경제의 통화량이 더 많이 늘어날 수 있다.
> ㄹ. 다른 조건이 일정한 상황에서 법정지급준비율이 25%로 인상되면, 인상 전보다 A의 예금으로 인해 경제의 통화량이 더 많이 늘어날 수 있다.

① ㄱ, ㄴ ② ㄴ, ㄷ
③ ㄱ, ㄴ, ㄷ ④ ㄱ, ㄴ, ㄷ, ㄹ

문 5. 노동시장의 수요와 공급에 대한 조사 결과가 다음 표와 같다고 하자.

시간 당 임금(원)	6	7	8
수요량(개)	40	30	20
공급량(개)	20	30	40

시간당 최저임금을 8원으로 할 경우 발생하는 비자발적 실업의 규모는 ㉠이고, 이때 실업을 완전히 없애기 위한 보조금으로 소요되는 필요 예산이 ㉡이다. ㉠과 ㉡을 순서대로 바르게 나열한 것은?

① 10, 20
② 10, 40
③ 20, 40
④ 20, 80

문 6. 우리나라 고용통계에서 고용률이 높아지는 경우로 가장 옳은 것은?

① 구직활동을 하던 실업자가 구직단념자가 되는 경우
② 부모님 농장에서 무급으로 주당 18시간 일하던 아들이 회사에 취직한 경우
③ 주당 10시간 일하던 비정규직 근로자가 정규직으로 전환된 경우
④ 전업 주부가 주당 10시간 마트에서 일하는 아르바이트를 시작한 경우

문 7. 완전경쟁적인 노동시장에서 노동의 한계생산(marginal product of labor)을 증가시키는 기술진보와 함께 보다 많은 노동자들이 노동시장에 참여하는 변화가 발생하였다. 노동시장에서 일어나게 되는 변화에 대한 설명으로 가장 옳은 것은? (단, 다른 외부조건들은 일정하다)

① 균형노동고용량은 반드시 증가하지만 균형임금의 변화는 불명확하다.
② 균형임금은 반드시 상승하지만 균형노동고용량의 변화는 불명확하다.
③ 임금과 균형노동고용량 모두 반드시 증가한다.
④ 임금과 균형노동고용량의 변화는 모두 불명확하다.

문 8. 유동성함정(liquidity trap)에 대한 설명 중 가장 옳지 않은 것은?

① 채권의 가격이 매우 높아서 더 이상 높아지지 않으리라 예상한다.
② 통화정책이 효과가 없다.
③ 화폐수요곡선이 우상향한다.
④ 추가되는 화폐공급이 모두 투기적 수요로 흡수된다.

문 9. 어떤 독점기업의 생산물에 대한 수요곡선상에서 수요의 가격탄력성(절댓값)이 1이 되는 점이 있다고 하자. 이 점에 대한 설명으로 가장 옳은 것은?

① 이윤이 극대화되는 점이다.
② 한계비용이 0이 되는 점이다.
③ 한계수입이 0이 되는 점이다.
④ 평균비용이 극소화되는 점이다.

문 10. 실업에 대한 설명으로 옳은 것을 모두 고르면?

> ㄱ. 마찰적 실업이란 직업을 바꾸는 과정에서 발생하는 일시적인 실업이다.
> ㄴ. 구조적 실업은 기술의 변화 등으로 직장에서 요구하는 기술이 부족한 노동자들이 경험할 수 있다.
> ㄷ. 경기적 실업은 경기가 침체되면서 이윤감소 혹은 매출감소 등으로 노동자를 고용할 수 없을 경우 발생한다.
> ㄹ. 자연실업률은 마찰적, 구조적, 경기적 실업률의 합으로 정의된다.
> ㅁ. 자연실업률은 완전고용상태에서의 실업률이라고도 한다.

① ㄱ, ㄴ, ㄷ
② ㄱ, ㄷ, ㅁ
③ ㄱ, ㄴ, ㄷ, ㅁ
④ ㄱ, ㄷ, ㄹ, ㅁ

문 11. 어떤 소비자의 효용함수 $U = X^{0.5}$ (X : 자산금액)이다. 이 소비자는 현재 6,400만 원에 거래되는 귀금속 한 점을 보유하고 있다. 이 귀금속을 도난당할 확률은 0.5인데, 보험에 가입할 경우에는 도난당한 귀금속을 현재 가격으로 전액 보상해준다고 한다. 보험에 가입하지 않은 상황에서 이 소비자의 기대효용과 이 소비자가 보험에 가입할 경우 낼 용의가 있는 최대보험료는 각각 얼마인가?

	기대효용	최대보험료
①	40	2,800만 원
②	40	4,800만 원
③	60	2,800만 원
④	60	4,800만 원

문 12. 장기 총공급곡선이 이동하는 이유가 아닌 것은?

① 노동인구의 변동
② 자본량의 변동
③ 기술지식의 변동
④ 예상 물가수준의 변동

문 13. 다음과 같은 치킨게임(두 운전자가 마주보고 전속력으로 직진 운전하다가 한쪽이 겁을 먹고 회피하면 지는 게임)을 고려하자. 각 경우에 있어서의 보상(만족도)은 다음과 같다.

구분		운전자 B	
		회피	직진
운전자 A	회피	(10, 10)	(5, 20)
	직진	(20, 5)	(0, 0)

*보상테이블은 (A, B)의 쌍으로 표시됨

운전자 A의 우월전략(dominant strategy)에 대한 설명으로 옳은 것은?

① 우월전략이 없다.
② 운전자 A는 항상 회피를 해야 한다.
③ 운전자 A는 항상 직진을 해야 한다.
④ 운전자 A는 2개의 우월전략을 가지고 있다.

문 14. 쌀과 자동차만 생산하는 어떤 나라의 상품가격과 생산량이 다음 표와 같다. 2010년을 기준년도로 할 때 2011년과 2012년의 GDP 디플레이터는 각각 얼마인가?

연도	쌀		자동차	
	가격	생산량	가격	생산량
2010년	20만 원/가마	100가마	1,000만 원/대	2대
2011년	24만 원/가마	100가마	1,200만 원/대	4대
2012년	30만 원/가마	200가마	1,500만 원/대	4대

	2011년	2012년
①	83.33%	66.67%
②	120%	150%
③	150%	200%
④	180%	300%

문 15. 개인 A와 B로 구성된 한 사회에서 개인의 소득이 각각 $I_A = 400$만 원, $I_B = 100$만 원이다. 개인 $i = A$, B의 효용함수가 $U_i = I_i$이고, 이 사회의 사회후생함수(SW)가 다음과 같을 때, 앳킨슨 지수(Atkinson index)를 구하면?

$$SW = \min\left(U_A,\, 2U_B\right)$$

① 0.20
② 0.25
③ 0.30
④ 0.35

문 16. 병은 하루 24시간을 여가시간(ℓ)과 노동시간(L)으로 나누어 사용한다. 효용은 노동을 통해 얻는 근로소득(Y)과 여가시간을 통해서만 결정된다고 할 때, 병의 노동공급곡선에 대한 설명으로 옳은 것은? (단, $Y = wL$이며 w는 시간당 임금이다)

① 여가가 열등재일 경우 노동공급곡선의 후방굴절(backward bending)이 나타날 수 있다.
② 시간당 임금상승으로 인한 대체효과는 노동공급량을 증가시킨다.
③ 여가가 정상재일 경우 시간당 임금상승 시 소득효과가 대체효과보다 더 크면 노동공급량이 증가한다.
④ 근로소득과 여가가 완전보완관계일 경우 시간당 임금상승 시 소득효과가 발생하지 않는다.

문 17. 어느 은행의 재무상태가 다음과 같을 때, 은행의 레버리지 비율 $\left(\dfrac{총자산}{자기자본}\right)$은 대출이 회수 불가로 판명되기 전에 비해 몇 배가 되는가? (단, 소수 첫째자리에서 반올림한다)

- 최초 자기자본은 1,000만 원이고 예금으로 9,000만 원을 예치하고 있다.
- 예금액의 10%를 지급준비금으로 보유하고 있으며, 잔여 자산을 모두 대출하고 있다.
- 전체 대출 금액 중 10%가 회수 불가로 판명되었다.

① 3배   ② 5배
③ 10배   ④ 12배

문 18. 총생산함수 $Y = AK$를 가정하는 경제성장 이론에 대한 설명으로 옳지 않은 것은? (단, Y는 총산출량, A는 상수, K는 자본이다)

① 경제성장률이 저축률에 의존하지 않는다.
② 자본은 인적자본과 지식자본을 포함하는 포괄적 개념이다.
③ 개별 기업 차원에서는 자본의 한계생산이 체감할 수 있다.
④ 외생적 기술진보가 없어도 지속적 성장이 가능하다.

문 19. 다음과 같은 단기 필립스곡선에 대한 설명으로 옳지 않은 것은? (단, π는 현재인플레이션, π^e는 기대인플레이션, u는 현재실업률, u_N은 자연실업률이다)

$$\pi = \pi^e - \alpha(u - u_N), \quad \alpha > 0$$

① 임금과 가격이 신축적일수록 α의 절댓값이 커진다.
② 기대인플레이션의 상승은 실제인플레이션의 상승을 낳는다.
③ 합리적 기대하에서 예상된 통화정책은 단기적으로 실업률에 영향을 미친다.
④ 합리적 기대하에서 예상되지 못한 통화정책은 단기적으로 실업률에 영향을 미친다.

문 20. 인플레이션에 대한 설명으로 옳은 것만을 모두 고르면?

ㄱ. 현금보유를 줄이는 데 드는 비용을 인플레이션에 따른 구두창비용(shoeleather cost)이라고 한다.
ㄴ. 예상치 못한 인플레이션은 사람들의 능력과 무관하게 채권자에게 유리한 방식으로 부(wealth)를 재분배한다.
ㄷ. 인플레이션이 안정적이고 예측 가능한 경우 메뉴비용(menu cost)은 발생하지 않는다.
ㄹ. 중앙은행이 기준금리를 인상하면 인플레이션율을 낮출 수 있다.

① ㄱ, ㄴ   ② ㄱ, ㄹ
③ ㄴ, ㄷ   ④ ㄷ, ㄹ

문 21. 노동 L과 자본 K를 이용하여 재화를 생산하는 어느 기업의 생산함수는 $Q = \sqrt{LK}$로 주어져 있다. 노동과 자본의 단위당 가격은 각각 9와 1이다. 단기적으로 자본의 양이 9로 고정되어 있을 때, 규모의 경제가 나타나는 생산량(Q)의 범위는?

① $Q < 3$

② $1 < Q < 4$

③ $Q < 9$

④ $4 < Q < 9$

문 22. 리카르도 등가정리(Ricardian equivalence theorem)에 대한 설명으로 옳지 않은 것은?

① 정부지출은 동일하게 유지된다고 전제한다.

② 조세에 따른 왜곡이 발생하는 경우 성립하지 않는다.

③ 소비자들이 유동성 제약에 직면해 있는 경우 성립한다.

④ 국채발행을 통한 감세정책은 소비에 영향을 미치지 않는다.

문 23. 열등재에 대한 설명으로 옳지 않은 것은?

① 수요의 소득탄력성은 음(−)의 값을 갖는다.

② 가격상승 시 대체효과는 소비량을 감소시킨다.

③ 가격하락 시 소득효과는 소비량을 증가시킨다.

④ 가격변화 시 대체효과와 소득효과는 반대 방향으로 작용한다.

문 24. 시장실패에 대한 설명으로 옳지 않은 것은?

① 순수공공재는 소비에 있어서 경합성과 배제불가능성이 존재하여 시장실패의 원인이 될 수 있다.

② 시장실패가 발생하면 정부가 개입할 수 있다.

③ 시장실패의 원인 중 하나인 외부효과의 사례로 환경오염 문제를 들 수 있다.

④ 긍정적인 외부효과는 시장실패의 원인이 될 수 있다.

문 25. 거시경제변수를 유량변수와 저량변수로 구분할 때, 저량
변수에 해당하는 것은?

① 소득
② 실업자 수
③ 경상수지
④ 순수출

해커스공무원 실전동형모의고사 답안지

컴퓨터용 흑색사인펜만 사용

성명	
자필성명	본인 성명 기재
응시직렬	
응시지역	
시험장소	

[필적감정용 기재]
*아래 예시문을 옮겨 적으시오

본인은 OOO(응시자성명)임을 확인함

기재란

회차	

생년월일

응시번호

※ 시험감독관 서명
(성명을 정자로 기재할 것)

책임 감독관 서명

제1과목

문번				
1	①	②	③	④
2	①	②	③	④
3	①	②	③	④
4	①	②	③	④
5	①	②	③	④
6	①	②	③	④
7	①	②	③	④
8	①	②	③	④
9	①	②	③	④
10	①	②	③	④
11	①	②	③	④
12	①	②	③	④
13	①	②	③	④
14	①	②	③	④
15	①	②	③	④
16	①	②	③	④
17	①	②	③	④
18	①	②	③	④
19	①	②	③	④
20	①	②	③	④
21	①	②	③	④
22	①	②	③	④
23	①	②	③	④
24	①	②	③	④
25	①	②	③	④

제2과목

문번				
1	①	②	③	④
2	①	②	③	④
3	①	②	③	④
4	①	②	③	④
5	①	②	③	④
6	①	②	③	④
7	①	②	③	④
8	①	②	③	④
9	①	②	③	④
10	①	②	③	④
11	①	②	③	④
12	①	②	③	④
13	①	②	③	④
14	①	②	③	④
15	①	②	③	④
16	①	②	③	④
17	①	②	③	④
18	①	②	③	④
19	①	②	③	④
20	①	②	③	④
21	①	②	③	④
22	①	②	③	④
23	①	②	③	④
24	①	②	③	④
25	①	②	③	④

제3과목

문번				
1	①	②	③	④
2	①	②	③	④
3	①	②	③	④
4	①	②	③	④
5	①	②	③	④
6	①	②	③	④
7	①	②	③	④
8	①	②	③	④
9	①	②	③	④
10	①	②	③	④
11	①	②	③	④
12	①	②	③	④
13	①	②	③	④
14	①	②	③	④
15	①	②	③	④
16	①	②	③	④
17	①	②	③	④
18	①	②	③	④
19	①	②	③	④
20	①	②	③	④
21	①	②	③	④
22	①	②	③	④
23	①	②	③	④
24	①	②	③	④
25	①	②	③	④

제4과목

문번				
1	①	②	③	④
2	①	②	③	④
3	①	②	③	④
4	①	②	③	④
5	①	②	③	④
6	①	②	③	④
7	①	②	③	④
8	①	②	③	④
9	①	②	③	④
10	①	②	③	④
11	①	②	③	④
12	①	②	③	④
13	①	②	③	④
14	①	②	③	④
15	①	②	③	④
16	①	②	③	④
17	①	②	③	④
18	①	②	③	④
19	①	②	③	④
20	①	②	③	④
21	①	②	③	④
22	①	②	③	④
23	①	②	③	④
24	①	②	③	④
25	①	②	③	④

제5과목

문번				
1	①	②	③	④
2	①	②	③	④
3	①	②	③	④
4	①	②	③	④
5	①	②	③	④
6	①	②	③	④
7	①	②	③	④
8	①	②	③	④
9	①	②	③	④
10	①	②	③	④
11	①	②	③	④
12	①	②	③	④
13	①	②	③	④
14	①	②	③	④
15	①	②	③	④
16	①	②	③	④
17	①	②	③	④
18	①	②	③	④
19	①	②	③	④
20	①	②	③	④
21	①	②	③	④
22	①	②	③	④
23	①	②	③	④
24	①	②	③	④
25	①	②	③	④

해커스공무원 실전동형모의고사 답안지

컴퓨터용 흑색사인펜만 사용

성명	
자필성명	본인 성명 기재
응시직렬	
응시지역	
시험장소	

※ 시험감독관 서명
(성명을 정자로 기재할 것)

책임감독관 서명

생년월일

응시번호

[필적감정용 기재]
*아래 예시문을 옮겨 적으시오
본인은 OOO(응시자 성명)임을 확인함

기재란

회차

문번	제1과목			
1	①	②	③	④
2	①	②	③	④
3	①	②	③	④
4	①	②	③	④
5	①	②	③	④
6	①	②	③	④
7	①	②	③	④
8	①	②	③	④
9	①	②	③	④
10	①	②	③	④
11	①	②	③	④
12	①	②	③	④
13	①	②	③	④
14	①	②	③	④
15	①	②	③	④
16	①	②	③	④
17	①	②	③	④
18	①	②	③	④
19	①	②	③	④
20	①	②	③	④
21	①	②	③	④
22	①	②	③	④
23	①	②	③	④
24	①	②	③	④
25	①	②	③	④

문번	제2과목			
1	①	②	③	④
2	①	②	③	④
3	①	②	③	④
4	①	②	③	④
5	①	②	③	④
6	①	②	③	④
7	①	②	③	④
8	①	②	③	④
9	①	②	③	④
10	①	②	③	④
11	①	②	③	④
12	①	②	③	④
13	①	②	③	④
14	①	②	③	④
15	①	②	③	④
16	①	②	③	④
17	①	②	③	④
18	①	②	③	④
19	①	②	③	④
20	①	②	③	④
21	①	②	③	④
22	①	②	③	④
23	①	②	③	④
24	①	②	③	④
25	①	②	③	④

문번	제3과목			
1	①	②	③	④
2	①	②	③	④
3	①	②	③	④
4	①	②	③	④
5	①	②	③	④
6	①	②	③	④
7	①	②	③	④
8	①	②	③	④
9	①	②	③	④
10	①	②	③	④
11	①	②	③	④
12	①	②	③	④
13	①	②	③	④
14	①	②	③	④
15	①	②	③	④
16	①	②	③	④
17	①	②	③	④
18	①	②	③	④
19	①	②	③	④
20	①	②	③	④
21	①	②	③	④
22	①	②	③	④
23	①	②	③	④
24	①	②	③	④
25	①	②	③	④

문번	제4과목			
1	①	②	③	④
2	①	②	③	④
3	①	②	③	④
4	①	②	③	④
5	①	②	③	④
6	①	②	③	④
7	①	②	③	④
8	①	②	③	④
9	①	②	③	④
10	①	②	③	④
11	①	②	③	④
12	①	②	③	④
13	①	②	③	④
14	①	②	③	④
15	①	②	③	④
16	①	②	③	④
17	①	②	③	④
18	①	②	③	④
19	①	②	③	④
20	①	②	③	④
21	①	②	③	④
22	①	②	③	④
23	①	②	③	④
24	①	②	③	④
25	①	②	③	④

문번	제5과목			
1	①	②	③	④
2	①	②	③	④
3	①	②	③	④
4	①	②	③	④
5	①	②	③	④
6	①	②	③	④
7	①	②	③	④
8	①	②	③	④
9	①	②	③	④
10	①	②	③	④
11	①	②	③	④
12	①	②	③	④
13	①	②	③	④
14	①	②	③	④
15	①	②	③	④
16	①	②	③	④
17	①	②	③	④
18	①	②	③	④
19	①	②	③	④
20	①	②	③	④
21	①	②	③	④
22	①	②	③	④
23	①	②	③	④
24	①	②	③	④
25	①	②	③	④

해커스공무원 실전동형모의고사 답안지

컴퓨터용 흑색사인펜만 사용

성명	
자필성명	본인 성명 기재
응시직렬	
응시지역	
시험장소	

[필적감정용 기재]
*아래 예시문을 옮겨 적으시오
본인은 OOO(응시자성명)임을 확인함

기재란

회차	

※ 시험감독관 서명
(성명을 정자로 기재할 것)

책임감독관 서명

생년월일

응시번호

제1과목

문번				
1	①	②	③	④
2	①	②	③	④
3	①	②	③	④
4	①	②	③	④
5	①	②	③	④
6	①	②	③	④
7	①	②	③	④
8	①	②	③	④
9	①	②	③	④
10	①	②	③	④
11	①	②	③	④
12	①	②	③	④
13	①	②	③	④
14	①	②	③	④
15	①	②	③	④
16	①	②	③	④
17	①	②	③	④
18	①	②	③	④
19	①	②	③	④
20	①	②	③	④
21	①	②	③	④
22	①	②	③	④
23	①	②	③	④
24	①	②	③	④
25	①	②	③	④

제2과목

문번				
1	①	②	③	④
2	①	②	③	④
3	①	②	③	④
4	①	②	③	④
5	①	②	③	④
6	①	②	③	④
7	①	②	③	④
8	①	②	③	④
9	①	②	③	④
10	①	②	③	④
11	①	②	③	④
12	①	②	③	④
13	①	②	③	④
14	①	②	③	④
15	①	②	③	④
16	①	②	③	④
17	①	②	③	④
18	①	②	③	④
19	①	②	③	④
20	①	②	③	④
21	①	②	③	④
22	①	②	③	④
23	①	②	③	④
24	①	②	③	④
25	①	②	③	④

제3과목

문번				
1	①	②	③	④
2	①	②	③	④
3	①	②	③	④
4	①	②	③	④
5	①	②	③	④
6	①	②	③	④
7	①	②	③	④
8	①	②	③	④
9	①	②	③	④
10	①	②	③	④
11	①	②	③	④
12	①	②	③	④
13	①	②	③	④
14	①	②	③	④
15	①	②	③	④
16	①	②	③	④
17	①	②	③	④
18	①	②	③	④
19	①	②	③	④
20	①	②	③	④
21	①	②	③	④
22	①	②	③	④
23	①	②	③	④
24	①	②	③	④
25	①	②	③	④

제4과목

문번				
1	①	②	③	④
2	①	②	③	④
3	①	②	③	④
4	①	②	③	④
5	①	②	③	④
6	①	②	③	④
7	①	②	③	④
8	①	②	③	④
9	①	②	③	④
10	①	②	③	④
11	①	②	③	④
12	①	②	③	④
13	①	②	③	④
14	①	②	③	④
15	①	②	③	④
16	①	②	③	④
17	①	②	③	④
18	①	②	③	④
19	①	②	③	④
20	①	②	③	④
21	①	②	③	④
22	①	②	③	④
23	①	②	③	④
24	①	②	③	④
25	①	②	③	④

제5과목

문번				
1	①	②	③	④
2	①	②	③	④
3	①	②	③	④
4	①	②	③	④
5	①	②	③	④
6	①	②	③	④
7	①	②	③	④
8	①	②	③	④
9	①	②	③	④
10	①	②	③	④
11	①	②	③	④
12	①	②	③	④
13	①	②	③	④
14	①	②	③	④
15	①	②	③	④
16	①	②	③	④
17	①	②	③	④
18	①	②	③	④
19	①	②	③	④
20	①	②	③	④
21	①	②	③	④
22	①	②	③	④
23	①	②	③	④
24	①	②	③	④
25	①	②	③	④

김종국

약력

연세대학교 경제학과 졸업

현 | 해커스공무원 경제학 강의
현 | 해커스 경영아카데미 경제학 교수
현 | 해커스 법아카데미 경제학원론·노동경제학 강의
전 | EBS 강사

저서

해커스 局경제학 기본서
해커스공무원 局경제학 15개년 기출문제집
해커스공무원 局경제학 핵심 기출 OX 1592
해커스 공감보노 기출로 보는 局경제학 하프모의고사 Season 1
해커스 공감보노 기출로 보는 局경제학 하프모의고사 Season 2
해커스공무원 局경제학 실전동형모의고사
해커스공무원 局경제학 FINAL 합격 봉투모의고사
거꾸로 경제학, EBS
경제 만점의 정석과 비법, EBS
경제 수능기출 특강, EBS

해커스공무원
局경제학
실전동형모의고사

개정 7판 1쇄 발행 2025년 3월 4일

지은이	김종국 편저
펴낸곳	해커스패스
펴낸이	해커스공무원 출판팀

주소	서울특별시 강남구 강남대로 428 해커스공무원
고객센터	1588-4055
교재 관련 문의	gosi@hackerspass.com
	해커스공무원 사이트(gosi.Hackers.com) 교재 Q&A 게시판
	카카오톡 플러스 친구 [해커스공무원 노량진캠퍼스]
학원 강의 및 동영상강의	gosi.Hackers.com

ISBN	979-11-7244-845-5 (13320)
Serial Number	07-01-01

공무원 교육 1위,
해커스공무원 gosi.Hackers.com

해커스공무원

· **해커스공무원 학원 및 인강**(교재 내 인강 할인쿠폰 수록)
· 해커스 스타강사의 **공무원 경제학 무료 특강**
· 정확한 성적 분석으로 약점 극복이 가능한 **합격예측 온라인 모의고사**(교재 내 응시권 및 해설강의 수강권 수록)
· 내 점수와 석차를 확인하는 **모바일 자동 채점 및 성적 분석 서비스**

한경비즈니스 2024 한국품질만족도 교육(온·오프라인 공무원학원) 1위

최신개정판 | 제7판

해커스공무원
局경제학 실전동형모의고사

약점 보완 해설집

해커스공무원

局경제학

약점 보완 해설집

해커스공무원

김종국

약력

연세대학교 경제학과 졸업

현 | 해커스공무원 경제학 강의
전 | EBS 강사

저서

해커스 局경제학 기본서
해커스공무원 局경제학 15개년 기출문제집
해커스공무원 局경제학 핵심 기출 OX 1592
해커스 공감보노 기출로 보는 局경제학 하프모의고사 Season 1
해커스 공감보노 기출로 보는 局경제학 하프모의고사 Season 2
해커스공무원 局경제학 실전동형모의고사
해커스공무원 局경제학 FINAL 합격 봉투모의고사
거꾸로 경제학, EBS
경제 만점의 정석과 비법, EBS
경제 수능기출 특강, EBS
경제 개념특강, EBS

: 목차

실전동형
모의고사

▶ 정답   p.8

01	③ 거시	06	③ 미시	11	① 국제	16	④ 미시	21	③ 미시
02	② 거시	07	③ 미시	12	③ 미시	17	① 거시	22	④ 국제
03	③ 거시	08	④ 거시	13	① 거시	18	① 미시	23	③ 거시
04	③ 거시	09	① 거시	14	① 미시	19	④ 미시	24	① 국제
05	③ 국제	10	③ 국제	15	① 미시	20	③ 거시	25	② 미시

▶ 취약 과목 분석표

과목	맞힌 답의 개수
미시	/ 10
거시	/ 10
국제	/ 5
TOTAL	/ 25

01 GDP   정답 ③

출제 포인트 지출측면 GDP는 '소비지출 + 투자지출 + 정부지출 + 순수출'이다.

정답

ㄴ. 중간재를 수출한 경우 중간재는 최종생산물로 순수출을 증가시켜 국내 총생산을 증가시킨다.

ㄹ. 공무원의 임금상승은 정부지출의 증가로 국내총생산을 증가시킨다.

오답피하기

ㄱ. 기존 집의 가격상승은 추가적인 부가가치창출과 무관하기에 국내 총생산에 포함되지 않는다.

ㄷ. 올해 생산되었으나 판매되지 않은 자동차는 재고투자로 투자를 증가시키기에 국내총생산을 증가시킨다.

02 균형국민소득   정답 ②

출제 포인트 생산물시장의 균형은 총수요($C + I + G$)와 총공급(Y)이 일치하는 점에서 결정된다. 화폐시장의 균형은 화폐의 수요(L)와 공급(M)이 일치하는 점에서 결정된다.

정답

• 소비함수는 $C = 100 + 0.8(Y - T)$이고, 투자는 $I = 150 - 600r$이며, 정부지출은 200이다. 따라서 생산물시장 균형은 $Y = 100 + 0.8(Y - T) + 150 - 600r + 200$에서 달성된다.

• T가 $0.5Y$이기에 $Y = 750 - 1,000r$이다. 실질화폐수요가 $2Y - 8,000(r + \pi^e)$이고, 실질화폐공급이 $1,000$이다. 따라서 화폐시장 균형은 $2Y - 8,000(r + \pi^e) = 1,000$에서 달성된다. 기대물가상승률이 0이기에 $Y = 500 + 4,000r$이다.

• 결국 균형이자율과 균형국민소득은 각각 0.05이고 700이다.

03 총수요와 총공급   정답 ③

출제 포인트 물가가 하락하면 총수요곡선상 점의 이동으로 나타난다.

정답

물가가 하락하게 되면 자국화폐로 표시된 실질환율이 상승하여 순수출이 증가함으로써 국민소득이 증가한다. 따라서 총수요곡선상에서 우하방으로 이동한다.

오답피하기

① 확장적 통화정책을 쓰게 되면 이자율이 하락하고 투자가 증가하여 총수요곡선은 우측으로 이동한다.

② 인구증가, 생산성향상, 기술진보 등으로 장기 총공급곡선은 우측으로 이동한다.

④ 향후 물가가 상승할 것이라고 예상하게 되면 현재의 총수요는 증가한다.

04 기대   정답 ③

출제 포인트 적응적 기대에 따르면 단기에는 예상이 틀릴 가능성이 높지만 장기에는 물가예상이 정확하다. 합리적 기대에 의하면 체계적 오류는 없지만 확률적 오차는 있다.

정답

정보의 불완전성이 존재하는 상황에서는 합리적 기대이론도 예측오차는 발생한다.

오답피하기

① 적응적 기대이론에서는 단기에는 예상이 틀릴 가능성이 높아 경제변수에 대한 예측에 있어 체계적 오류를 인정한다.

② 적응적 기대이론에 따르면 장기에는 물가예상이 정확하기에 통화량증가는 장기균형에서의 실질국민소득에는 영향을 미치지 않는다고 본다.

④ 합리적 기대이론에 따르면 현재 시점에서 이용가능한 모든 정보를 이용하기에 예측된 정부정책의 변화는 실질변수에 영향을 미치지 않는다.

05 구매력평가설   정답 ③

출제 포인트 일물일가의 법칙을 전제로, 양국의 구매력인 화폐가치가 같도록 환율이 결정되어야 한다는 이론이 절대구매력평가설로, $P = e \cdot P_f$이다.

정답

상대구매력평가설에 따르면 환율변화율은 두 나라의 물가상승률 차이이기에 자국의 물가 5% 오르고 외국의 물가가 7% 오를 경우, 환율변화율은 5% − 7% = − 2%이다. 따라서 환율하락으로 국내통화는 2% 평가절상된다.

오답피하기

① 절대구매력평가설에 의하면, $P = e \cdot P_f$에서 명목환율은 양국의 물가 수준 P와 P_f에 의해 결정된다. 따라서 실질환율은 $\epsilon = \dfrac{e \times P_f}{P} = \dfrac{P}{P} = 1$이다.

② 구매력평가설은 일물일가의 법칙을 전제로 하기에 경제통합의 정도가 커질수록 설명력은 높아진다.

④ 상대구매력평가설에 의하면 환율변화율은 두 나라의 물가상승률 차이로 경상수지에 초점을 맞추는 반면, 이자율평가설에 의하면 환율변화율은 두 나라의 이자율 차이로 자본수지에 초점을 맞추어 균형환율을 설명한다.

06 조세제도 정답 ③

출제 포인트 (가)와 (나)는 세율이 각각 약 26.7%, 약 46.7%인 비례세이다. (다)는 과세 대상 소득이 증가할수록 세액이 증가하는 누진세이다.

정답

과세 후 소득이 2,800만 원으로 일정할 때 과세 대상 소득이 클수록 세액도 크다. 따라서 과세 후 소득이 2,800만 원인 사람의 세액은 (나)에서 가장 크고, (가)에서 가장 작다.

오답피하기

① (가)는 비례세로 과세 대상 소득이 증가하면 세액도 비례하여 증가한다.

② (나)의 세율은 약 46.7%로, (가)의 세율인 약 26.7%보다 높다.

④ 과세 대상 소득이 3,200만 원으로 일정할 때 과세 후 소득이 클수록 세액은 작다. 따라서 과세 대상 소득이 3,200만 원인 사람의 세액은 (가)보다 (다)가 더 크다.

07 효용극대화 정답 ③

출제 포인트 지불할 용의란 곧 재화 소비로 얻는 편익을 의미한다. 즉, 사람들은 재화 소비로 얻는 편익보다 높은 금액을 지불하려고 하지 않는다.

정답

'2 + 1 행사'를 감안하여 판단하면 갑은 3개, 을은 3개, 병은 1개 소비한다. '2 + 1 행사'가 종료되면 갑, 을, 병의 소비량은 각각 1개, 0개, 1개이다. 따라서 총소비량은 7개에서 2개로 감소하여 감소분은 5개이다.

오답피하기

① 갑의 소비량은 3개, 병의 소비량은 1개이다.

② 을의 지출액은 2,000원, 병의 지출액은 1,000원이다.

④ 갑, 을, 병의 순편익은 각각 600원, 100원, 100원이었다. '2 + 1 행사'가 종료되면 갑, 을, 병의 순편익은 각각 200원, 0원, 100원으로 순편익 감소분은 500원(800원 − 300원)이다.

08 무역이론 정답 ④

출제 포인트 양국의 생산가능곡선을 비교하면 갑국은 X재에, 을국은 Y재에 비교 우위가 있음을 알 수 있다.

정답

교역 후 을국의 X재 최대 가능 소비량은 150개이다. 따라서 X재로 표시한 Y재의 기회비용은 1.5개로 교역 전 0.8개보다 증가하였다.

오답피하기

① 동일한 자원으로 갑국은 X재와 Y재 모두 을국보다 적게 생산할 수 있다. 따라서 갑국은 X재와 Y재 생산 모두에 절대 열위를 가진다.

② 을국에서 주어진 자원으로 X재만 생산할 경우 80개를, Y재만 생산할 경우 100개를 생산할 수 있다. 따라서 X재 1개 생산의 기회비용은 Y재 $\dfrac{5}{4}$개이다.

③ 교역 후 갑국과 을국의 소비점을 분석하면 X재와 Y재의 교환 비율이 3 : 2임을 알 수 있다. 즉, 교역 조건은 X재 1개당 Y재 $\dfrac{2}{3}$개다.

09 AS곡선 정답 ①

출제 포인트 노동시장의 균형은 $(VMP_L =) MP_L \times P = W$이다.

정답

생산함수가 $f(L, K) = L^{\frac{1}{2}} K^{\frac{1}{2}}$이고 자본투입량($K$)이 4일 때, 생산함수는 $Y = 2\sqrt{L}$이다. W가 10이고, MP_L은 생산함수 $Y = 2\sqrt{L}$을 미분한 $MP_L = \dfrac{1}{\sqrt{L}}$이다. L은 $MP_L \times P = W$에서 $\dfrac{1}{\sqrt{L}} \times P = 10$을 통해 $L = \dfrac{P^2}{100}$이다. 이를 생산함수 $Y = 2\sqrt{L}$에 대입하면 $P = 5Y$의 AS곡선을 구할 수 있다.

10 무위험평가설 정답 ③

출제 포인트 금융시장에서 일물일가의 법칙을 전제로, 국가 간 완전자본이동이 보장될 때 국내투자수익률과 해외투자수익률이 동일해야 한다는 것이 이자율평가설이다. 이때 해외투자수익률의 불확실성은 선물계약을 통해 제거할 수 있기에, 무위험이자율평가설은 현재환율(1 + 국내이자율) = 선도환율(1 + 해외이자율)이다.

정답

A국이 한국, B국이 미국이라면, 한국과 미국의 6개월 만기 이자율이 각각 2%와 5%이고, 6개월 후의 예상 환율이 970원/달러이기에 현재환율(1 + 국내이자율) = 선도환율(1 + 해외이자율)에서, 현재환율(1 + 0.02) = 970(1 + 0.05)이다. 따라서 현재환율은 대략 1,000원/달러이다.

---

11 국제수지 정답 ①

(출제 포인트) 해외공장건설을 위한 외화의 해외송금은 금융계정의 직접투자에 포함된다.

(정답)
A전자가 베트남에 휴대폰 전화기를 생산할 공장건설을 위해 8억 달러를 해외로 송금한 것은 금융계정의 직접투자이다. 따라서 차변에 금융계정(직접투자) 8억 달러, 대변에 금융계정(기타투자) 8억 달러로 표시된다.

---

12 완전균형 정답 ③

(출제 포인트) 신빙성이 없는 위협이 포함된 내쉬균형을 제외하고 찾아낸 조합이 완전균형이다.

구분		기업 B	
		공생	반격
기업 A	진입포기	(0, 2)	(0, 2)
	진입	(1, 1)	(−1, 0)

(정답)
내쉬균형은 (진입포기, 반격), (진입, 공생)의 두 개이다. 그런데 내쉬균형 조합 중에서 신빙성이 없는 위협이 포함된 내쉬균형을 제외하고 찾아낸 조합이 완전균형이다. 즉, 신규기업은 진입하고 기존기업은 공생을 선택하는 조합인 (1, 1)이 완전균형이다.

---

13 실질이자율 타게팅(targeting) 규칙 정답 ①

(출제 포인트) 이자율이 상승할 때, 실질이자율 타게팅(targeting) 규칙으로 통화량을 증가시켜 이자율은 본래수준으로 복귀한다.

(정답)
화폐수요증가충격을 받는 경우, LM곡선은 좌측으로 이동하여 이자율이 상승하나, 실질이자율 타게팅(targeting) 규칙으로 통화량을 증가시켜 LM곡선은 우측으로 이동하여 본래 위치로 돌아오기에 LM곡선은 변하지 않는다.

(오답피하기)
② 화폐수요증가충격을 받는 경우, 단기에서 산출은 변하지 않는다.
③, ④ 소비증가충격을 받는 경우, IS곡선이 우측으로 이동하여 이자율이 상승하나, 실질이자율 타게팅(targeting) 규칙으로 통화량을 증가시켜 LM곡선은 우측으로 이동하기에 이자율은 불변이나 산출은 증가한다.

---

14 이윤극대화 정답 ①

(출제 포인트) 총수입에서 총비용을 차감한 값인 이윤은 $MR = MC$, 그리고 MR기울기 < MC기울기일 때 극대화된다.

- 총수입은 $P \times Q = (15,000 − Q) \times Q = 15,000Q − Q^2$이기에 MR은 $MR = 15,000 − 2Q$이다.
- 총비용은 $C = C_L(= 2.5Q_L^2) + C_H(= 1,000Q_H)$이기에 MC는 $Q = Q_L = Q_H$일 때 $MC = 5Q + 1,000$이다.
따라서 이윤극대화는 $MR = MC$에 따라 $15,000 − 2Q = 5Q + 1,000$에서 $Q = 2,000$이다.

---

15 생산자균형 정답 ①

(출제 포인트) 등량곡선이 우하향하는 직선인 경우에는 다음 그림에서 보는 바와 같이 노동 혹은 자본만을 사용하는 것이 최적이다.

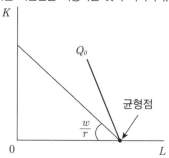

〈$MRTS$가 일정하고 요소가격비보다 큰 경우〉

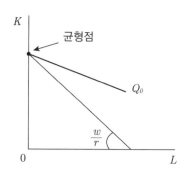

〈$MRTS$가 일정하고 요소가격비보다 작은 경우〉

(정답)
한계기술대체율이 일정하므로 등량곡선이 우하향하는 직선임을 의미한다. 등량곡선이 우하향하는 직선인 경우, 한계기술대체율이 등비용선의 기울기인 $\dfrac{P_L}{P_K}$의 2배가 될 때, 노동만을 이용하여 생산한다.

---

16 약공리 정답 ④

(출제 포인트) 재화묶음 Q_0가 Q_1보다 직접 현시선호되면 Q_1이 Q_0보다 직접 현시선호될 수 없다는 것이 약공리로, 재화묶음이 2개인 경우 소비행위의 일관성을 보장한다.

(정답)
- 가격이 $P_x = 2$, $P_y = 1$일 때 X재 2단위, Y재 8단위를 소비하고 이때 구입액은 12이다.

- 가격이 $P_x = 1$, $P_y = 2$로 바뀌었을 때 기존의 소비균형점을 소비하기 위해서는 $(1 \times 2) + (2 \times 8) = 18$의 소득이 필요하다.
- 바뀐 예산선에서 최초의 구입점을 소비하기 위해 필요한 소득이 기존의 예산선보다 크기에 최초의 소비균형점은 구입 불가능하다. 따라서 바뀐 예산선은 어떠한 점에서도 약공리에 위배되지 않는다.

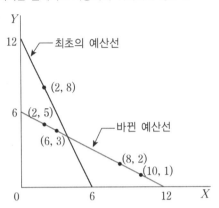

---

17 디플레이션 정답 ①

(출제 포인트) 케인즈학파는 유효수요부족에 대한 재정정책의 중요성을, 통화주의학파는 적응적 기대에 의한 준칙주의를, 새고전학파는 합리적 기대에 의한 정책무력성을 주장하였다.

(정답)
ㄱ. 새고전학파는 예상된 정책의 경우 단기에도 실업률에는 아무런 영향을 미칠 수 없으며, 물가상승만 초래한다는 정책무력성정리를 가정하기에 합리적 기대하 정부계획발표만으로도 충분하다고 본다.
ㄴ. 통화주의학파는 자연실업률가설을 제시하여 정부의 빈번한 시장개입은 기대인플레이션을 발생시켜 필립스곡선을 상방으로 이동시켜 스태그플레이션을 유발한다고 가정하기에, 디플레이션에 대한 대책으로 준칙에 따른 통화정책을 강조하였다.
ㄷ. 케인즈학파는 디플레이션의 원인을 유효수요의 부족으로 파악하기에 재정정책을 통한 소득확대를 강조하였다.

---

18 효용극대화 정답 ②

(출제 포인트) 효용함수는 $u(l, c) = lc$이다. 예산선은 시간당 임금이 10, 소비재의 가격은 1, 주어진 자본소득이 10, 노동소득과 자본소득이 모두 소비될 때, $c = 10 + 10L = 10 + 10(16 - l)170 - 10l$이다. 소비자 균형은 무차별곡선과 예산선이 접할 때 성립한다.

(정답)
여가와 소득 간 한계대체율과 예산선의 기울기가 같은 $MRS_{lc} = \dfrac{\Delta c}{\Delta l} = \dfrac{MU_l}{MU_c} = \dfrac{c}{l} = 10$에서 효용극대화가 이루어진다. 무차별곡선과 예산선이 접하는 점에서 효용이 극대화되기에 $\dfrac{c}{l} = 10$과 $c = 170 - 10l$을 연립하여 풀면 $c = 85$이다.

---

19 파레토 효율성 정답 ④

(출제 포인트) 소비 측면은 두 무차별곡선이 접하는 $MRS_{XY}^A = MRS_{XY}^B$에서 파레토효율성이 충족된다.

(정답)
- 갑의 효용함수 $U(X, Y) = X^2 Y^2$에서 $MRS_{XY}^{갑} = \dfrac{2XY^2}{2X^2 Y} = \dfrac{Y}{X}$이다.

- 을의 효용함수 $U(X, Y) = X^{\frac{1}{2}} Y^{\frac{1}{2}}$에서 $MRS_{XY}^{을} = \dfrac{\frac{1}{2} X^{-\frac{1}{2}} Y^{\frac{1}{2}}}{\frac{1}{2} X^{\frac{1}{2}} Y^{-\frac{1}{2}}}$
$= \dfrac{Y}{X}$이다.

- 두 사람의 X재와 Y재의 소비량 비율이 동일하면 두 사람의 한계대체율이 일치하여 소비의 파레토 효율성이 충족된다. 따라서 갑이 $(9, 9)$이고 을이 $(1, 1)$이면 한계대체율이 일치한다.

---

20 J커브효과 정답 ③

(출제 포인트) 평가절하 시 수출품과 수입품의 가격은 즉각 변하나 수출입량의 조정은 서서히 이루어진다. 즉, 달러표시 수출품의 가격은 즉각 하락하나 수출량은 서서히 증가하기에 단기적으로 경상수지가 악화되었다가 시간이 지나면서 점차 개선되는 효과를 $J-$커브효과라 한다.

(정답)
- 자국통화가 평가절하(환율상승)되면 수출가격은 하락하지만 수출물량의 변화는 미미하기에 수출가격이 하락하여 경상수지가 악화된다.
- 장기적으로는 하락된 수출가격으로 인해 수출물량이 크게 증가하기에 경상수지가 개선된다.

---

21 소득여가모형 정답 ③

(출제 포인트) 효용함수 $U = Y + 2L$을 Y에 대해 정리하면 $Y = -2L + U$이기에 무차별곡선은 기울기가 2(절댓값)인 우하향의 직선이다.

(정답)
ㄷ. 시간당 임금이 3이면 소비자균형은 그림 (b)의 F점에서 이루어지기에 여가시간은 0, 노동시간은 24시간이다.
ㄹ. 시간당 임금이 2보다 높은 경우 개인 A는 24시간을 모두 노동공급에 투입할 것이기에 시간당 임금이 3 → 4로 상승하더라도 노동시간은 더 이상 증가하지 않는다.

(오답피하기)
ㄱ. 시간당 임금이 2보다 높은 경우 노동시간은 더 이상 증가하지 않는다.
ㄴ. 시간당 임금이 1이면 소비자균형은 그림 (a)의 E점에서 이루어지기에 소비자의 노동시간은 0, 여가시간은 24시간이 된다.

(a) 시간당 임금이 1일 때

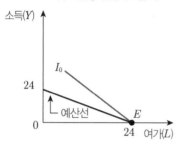

(b) 시간당 임금이 3일 때

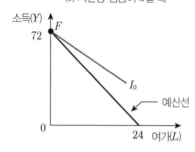

---

② 폐쇄경제에서는 IS곡선이 실질환율의 영향을 받지 않는데 비해 개방경제에서는 실질환율이 변하면 IS곡선이 실질환율의 영향을 받게 된다.

④ 고정환율제도하에서는 국제수지 적자가 발생하면 외환수요 증가로 환율이 상승압력을 받게 된다. 이 경우 중앙은행은 환율을 일정하게 유지하기 위해 외환을 매각하면 매각대금이 중앙은행으로 흡수되므로 통화량이 감소한다. 그러므로 고정환율제도하에서는 국제수지 적자가 발생하면 LM곡선이 왼쪽으로 이동하게 된다.

---

22 헥셔-올린 정리 　　　　　　　정답 ④

(출제 포인트) 헥셔-올린 정리는 비교우위의 발생원인을 요소부존의 차이로 설명한다.

(정답)
헥셔-올린 정리는 2국-2재화-2요소가 존재하고 생산요소의 국가 간 이동은 불가능하며, 생산함수가 동일하고 선호가 동일하다고 가정한다.

(오답피하기)
① 헥셔-올린 정리는 2국-2재화-2요소가 존재하다고 가정한다.
② 레온티에프(W. Leontief)의 역설은 자본풍부국으로 여겨지는 미국이 오히려 자본집약재를 수입하고, 노동집약재를 수출하는 현상을 말한다.
③ 헥셔-올린 정리는 노동풍부국은 노동집약재 생산에, 자본풍부국은 자본집약재 생산에 비교우위가 있다고 설명한다.

---

23 IS곡선과 LM곡선 　　　　　　정답 ③

(출제 포인트) 개방경제에서는 실질환율이 변하면 수출입이 변하므로 IS곡선이 실질환율의 영향을 받게 된다.

(정답)
변동환율제도에서는 국제수지의 불균형으로 인한 환율변화 시 이를 일정하게 유지하기 위한 중앙은행의 개입이 필요없기에 LM곡선은 폐쇄경제와 동일하다.

(오답피하기)
① 폐쇄경제에서 이자율이 하락하면 민간투자가 증가하고, 민간투자가 증가하면 유효수요가 증가하여 균형국민소득이 증가하므로 IS곡선이 우하향의 형태로 도출된다. 개방경제에서는 국민소득이 증가하면 수입이 증가하여 유효수요 증가분을 일부 상쇄하므로 폐쇄경제에서보다 균형국민소득이 더 적게 증가한다. 즉, 개방경제의 IS곡선은 폐쇄경제하에서보다 더 급경사로 도출된다.

---

24 $IS-LM-BP$모형 　　　　　　정답 ①

(출제 포인트) 변동환율제도하, 자본이동이 완전한 경우, 재정정책은 전혀 효과가 없지만 금융정책은 매우 효과적이다.

(정답)
직불카드 도입으로 인해 화폐수요가 감소하면 LM곡선이 우측으로 이동하기에 국민소득이 대폭 증가한다.

(오답피하기)
② 통화공급이 감소하면 국민소득은 큰 폭으로 감소할 것이다.
③, ④ 소득세율의 인상은 긴축적 재정정책, 정부지출 증가는 확장적 재정정책으로 국민소득에 아무런 영향을 미칠 수 없다.

---

25 수요곡선 　　　　　　　　　　정답 ②

(출제 포인트) 우하향의 수요직선에서 중점은 단위탄력적이고, 중점 위는 탄력적이며, 중점 아래는 비탄력적으로 모든 점의 수요의 가격탄력도가 다르다.

(정답)
ㄱ. 가격축과 수량축 절편은 모두 100이고 수요곡선은 우하향의 직선이기에 수요함수는 $P=100-Q$이고 가격이 30원이면 수요량은 70단위이다.
ㄷ. 독점기업은 수요의 가격탄력성이 1보다 큰 구간에서 생산하고, 수요함수는 $P=100-Q$로 가격과 생산량이 모두 50일 때 수요의 가격탄력성은 1이기에 독점기업이 이윤극대화 생산량을 설정할 때 가격은 50원 이상이다.

(오답피하기)
ㄴ. 수요곡선이 우하향의 직선인 경우 수요곡선의 중점에서 가격탄력성은 단위탄력적인 1이고 수요량이 증가함에 따라 탄력성은 감소한다.
ㄹ. X재는 정상재이기에 소득이 증가하면 수요곡선이 우측이동한다.

▶ 정답
p.16

01	② 미시	06	④ 미시	11	① 거시	16	① 미시	21	② 미시
02	① 거시	07	③ 미시	12	④ 거시	17	② 거시	22	④ 미시
03	② 미시	08	① 국제	13	① 거시	18	① 미시	23	① 미시
04	④ 거시	09	② 거시	14	③ 거시	19	③ 국제	24	③ 거시
05	④ 국제	10	③ 미시	15	④ 국제	20	④ 거시	25	③ 국제

▶ 취약 과목 분석표

과목	맞힌 답의 개수
미시	/ 10
거시	/ 9
국제	/ 6
TOTAL	/ 25

---

01   가격차별   정답 ②

출제 포인트 시장을 몇 개로 분할하여 각 시장에서 서로 다른 가격을 설정하는 것이 제3급 가격차별로 일반적인 가격차별이다.

정답

제2급 가격차별은 재화구입량에 따라 각각 다른 가격을 설정하는 것으로, 판매자가 소비자의 특성을 구별하지 못할 때 여러 가격을 제시하여 소비자들이 스스로 자신을 드러내게 하는 '선별'의 일종이다. 따라서 제2급 가격차별은 정보의 비대칭성하 이윤극대화 추구 방법의 일종이다.

오답피하기

① 가격차별로 생산량이 증가하여 사회후생이 증대될 수 있다.
③ 제1급 가격차별은 각 단위의 재화에 대하여 소비자들이 지불할 용의가 있는 최대금액을 설정하는 것으로 소비자잉여가 모두 독점이윤으로 전환된다. 따라서 소비자잉여는 전혀 존재하지 않는다.
④ 제3급 가격차별의 경우, 비탄력적인 시장에서는 높은 가격으로 판매하고 탄력적인 시장에서는 낮은 가격으로 판매하여 이윤극대화를 추구한다. 따라서 소비자를 수요의 가격탄력성 등 특성에 따라 집단별로 구분하지 못하면 가격차별을 할 수 없다.

---

02   필립스곡선   정답 ①

출제 포인트 공급충격을 받아 단기총공급곡선이 좌측으로 이동하면 물가가 상승하고 실업이 증가한다. 정부가 개입하지 않았다면 장기적으로는 물가가 하락하고 임금이 하락하여 단기총공급곡선이 우측으로 이동함으로써 최초 균형으로 복귀한다.

정답

공급충격을 받아 단기총공급곡선이 좌측으로 이동하면 물가가 상승하고 실업이 증가한다. 이는 필립스곡선의 우상방이동($SP_1 \rightarrow SP_2$)으로 단기적으로 균형점은 a점에서 e점으로 이동한다. e점은 실제실업률이 자연실업률보다 높기에 정부가 개입하지 않았다면 장기적으로는 물가가 하락하고 임금이 하락하여 단기 총공급곡선이 우측으로 이동함으로써 필립스곡선의 좌하방이동($SP_2 \rightarrow SP_1$)으로 최초 균형으로 복귀한다. 결론적으로, $a \rightarrow e \rightarrow a$로 이동한다.

---

03   무차별곡선   정답 ②

출제 포인트 100원짜리 동전과 500원짜리 동전은 언제나 5대 1로 대체될 수 있는 완전대체재이다.

정답

따라서 100원짜리 동전과 500원짜리 동전에 대한 무차별곡선은 우하향하는 직선이다.

---

04   황금률   정답 ④

출제 포인트 1인당 소비가 극대화되는 상태를 자본축적의 황금률이라 하고 $MP_K = n + d + g$에서 달성된다.

정답

A국 생산함수는 $Y = AL^{0.6}K^{0.4}$에서 $MP_K = 0.4AL^{0.6}K^{-0.6}$이다. $n + d + g = 0.08$이다. 따라서 $MP_K = n + d + g$에서 $MP_K = 0.4AL^{0.6}K^{-0.6} = n + d + g = 0.08$이다. 양변에 K를 곱하면 $0.4Y = 0.08K$이다. 따라서 $K = 5Y$로 자본은 소득의 5배이다.

---

05   국제경제   정답 ④

출제 포인트 각국의 생산기술이 다르거나 중간재가 존재할 경우 요소집약도가 변하지 않더라도 요소가격 균등화가 이루어지지 않는다.

정답

따라서 중간재가 존재할 경우 요소집약도가 변하지 않더라도 요소가격 균등화가 이루어지지 않는다.

오답피하기

① $X - M = (S_P - I) + (T - G)$이다. 따라서 $(S_P - I) = 0$일 때만 재정흑자와 경상수지적자의 합은 0이다.
② 경상수지적자의 경우 자본 및 금융계정흑자가 발생한다.
③ 규모에 대한 수확이 체증하는 경우 규모의 경제가 발생하여 동종산업 내 교역이 활발하게 되는 경향이 있다.

06 생산함수 정답 ④

출제 포인트 x는 원재료의 양이고, 원재료 한 단위의 가격이 1이라고 할 때 총비용은 $C=x$이다.

정답

생산함수가 $y=\sqrt{x}$로 $y^2=x$이다. $C=x$이기에 $C=y^2$이다. 따라서 $MC=2y$이다. $p=MC$에서 생산하기에 공급함수는 $p=2y$이고 $y=\frac{1}{2}p$이다. 공급함수가 원점에서 나오는 직선으로 공급의 가격탄력성은 1이다.

오답피하기

①, ②, ③ 공급함수는 $p=2y$이고 $y=\frac{1}{2}p$이다. 생산함수가 $y=\sqrt{x}$로 $y^2=x$이다. $C=x$이기에 비용함수는 $C(y)=y^2$이다. 총수입이 $P\cdot y$이고, 총비용이 y^2이기에 이윤함수는 $P\cdot y-y^2$이다.

07 사회보장제도 정답 ③

출제 포인트 $C-D$형 효용함수인 $U=AX^\alpha Y^\beta$에서 X구입량은 $X=\frac{\alpha}{\alpha+\beta}\cdot\frac{M}{P_X}$이고, $Y=\frac{\beta}{\alpha+\beta}\cdot\frac{M}{P_Y}$이다.

정답

$U=2FC$에서 $\alpha=1$, $\beta=1$이기에 F구입량은 $F=\frac{1}{2}\cdot\frac{60}{2}=15$이고, C구입량은 $C=\frac{1}{2}\cdot\frac{60}{1}=30$이다. F구입량이 15단위로 음식 5단위를 구입할 수 있는 음식바우처를 지원받으면 음식 5단위만큼의 정액보조, 즉 10만 원을 받는 것과 같다. 따라서 70만 원의 소득으로 소비할 때 F구입량은 $F=\frac{1}{2}\cdot\frac{70}{2}=17.5$이고, C구입량은 $C=\frac{1}{2}\cdot\frac{70}{1}=35$이다. 따라서 효용은 $U=2FC=2\times17.5\times35=1,225$이다.

08 풋옵션 정답 ①

출제 포인트 달러를 일정한 가격(환율)으로 매각할 수 있는 권리를 풋옵션이라 한다.

정답

수출업자는 수출이 이루어진 일정기간 후에 수출대금을 달러로 수취하게 되는데, 환율변동에 따라 손실이 발생할 수도 있다. 수출업자가 미래에 수취할 달러표시 수출대금을 일정금액으로 확정하기 위해서는 달러를 일정한 가격(환율)으로 매각할 수 있는 권리인 풋옵션을 매입하면 된다.

09 학파별 비교 정답 ②

출제 포인트 자연실업률가설에서 단기필립스곡선은 안정적인 우하향의 형태이다. 따라서 재량적인 안정화정책은 효과가 있다. 그러나 장기필립스곡선이 수직선이기에 실업률감소의 재량적인 안정정책은 물가상승만 초래한다.

정답

자연실업률가설에 따르면 단기에는 재량적인 안정화정책이 효과가 있다. 따라서 정부가 총수요확대정책을 실시한 경우에 단기적으로 기업과 노동자가 이를 정확하게 인식하지 못하기 때문에 실업률을 낮출 수 있다.

오답피하기

① 고전학파는 구축효과 발생으로 재정정책 효과는 전혀 없고, 화폐의 중립성으로 금융정책 효과도 전혀 없다고 본다.
③ 예상되지 못한 정책은 단기적으로 효과가 나타날 수 있지만, 정부의 신뢰도감소와 경제의 불확실성증가 등 부작용도 초래하기에 새고전학파는 재량적인 안정화정책에 반대한다.
④ 새케인즈학파는 가격변수가 비신축적으로 시장청산이 곤란하다는 것을 미시기초하 입증하여, 합리적 기대 속에 가격변수가 경직적이면 안정화정책이 효과가 있음을 주장한다.

10 최대보험료 정답 ③

출제 포인트 공정한 보험료와 위험프리미엄의 합을 최대한 보험료라 하고 자산에서 확실성등가를 차감하여 구한다.

정답

• 보험에 미가입 시 자동차의 기대가치와 기대효용 및 확실성등가는 다음과 같다.
 기대가치: $E(m)=(0.1\times64)+(0.9\times100)=96.4$
 기대효용: $E(U)=(0.1\times\sqrt{64})+(0.9\times\sqrt{100})=9.8$
 확실성등가: $\sqrt{CE}=9.8$, $CE=96.04$이다.
• 최대보험료는 자동차의 가치에서 확실성등가를 뺀 $3.96(=100-96.04)$만 원이다.

11 LM곡선의 이동 정답 ①

출제 포인트 M의 값이 1,000, P의 값이 20일 때, 실질화폐잔고에 대한 수요는 $\frac{M}{P}=0.5\times Y-i$에서 $Y=100+2i$이다.

정답

M을 1,000에서 1,100으로 증가시켰을 때, 실질화폐잔고에 대한 수요는 $\frac{M}{P}=0.5\times Y-i$에서 $Y=110+2i$이다. 따라서 이자율이 동일할 때 소득은 10만큼 증가하기에 LM곡선은 오른쪽으로 10만큼 이동한다.

④ 물가하락이 화폐구매력증가를 가져와 실질부증가에 의한 소비증가를 초래하여 총수요(국민소득)를 증가시키는데, 이를 실질잔고효과, 피구효과 또는 부의 효과라 한다. 따라서 피구(Pigou)효과를 고려하면 IS곡선은 우측으로 이동한다.

12 실물적 균형경기변동이론　　　　정답 ④

출제 포인트 생산성 변화(기술진보) 등 공급측면의 충격과 정부지출 변화 등에 의해 경기변동이 발생한다는 것이 키들랜드와 프레스콧 등의 실물적 균형경기변동이론이다.

정답
실물적 경기변동론은 불균형상태가 균형상태로 수렴하는 과정이 아니라 새로운 균형상태로 균형 자체가 변동하는 현상으로 본다.

오답피하기
① 외부충격에 의한 경제주체들의 최적화 결과로 사회적 후생손실은 없다고 보기에, 경기변동을 기본적으로 균형현상으로 파악한다. 따라서 정부개입은 불필요하다고 본다.
② 경기의 동태성은 새로운 균형상태로 균형 자체가 변동하는 거시경제일반균형의 변동현상이다.
③ 경기변동은 생산성 변화(기술진보) 등 공급측면의 충격과 정부지출 변화 등 실질변수가 동태적으로 변동하는 현상이다.

15 IS-LM-BP 분석　　　　정답 ④

출제 포인트 (변동환율제도하) 자본이동이 완전한 경우 BP곡선은 수평선으로, 재정정책은 전혀 효과가 없지만 금융정책은 매우 효과적이다.

정답
자본이동이 완전히 자유로운 경우 (국내)이자율과 세계이자율의 불일치 시 즉각적인 자본의 유출입으로 항상 (국내)이자율이 세계이자율에 의하여 고정된다. (변동환율제도하) 자본이동이 완전한 경우, 재정정책은 전혀 효과가 없지만 금융정책은 매우 효과적이다. 따라서 총수요곡선이 LM곡선으로 결정된다.

13 수요충격과 공급충격　　　　정답 ②

출제 포인트 장기총공급곡선이 $Y=1,000$에서 수직이고, 단기총공급곡선은 $P=3$에서 수평이다. 총수요곡선은 우하향의곡선이기에 최초 균형은 $Y=1,000$, $P=3$이다.

정답
• 불리한 수요충격을 받을 경우 우하향의 총수요곡선이 좌측으로 이동하면 단기균형에서 $Y<1,000$, $P=3$이다. 즉, 총수요가 잠재GDP에 미달하기에 총수요곡선과 장기총공급곡선이 변하지 않았다면 임금이 하락하여 단기총공급곡선이 하방으로 이동함으로써 장기균형에서 $Y=1,000$, $P<3$이다.
• 불리한 공급충격을 받을 경우 단기총공급곡선이 $P=3$보다 상방으로 이동하면 단기균형에서 $Y<1,000$, $P<3$이다. 즉, 총수요가 잠재GDP에 미달하기에 총수요곡선과 장기총공급곡선이 변하지 않았다면 임금이 하락하여 단기총공급곡선이 하방으로 이동함으로써 장기적으로는 최초 균형인 $Y=1,000$, $P=3$으로 복귀한다.

16 정보경제학　　　　정답 ①

출제 포인트 비대칭 정보로 감춰진 특성에 의한 계약이전의 선택의 문제가 역선택이고, 감춰진 행동에 의한 계약이후의 행동의 문제가 도덕적 해이이다.

정답
보험가입자의 건강 상태에 따라 의료보험료를 다르게 책정하는 것은 계약이전의 선택의 문제인 역선택 문제를 완화시킬 수 있다.

오답피하기
②, ③, ④ 화재발생 시 보험금 일부 지급, 보험 가입자의 일부 본인 부담, 보험 급여 지급 요건, 건전 가입자 일부 할인제도는 계약이후의 행동의 문제인 도덕적 해이를 완화시킬 수 있다.

14 IS곡선　　　　정답 ③

출제 포인트 생산물시장의 균형이 이루어지는 이자율과 국민소득의 조합을 IS곡선이라 한다.

정답
정부지출과 조세가 동액만큼 증가할 때의 승수를 균형재정승수라 하고, 정액세의 경우 1이지만 비례세의 경우 1보다 작다. 따라서 정부지출과 조세가 동액만큼 증가하더라도 IS곡선은 우측으로 이동한다.

오답피하기
① 한계소비성향이 클수록, 한계저축성향이 작을수록 IS곡선은 완만해진다.
② IS곡선의 하방은 균형보다 이자율이 낮기에 투자과다로 생산물시장이 초과수요 상태이다.

17 정부지출승수　　　　정답 ②

출제 포인트 소비/투자/정부지출/수출승수는 $\dfrac{1}{1-c(1-t)-i+m}$이고,

조세승수는 $\dfrac{-c}{1-c(1-t)-i+m}$이며,

수입승수는 $\dfrac{-1}{1-c(1-t)-i+m}$이다.

정답
• 국민소득 항등식 $Y=C+I+G$에서 $Y=100+0.5(Y-100)+300+100$, $0.5Y=450$, $Y=900$이다.
• 한계소비성향은 $c=0.5$이기에 정부지출승수는 $\dfrac{1}{1-0.5}=2$이다.
• 완전고용하에서 GDP는 $Y_f=1,200$으로 현재 GDP와의 GDP 갭은 $1,200-900=300$이기에 정부지출을 150만큼 증가시켜야 완전고용의 GDP를 회복할 수 있다.

18 쿠르노모형 정답 ④

출제 포인트 꾸르노모형은 각 기업의 반응곡선을 도출해 연립하면 균형생산량과 균형가격을 구할 수 있다.

정답

- 기업 B의 생산량이 주어지고, 기업 A의 한계비용이 1일 때, 이윤극대화를 통해 반응곡선을 도출하면,

$$p = 15 - y_A - y_B$$
$$TR_A = py_A = 15y_A - y_A^2 - y_A y_B$$
$$\frac{dTR_A}{dy_A} = MR_A = 15 - 2y_A - y_B = 1$$
$$y_A = 7 - (1/2)y_B 이다.$$

- 기업 A의 생산량이 주어지고, 기업 B의 한계비용이 2일 때, 기업 B의 이윤극대화를 통해 반응곡선을 도출하면,

$$p = 15 - y_A - y_B$$
$$TR_B = py_B = 15y_B - y_A y_B - y_B^2$$
$$\frac{dTR_B}{dy_B} = MR_B = 15 - y_A - 2y_B = 2$$
$$y_B = (13/2) - (1/2)y_A 이다.$$

- 두 기업의 반응곡선을 연립하면 $y_A = 5$, $y_B = 4$이기에 시장의 균형생산량은 $y = 9$이고, 이를 시장수요함수에 대입하면 균형가격은 $p = 6$이다.

19 빅맥지수 정답 ③

출제 포인트 맥도날드 대표 햄버거인 '빅맥' 가격에 기초해 각 국가의 물가수준을 비교하는 구매력평가지수 개념이 빅맥지수(Big Mac index)로, 환율의 적정성 여부를 판단하게 하며 $\frac{국내가격}{미국가격}$으로 구할 수 있다.

정답

- 빅맥지수는 $\frac{국내가격}{미국가격}$ 이기에 빅맥으로 계산한 A국의 구매력평가환율은 $(30/4) = 7.5$, B국의 구매력평가환율은 $(200/4) = 50$, C국의 구매력평가환율은 $(100/4) = 25$이다.
- A국의 현재환율이 5, B국의 현재환율이 100, C국의 현재환율이 20이기에 A국의 현재환율이 구매력평가환율의 67%, B국은 200%, C국은 80% 수준이다.
- 따라서 빅맥지수 대비 현재 환율이 높은 순으로 나열하면 $B - C - A$이다.

20 솔로우모형 정답 ④

출제 포인트 솔로우(Solow)의 경제성장모형하에서 1인당 실제투자액[$sf(k)$]과 1인당 필요투자액[$(n+d)k$]이 일치할 때 1인당 자본량이 불변으로 균제상태를 보인다.

정답

- 기술진보가 없는 솔로우모형에서 정상상태는 $sf(k) = (n+d)k$에서 달성되고 총생산함수를 노동 L_t로 나눈 1인당 생산은 $y_t = \sqrt{k_t}$이다.
- 감가상각률과 저축률은 각각 10%, 30%이고, 노동증가율이 0일 경우 정상상태에서,

$$sf(k) = (n+d)k$$
$$0.3\sqrt{k_t} = 0.1k$$
$$k_t = 9, y_t = 3 이다.$$

- 노동증가율이 0에서 −2%로 감소할 경우 인구감소로 1인당 자본량과 1인당 생산이 증가하기에 소비와 저축은 증가하나 저축률은 30%로 고정되어 있기에 한계소비성향도 70%로 변하지 않아 1인당 생산 대비 1인당 소비 비율은 변하지 않는다.

오답피하기

①, ②, ③ 노동증가율이 감소할 경우 인구가 감소하기에 1인당 자본량과 1인당 생산이 증가하고 1인당 생산이 증가하기에 1인당 소비도 증가한다.

21 탄력도 정답 ②

출제 포인트 사치재의 성격이 강할수록, 대체재가 많을수록, 소비에서 차지하는 비중이 클수록, 재화의 분류범위가 좁을수록, 측정기간이 길수록 탄력적이다.

정답

필수재의 성격이 강할수록 수요는 가격에 대해 비탄력적이다.

오답피하기

① 대체재가 많을수록 수요의 가격탄력성이 커진다.
③ 재화의 분류범위가 좁을수록 수요의 가격탄력성이 커진다.
④ 측정기간이 길수록 수요의 가격탄력성이 커진다.

22 경제적 지대 정답 ④

출제 포인트 경제적 지대는 요소공급이 비탄력적일수록 커진다.

정답

생산요소시장이 완전경쟁적이면 개별기업 직면 요소공급곡선은 수평선으로, 경제적 지대는 발생하지 않는다.

오답피하기

① 지대추구행위는 통상적으로 사회적인 후생손실을 초래한다.
② 지대추구행위는 일반적으로 로비 등을 통하여 공급을 제한함으로써 이윤을 추구하는 행위이다.
③ 요소공급곡선이 수직선에 가까울수록 이전수입은 감소하고, 경제적 지대는 증가한다.

④ 변화율이 환율 변화율이라면, A국 화폐 대비 C국 화폐의 가치가 높아지고 있어 A국으로의 여행 경비가 시간이 갈수록 감소하므로 천천히 가는 것이 유리하다.

23 생산가능곡선　　정답 ①

출제 포인트 주어진 자원과 기술하, 두 재화의 최대 생산 조합 점들을 연결한곡선을 생산가능곡선이라 한다.

정답
- 노동 30단위를 전부 X재 생산에 투입하면 5단위의 X재가 생산되고, 노동 30단위를 전부 Y재 생산에 투입하면 5단위의 Y재가 생산된다.
- X재와 Y재 생산에 15단위씩의 노동을 투입하면 X재와 Y재가 각각 2단위씩 생산되므로 생산가능곡선은 원점에 대해 볼록한 형태가 될 수밖에 없다.

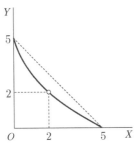

24 명목이자율　　정답 ③

출제 포인트 예금의 실질구매력은 명목이자율이 높을수록, 물가상승률이 낮을수록 높아진다.

정답
A는 C에 비해 명목이자율은 동일하지만 물가상승률이 높으므로 예금의 실질구매력은 C보다 A일 때 더 작다.

오답피하기
① A의 경우 명목이자율이 양(+)의 값이므로 현금보다 예금 보유가 유리하다.
② 실질이자율은 D의 경우에 가장 높다.
④ 물가상승률을 고려하지 않은 이자율이란 명목이자율을 의미한다. 명목이자율은 B와 D의 경우 동일하다.

25 환율　　정답 ③

출제 포인트 달러화 대비 환율변화율이 (+)이면 자국 화폐가치는 하락하고, (−)이면 자국 화폐가치는 상승한다.

정답
변화율이 통화가치 변화율이라면, 달러화 대비 C국 화폐의 가치가 낮아지고 있으므로 C국 기업의 달러 외채 상환 부담은 증가하게 된다.

오답피하기
① 변화율이 통화가치 변화율이라면, 달러화 대비 A국 화폐의 가치가 높아지고 있으므로 A국 화폐로 표시한 A국 수출품의 가격은 변함이 없으나 달러화 표시 가격은 상승하게 된다.
② 변화율이 환율 변화율이라면, 달러화 대비 B국 화폐의 가치가 낮아지고 있으므로 학비 부담은 증가하게 된다.

01 거시경제모형
정답 ④

(출제 포인트) 총수요와 총소득이 일치하는 점에서 균형국민소득이 결정되기에, $Y = C$(민간소비지출) $+ I$(민간총투자) $+ G$(정부지출) $+ X - M$(순수출)에서

$$Y = \frac{1}{1-c(1-t)-i+m}(C_0 - cT_0 + I_0 + G_0 + X_0 - M_0)$$ 이다.

정부지출/수출승수는 $\frac{1}{1-c(1-t)-i+m}$ 이다(c: 한계소비성향, t: 세율, i: 유발투자계수, m: 한계수입성향).

(정답)

$Y = \frac{1}{1-c(1-t)-i+m}(C_0 - cT_0 + I_0 + G_0 + X_0 - M_0)$ 에서,

$c = 0.8$, 정액세로 $t = 0$, 독립적 투자지출로 $i = 0$, $m = 0.2$이기에 정부지출/수출승수는 $\frac{1}{1-0.8+0.2} = 2.5$ 이다. 재정지출을 30조 원만큼 늘리고 독립적 수출이 175조 원으로 15조 원만큼 증가하면 각각 $30 \times 2.5 = 75$조 원, $15 \times 2.5 = 37.5$조 원이 늘어 균형국민소득은 112.5조 원 증가한다.

02 외부불경제
정답 ④

(출제 포인트) 생산 과정에서 외부불경제가 발생한 사례이다. 현재 시장가격은 2,700원이며 거래량은 500개이다. 사회적 비용곡선은 사적 비용곡선(시장 공급곡선)이 위쪽으로 200원만큼 이동한 형태로 사회적 최적수준의 가격은 2,800원, 거래량은 400개다.

(정답)

정부가 생산자에게 개당 200원의 조세를 부과할 경우 공급곡선은 위쪽으로 200원만큼 이동한다. 이때 시장가격은 2,800원이며 거래량은 400개이다. 따라서 정부의 조세 수입은 8만 원(400개 × 200원)이 된다.

(오답피하기)
① 생산 과정에서 오염 물질 배출로 인한 주민 피해는 외부불경제에 해당한다.
② 시장거래량은 500개, 사회적 최적수준은 400개이다.
③ 시장가격은 2,700원, 사회적 최적가격은 2,800원이다.

03 현시선호이론
정답 ①

(출제 포인트) 맥주와 오징어의 가격이 모두 10원일 때 맥주 10병과 오징어 5마리를 구입한다면 소득은 150원이다.

(정답)

• 지난달에 맥주와 오징어의 가격이 모두 10원일 때 맥주 10병과 오징어 5마리를 구입하였기에 지난달의 소득은 150원이었다.
• 오징어의 가격은 불변이나 맥주 가격이 5원으로 하락하면 맥주 10병과 오징어 5마리를 구입하는 데 100원이 필요하다.
• 이번 달에는 소득이 50원 감소하였으나 지난달과 동일한 양의 재화를 구입할 수 있다.
• 지난달 예산선은 오징어 15와 맥주 15를 연결한 선이고 이번 달 예산선은 오징어 10과 맥주 20을 연결한 선이다. 교점인 E점에서 모두 소비가 가능하다.

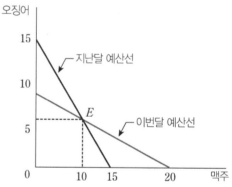

ㄱ. 이번 달에 맥주소비량이 지난달보다 감소한다면 즉, 오징어 10과 E점을 연결한 선의 한 점을 구입하면 서연이의 선호는 약공리에 위배된다.

(오답피하기)

ㄴ, ㄷ. E점과 맥주 20을 연결한 선의 한 점을 구입하면 서연이의 선호는 약공리에 충족된다. 따라서 이번 달의 효용은 지난달보다 증가할 것이다. 또한 이번 달에 오징어소비량이 지난달보다 감소한다.

04 AD곡선
정답 ②

(출제 포인트) 생산물시장과 화폐시장 등 수요측면을 고려한 $IS - LM$곡선으로부터 물가와 국민소득 간 우하향 형태의 AD곡선이 도출된다.

정답

- 산출물시장의 균형조건 $Y = C + I$에서 IS곡선은 $Y + 20r = 300$이다.

- 화폐시장의 균형조건 $L = \dfrac{M}{P}$에서 LM곡선은 $0.3Y + (150 - 10r)$

  $= \dfrac{800}{P}$, 즉 $3Y - 100r = \dfrac{8,000}{P} - 1,500$이다.

- IS곡선에서 r을 구해 LM곡선에 대입하면 $P = \dfrac{1,000}{Y}$으로 이것이 AD곡선이 된다.

---

05 초과지급준비금 정답 ②

출제 포인트 추가적인 대부를 늘리기 위한 은행의 대출최고한도는 초과지급준비금이다.

정답

요구불예금이 6백만 원이고 법정지불준비비율이 10%라면 법정지급준비금은 60만 원이다. 따라서 지급준비금이 2백만 원이면 초과지급준비금은 140만 원이고, 이는 곧 대출최고한도이다.

차변	대변
준비금 200	예금 600
법정 60	–
초과 140	–
기타자산 850	기타채무 450

---

06 생산가능곡선 정답 ②

출제 포인트 스마트폰을 y라 하고 스마트폰 전용 이어폰을 x라 하면 甲기업과 乙기업의 생산가능곡선은 각각 $y = -\dfrac{1}{3}x + 100$, $y = -\dfrac{1}{10}x + 10$이다.

정답

스마트폰과 스마트폰 전용 이어폰의 개수가 같아야 하기에 $x = y$이다. 따라서 甲기업은 $y = -\dfrac{1}{3}x + 100$과 연립하면 75단위, 乙기업은 $y = -\dfrac{1}{10}x + 10$과 연립하면 $9\dfrac{1}{11}$단위를 독자적으로 최대생산가능하다.

---

07 완전경쟁시장 정답 ①

출제 포인트 생산자잉여는 총수입에서 총가변비용을 차감한 것이고, 이윤은 총수입에서 총가변비용과 총고정비용을 차감한 것이다.

정답

완전경쟁시장하 $P = MC$에 따라 P_0, Q_0일 때 이윤극대화를 보인다. P_0, Q_0일 때 한계비용곡선의 아래 면적은 총가변비용으로 색칠한 부분은 총수입에서 총가변비용을 차감한 생산자잉여이다.

---

08 소득소비곡선 정답 ①

출제 포인트 소득변화에 따른 소비자 균형점을 연결한 곡선이 소득소비곡선이다.

정답

예산선의 기울기$(-\dfrac{1}{3})$ 절댓값이 무차별곡선의 기울기$(-\dfrac{3}{4})$ 절댓값보다 작기에 소비자균형은 X축에서 이루어진다. 따라서 소득이 변해도 소비자균형은 늘 X축에서 달성되기에 소득소비곡선은 X축과 일치한다.

---

09 기대효용이론 정답 ③

출제 포인트 위험선호자란 불확실성이 내포된 자산을 동일 액수의 확실한 자산보다 더 선호하는 사람으로, 기대효용이 기대치의 효용보다 더 크기에 효용함수가 아래로 볼록하다.

정답

위험기피자란 불확실성이 내포된 자산보다 동일 액수의 확실한 자산을 더 선호하는 사람으로, 기대효용보다 기대치의 효용이 더 크기에 효용함수가 아래로 오목하다.

오답피하기
① 불확실성하의 소비자 행동분석을 기대효용이론이라 한다.
② 불확실성하에서 기대효용과 동일한 효용을 주는 확실한 현금의 크기를 확실성등가라 한다.
④ 위험선호자의 경우, 기대치가 확실성등가보다 작기에 위험프리미엄이 $(-)$이다.

---

10 솔로우성장모형 정답 ②

출제 포인트 저축률이 상승(저축함수의 상방이동)하면 단기적으로 경제성장률이 증가하나 장기적으로 경제성장률은 본래수준으로 복귀하기에 수준효과만 있을 뿐 성장효과를 갖지 못한다.

정답

저축률이 상승하면 단기적으로 1인당 자본량증가에 의해 1인당 소득이 증가하여 1인당 경제성장률 > 0이기에 인구증가율이 일정할 때 경제성장률은 증가한다. 그러나 장기적으로 새로운 균제상태에서 1인당 경제성장률은 0이기에 경제성장률은 본래수준으로 복귀한다.

---

11 무역이론 정답 ①

출제 포인트 갑국은 쌀 생산에, 을국은 육류 생산에 비교 우위가 있다.

정답

- 무역 전 갑국은 쌀 1kg과 육류 1kg을 생산하기 위해 22달러가 필요한데, 무역 후 쌀에 특화하여 쌀 2kg을 20달러에 생산하여 쌀 1kg과 육류 1kg을 교환하는 조건으로 교환할 경우, 갑국은 쌀 1kg당 2달러의 무역 이익을 얻을 수 있다.

• 무역 전 을국은 쌀 1kg과 육류 1kg을 생산하기 위해 35달러가 필요한데, 무역 후 육류에 특화하여 육류 2kg을 30달러에 생산하여 쌀 1kg과 육류 1kg을 교환하는 조건으로 교환할 경우, 을국은 육류 1kg당 5달러의 무역 이익을 얻을 수 있다.

---

12 자유무역 정답 ④

출제 포인트

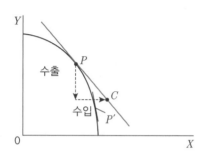

무역 이전 P'점에서 생산·소비하다 Y재의 국내상대가격비가 작기에 Y재 생산에 비교 우위가 있어 P점에서 생산하고 무역(Y재 수출과 X재 수입)을 통해 C점에서 소비하면 후생수준이 증가한다.

정답

갑국은 P점에서 생산하고 Y재 수출과 X재 수입으로 C점에서 소비하기에 자본집약재인 Y재 생산에 비교 우위가 있음을 알 수 있다. 따라서 Y재 생산을 늘리면 자본수요증가로 자본의 상대가격이 상승한다. 이에 노동집약적인 생산방법을 모색함으로써 교역 후 갑국에서는 Y재 생산의 자본집약도($\frac{K}{L}$)가 낮아진다.

오답피하기

① 갑국은 자본집약재인 Y재생산에 비교우위가 있기에 자본이 풍부한 국가이다.

② 갑국은 Y재 생산에 비교 우위가 있기에 Y재 생산에 특화하여 교역하면 교역 전 P'점보다 교역 후 P점에서 Y재의 상대가격이 상승한다.

③ 갑국은 자본집약재인 Y재 생산에 특화하여 생산을 늘리면 자본수요증가로 교역 후 자본의 상대가격이 상승한다.

---

13 구매력평가설 정답 ①

출제 포인트 일물일가의 법칙을 전제로, 양국의 구매력인 화폐가치가 같도록 환율이 결정되어야 한다는 이론이 구매력평가설로, $P = e \cdot P_f$이다. 이를 변형하면 환율상승률 = 국내물가상승률 − 해외물가상승률이다.

정답

국내 예상인플레이션율이 3.0%이고 해외 예상인플레이션율이 2.0%이기에, 환율상승률 = 국내물가상승률 − 해외물가상승률 = 3 − 2 = 1%이다. 따라서 환율상승으로 자국통화의 대외가치가 1% 절하될 것으로 예상된다.

---

14 약공리 정답 ④

출제 포인트 X의 가격은 그대로 1,000원이나 Y의 가격이 두 배로 올라 1,000원임에도 본래 소비하던 $(x, y) = (5, 10)$을 구매한다면 용돈은 15,000원으로 인상되었을 것이다.

정답

Y의 가격이 올라도 최초의 구입점을 구매할 수 있다면 약공리에 따라 철수는 Y를 10개보다 많이 구매할 수 없다.

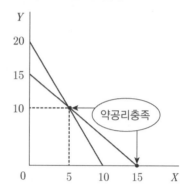

오답피하기

① 철수의 용돈은 10,000원에서 15,000원으로 5,000원만큼 인상되었다.

② 용돈이 10,000원이고 X, Y의 가격이 각각 1,000원과 500원일 때 X만 구입하면 최대 10개, Y만 구입한다면 최대 20개를 구입가능하기에 예산집합의 면적은 $10 \times 20 \times \frac{1}{2} = 100$이다. 인상된 용돈 15,000원으로 X, Y의 가격이 각각 1,000원과 1,000원일 때 X만 구입하면 최대 15개, Y만 구입한다면 최대 15개를 구입가능하기에 예산집합의 면적은 $15 \times 15 \times \frac{1}{2} = 112.5$이다. 따라서 새로운 예산집합의 면적이 이전보다 크다.

③ X의 기회비용은 상대가격 $\frac{Px}{Py}$로, 이전에는 $\frac{1,000원}{500원} = 2$이었으나 $\frac{1,000원}{1,000원} = 1$로 감소하였다.

---

15 세계이자율의 하락 정답 ②

출제 포인트 세계이자율이 r_0에서 r_1으로 하락하면 외자유입으로 국내이자율도 r_0에서 r_1으로 하락한다.

정답

외자유입으로 순자본유입은 증가한다.

오답피하기

①, ③, ④ 외자유입으로 1인당 자본스톡은 증가하고, 명목환율의 하락에 의한 실질환율 하락으로 순수출은 감소한다.

---

16 후생경제이론 정답 ④

출제 포인트 완전성과 이행성, 비제한성, 파레토원칙, 독립성, 비독재성 등을 사회후생함수가 갖추어야 할 조건으로 제시하며, 모든 조건을 동시에 만족하는 이상적인 사회후생함수는 존재하지 않는다는 것이 애로우의 불가능성 정리이다.

정답
파레토원칙은 모든 개인이 A보다 B를 선호하면 사회 전체에서도 A보다 B를 선호해야한다는 원칙으로 과반수제와는 무관하다.

오답피하기
① 차선의 이론에 의하면 모든 파레토효율성 조건이 충족되지 않는 상태에서 그 중 더 많은 효율성 조건을 충족한다 해서 사회적으로 더 바람직한 상태가 되는 것은 아니기에 부분적 해결책이 최적은 아닐 수 있음을 보여준다.
② 롤스의 사회후생함수는 $W = \min[U^A, U^B]$로 사회무차별곡선은 L자 형태로 도출된다.
③ 파레토 효율성은 더 이상 파레토개선이 불가능한 배분상태, 즉 자원배분이 가장 효율적인 상태이기에 완전경쟁의 상황에서 충족된다.

17 탄력성 정답 ④

출제 포인트 수요의 가격 탄력성은 가격의 변화율(%)에 대한 수요량의 변화율(%)로, 가격이 1% 변화할 때 수요량의 변화율로 나타낼 수 있다. 따라서 가격이 1% 변화할 때, 수요량의 변화율이 수요의 가격 탄력성이다.

정답
공급의 가격탄력성은 공급곡선상의 한 점에서 수직선의 X의 절편과 공급곡선의 X의 절편까지의 거리를 공급곡선상의 한 점에서 수직선의 X의 절편과 원점까지의 거리로 나눈 값이기에 우상향 직선의 공급곡선 Y축 절편이 0보다 크면 가격탄력성은 무조건 1보다 크다.

오답피하기
① 수요곡선이 수직이면 가격탄력성은 0이다.
② 우하향하는 직선의 수요곡선의 중점의 가격탄력성은 1이고 수요량이 증가함에 따라 탄력성은 감소한다.
③ 가격탄력성이 1보다 크면 탄력적이다.

18 통화정책 정답 ④

출제 포인트 중앙은행이 금융정책수단을 이용하여 경제성장, 물가안정, 완전고용, 국제수지균형 등의 정책목표를 달성하려는 정책을 금융정책이라 한다. 금융정책은 재정정책과 함께 총수요관리정책이다.

정답
물가안정목표제는 중앙은행이 중기적으로 달성해야 할 물가상승률 목표치를 미리 제시하고 이에 맞추어 통화정책을 수행하는 통화정책 운영체제로 고용증진과 무관하다.

오답피하기
① 국채를 매입하면 통화량은 증가하고, 매각하면 통화량은 감소한다.
② 금융통화위원회(monetary policy board)는 통화신용정책 수립 및 한국은행 운영에 관한 최고 의사결정기구로서 7명의 위원으로 구성된다.
③ 재할인율이나 법정지급준비율을 인하하면 통화량은 증가한다.

19 일반균형 정답 ④

출제 포인트 C(민간소비지출), I(민간총투자), G(정부지출), $X-M$(순수출)의 합인 총수요가 C(소비지출), S(저축), T(조세)의 합인 총소득과 같을 때, I(민간총투자)$+G$(정부지출)$+X$(수출)$=S$(저축)$+T$(조세)$+M$(수입)이 이루어진다. 따라서 주입[투자(I)$+$정부지출(G)$+$수출(X)]과 누출[저축(S)$+$조세(T)$+$수입(M)]이 일치할 때 균형국민소득이 결정된다.

정답
민간저축이 증가하면 대부자금의 공급곡선이 우측 이동하기에 이자율이 하락하나 정부저축의 증감과는 무관하다.

오답피하기
① 국민소득 항등식 $Y = C+I+G$를 정리하면 $(Y-T-C)+(T-G)$ $=I$, $S=I$이기에 폐쇄경제에서 총저축은 투자와 같다.
② 민간저축이 증가하면 이자율이 하락하기에 투자가 증가한다.
③ 국민소득 항등식 $Y = C+I+G$를 정리한 $(Y-T-C)+(T-G)$ $=I$에서 민간저축$(Y-T-C)$과 정부저축$(T-G)$의 합은 총저축(S)이다. 즉, $S=I$이다.

20 화폐의 중립성 정답 ②

출제 포인트 모든 실질변수가 통화량과 무관하게 실물부문에 의해 결정되기에 통화량 변화에도 물가 등 명목변수만 영향을 줄 뿐 실질변수는 불변인 것을 화폐의 중립성이라 한다.

정답
화폐의 중립성에 의하면 실질GDP, 실업률 등의 실질변수는 통화량과 무관하다.

오답피하기
①, ③ 화폐의 중립성에 의하면 실질 경제성장률, 실질 이자율 등 실질변수는 통화량과 무관하기에 고전적 이분법이 적용된다.
④ 화폐의 중립성은 통화량 변화에도 물가 등 명목변수만 영향을 줄 뿐 실질변수는 불변이기에, 통화정책으로 물가지수를 관리할 수 있다.

21 수요곡선 정답 ④

출제 포인트 가격소비곡선은 탄력적일수록 우하향 형태이고 비탄력적일수록 우상향 형태이며 가격탄력도가 1일 때 수평이다.

정답

최초의 균형점 E_0와 가격하락 이후의 균형점 E_1을 연결한 가격소비곡선은 우상향이다. 가격소비곡선이 우상향할 때 X재 수요의 가격탄력성은 비탄력적이다.

오답피하기

① 균형점이 E_0에서 E_2로 이동한 것은 대체효과, E_2에서 E_1으로 이동한 것은 소득효과이다. 즉, 소득효과가 0이다. 열등재와 기펜재는 수요의 소득탄력성이 (−)인 재화이기에 X재는 열등재도 아니고 기펜재도 아니다.

② 소득효과가 0으로 가격효과와 대체효과가 일치한다. 따라서 가격효과를 이용해서 도출한 보통수요곡선과 대체효과만을 이용해서 도출한 보상수요곡선은 일치한다.

③ 소득이 증가할 때 X재 구입량이 전혀 변하지 않기에 엥겔곡선은 수직선으로 도출된다.

22　부가가치　　　　　　정답 ①

출제 포인트　부가가치는 생산물의 가치에서 중간투입물을 차감한 값이다.

정답

- 배추회사의 부가가치는 생산물의 가치(150)에서 중간투입물(0)을 차감한 150이다(②).
- 배추회사의 이윤은 부가가치(150)에서 임금(100)을 차감한 50이다(④).
- 김치회사의 부가가치는 생산물의 가치(500)에서 중간투입물(150)을 차감한 350이다(③).
- 김치회사의 이윤은 부가가치(350)에서 임금(250)을 차감한 100이다(④).
- 이 국가의 GDP는 배추회사의 부가가치(150)와 김치회사의 부가가치(350)의 합인 500이다.
- 이 국가의 임금은 배추회사의 임금(100)과 김치회사의 임금(250)의 합인 350이다.
- 따라서 노동소득분배율은 GDP(500)에서 임금(350)이 차지하는 비율로 70%이다(①).

23　손익분기점　　　　　　정답 ②

출제 포인트　평균비용곡선 최소점이 손익분기점이다.

정답

- 단기에 자본이 2단위로 고정되어 있으므로 생산함수가 $Q=\sqrt{LK}$에 $K=2$를 대입하면 단기생산함수 $Q=\sqrt{2L}$이고, 양변을 제곱하면 $Q^2=2L$, $L=\dfrac{1}{2}Q^2$이다.
- 노동과 자본의 가격이 모두 1이므로 단기비용함수는 다음과 같이 구해진다. 즉, $C=wL+rK=\dfrac{1}{2}Q^2+2$이다.

- 비용함수를 Q로 나누어주면 평균비용 $AC=\dfrac{1}{2}Q+\dfrac{2}{Q}$이다.

　평균비용곡선 최소점이 손익분기점이므로 손익분기점의 생산량을 구하기 위해 평균비용함수를 Q에 대해 미분한 뒤에 0으로 두면 $\dfrac{dAC}{dQ}=\dfrac{1}{2}-\dfrac{2}{Q^2}=0$, $Q=2$이다.

- 이제 $Q=2$를 평균비용곡선 식에 대입하면 $AC=2$이다. 최소단기평균비용이 2이므로 시장가격이 2로 주어지면 이 기업은 정상이윤만을 얻는다. 그러므로 손익분기점에서의 시장가격은 2이다.

24　필립스모형　　　　　　정답 ②

출제 포인트　적응적 기대는 과거 정보를 통해 예상오차를 부분적으로 수정하여 다음기의 물가를 예상한다.

정답

- $\pi_t^e=0.7\pi_{t-1}+0.2\pi_{t-2}+0.1\pi_{t-3}$에서 t기의 기대 인플레이션율은 전기의 인플레이션율에 의해 결정된다. 즉, 적응적 기대를 가정한다.
- α 값이 클수록 필립스(Phillips)모형은 수직선에 가깝게 된다. 따라서 희생률이 작아진다.

25　정상상태　　　　　　정답 ①

출제 포인트　정상상태에서는 자본량의 변화가 없다.

정답

- MP_K는 생산함수 $Y=K^{\frac{1}{2}}(\overline{L})^{\frac{1}{2}}$을 K에 대해 미분하여 구할 수 있다. 즉, $MP_K=\dfrac{1}{2}K^{-\frac{1}{2}}(\overline{L})^{\frac{1}{2}}=\dfrac{1}{2}\sqrt{\dfrac{\overline{L}}{K}}$이고, $\overline{L}=100$을 대입하면 $MP_K=\dfrac{5}{\sqrt{K}}$이다.
- 정상상태에서는 자본량의 변화가 없기에 실질이윤율은 0이다. 즉, 실질이윤율$=\dfrac{5}{\sqrt{K}}-P_K(r+\delta)=0$에서, $P_K=100$, $r=2\%$, $\delta=8\%$를 대입하면 $\dfrac{5}{\sqrt{K}}-100(0.02+0.08)=0$, $\dfrac{5}{\sqrt{K}}=10$, $K=\dfrac{1}{4}$이다.

❯ 정답   p.32

❯ 취약 과목 분석표

01	② 거시	06	④ 미시	11	① 거시	16	③ 미시	21	④ 거시
02	④ 거시	07	① 미시	12	③ 거시	17	④ 거시	22	③ 거시
03	② 거시	08	④ 미시	13	① 미시	18	④ 미시	23	③ 국제
04	④ 거시	09	④ 미시	14	④ 거시	19	① 거시	24	④ 미시
05	③ 국제	10	③ 미시	15	① 거시	20	④ 거시	25	③ 국제

과목	맞힌 답의 개수
미시	/ 9
거시	/ 13
국제	/ 3
TOTAL	/ 25

01   C - D 생산함수   정답 ②

출제 포인트 생산함수가 $Y = AL^{\alpha}K^{1-\alpha}$인 경우, L의 지수값은 생산의 노동탄력성과 노동소득분배율, K의 지수값은 생산의 자본탄력성과 자본소득분배율을 나타낸다.

정답

- $Y = AK^{0.3}L^{0.7}$에서 L의 지수값 0.7은 생산의 노동탄력성을 나타내기에 이민으로 노동력만 10% 증가하였다면 총생산량은 7% 증가한다.

- $\frac{r}{P} = MP_K$, $\frac{w}{P} = MP_L$에서 자본의 (실질)임대가격과 실질임금은 각각의 한계생산물에 의해서 결정된다.

- $MP_K = 0.3AK^{-0.7}L^{0.7} = 0.3A(\frac{L}{K})^{0.7}$,

  $MP_L = 0.7AK^{0.3}L^{-0.3} = 0.7A(\frac{K}{L})^{0.3}$에서 이민으로 노동력만 10% 증가하였다면 MP_K 증가와 MP_L 감소로 자본의 (실질)임대가격은 상승하고 실질임금은 하락한다.

오답피하기

① $Y = AK^{0.3}L^{0.7}$에서 K의 지수값 0.3은 자본소득분배율을 나타내기에 자본가에게는 전체 소득의 30%, L의 지수값 0.7은 노동소득분배율을 나타내기에 노동자에게는 전체 소득의 70%가 분배된다.

③ $Y = AK^{0.3}L^{0.7}$에서 L의 지수값 0.7은 생산의 노동탄력성, K의 지수값 0.3은 생산의 자본탄력성을 나타내기에 노동력과 자본 모두가 10%씩 증가하였다면 총생산량은 각각 7%와 3%로 10% 증가한다. $MP_K = 0.3A(\frac{L}{K})^{0.7}$, $MP_L = 0.7A(\frac{K}{L})^{0.3}$에서 노동력과 자본 모두가 10%씩 증가하였다면 MP_K와 MP_L은 불변으로 자본의 (실질)임대가격과 실질임금 모두 불변이다.

④ $Y = AK^{0.3}L^{0.7}$에서 A가 상승하면 총생산량은 증가하고, $MP_K = 0.3A(\frac{L}{K})^{0.7}$, $MP_L = 0.7A(\frac{K}{L})^{0.3}$에서 A가 상승하면 MP_K와 MP_L도 증가하기에 자본의 (실질)임대가격과 실질임금 모두 상승한다.

02   피셔방정식   정답 ④

출제 포인트 실질이자율에 기대인플레이션율을 더한 값이 명목이자율이라는 것이 피셔방정식이다.

정답

2021년 초에 1년짜리 예금에 가입할 당시의 예상실질이자율은 2021년의 연초 명목이자율(6%)에서 2021년 초의 기대인플레이션율을 뺀 값이다. 2021년 초의 기대인플레이션율은 전년도의 물가상승률과 같기에 2%이다. 따라서 2021년 초 예상실질이자율은 6 - 2 = 4%이다.

03   경제성장   정답 ②

출제 포인트 자본주의의 불안정성을 전제한 해로드 - 도마모형과 달리, 솔로우모형은 경제의 안정적 성장을 설명하였다.

정답

해로드 - 도마모형은 매 기당 인구증가율과 자본증가율이 외생적으로 일정하게 주어진다고 가정하기에 기본적으로 불안정적이다.

오답피하기

① 해로드 - 도마모형은 생산요소 간 대체가 불가능하고 규모에 대한 보수가 불변인 레온티에프 1차동차 생산함수를 가정한다. 솔로우모형은 요소 대체가 가능한 1차동차 생산함수와 요소가격의 신축적 조정을 가정한다.

③ 솔로우모형과 해로드 - 도마모형은 모두 저축률은 일정한 반면 사전적 투자수요와 사후적 투자지출이 같아서 매 기당 균형이 유지된다고 본다.

④ 해로드 - 도마모형과 솔로우모형 모두 완전고용균형성장은 경제성장률, 자본증가율, 인구증가율이 같을 때 이루어진다고 주장한다.

04   화폐수요   정답 ④

출제 포인트 보몰의 화폐수요함수는 $M^D = P\sqrt{\dfrac{bY}{2r}}$ (b: 거래비용)이다.

정답

따라서 다른 조건이 일정할 때 소득이 2배 증가하면 화폐수요는 2배보다 더 적게 증가한다. 즉, 거래적 화폐수요에는 규모의 경제가 존재한다.

① 케인즈(Keynes)에 따르면 거래적 동기와 예비적 동기의 화폐수요는 소득의 증가함수이고, 투기적 동기의 화폐수요는 이자율의 감소함수이다.
② 보몰 – 토빈(Baumol – Tobin)에 따르면 거래적 동기의 화폐수요는 소득의 증가함수이고, 이자율의 감소함수이다. 따라서 이자율이 올라가면 거래목적의 현금 보유도 줄어들기 때문에 회전횟수인 화폐유통속도는 증가한다.
③ 토빈의 포트폴리오이론(Tobin's portfolio theory)에 의하면 이자율상승 시 소득효과는 '이자율상승 → 실질소득증가 → 화폐보유증가 → 채권보유감소'로 화폐수요를 증가시킨다.

---

05 $IS-LM-BP$곡선   정답 ③

출제 포인트 중화정책 또는 불태화정책이란 국제수지 불균형에 따른 통화량증감을 상쇄하는 정책으로, 국제수지 적자에 따른 통화량감소를 상쇄하는 확장통화정책이 그 사례이다.

정답
화폐공급증가로 LM곡선이 우측이동하면, 국내금리가 국제금리보다 작아져 외국자본유출로 환율상승이 우려된다. 고정환율제도하 환율을 유지하기 위한 외화매각이 통화량을 감소시키지만 불태화정책을 실시하지 않기에 LM곡선이 좌측이동한다. BP곡선이 불변이기에 금융정책은 전혀 효과가 없다. 즉, 자본이동이 완전한 경우에 확장적 통화정책은 금리와 실질국민소득에 영향을 주지 못한다.

오답피하기
① 화폐공급증가로 LM곡선이 우측이동하면, 국내금리가 국제금리보다 작아져 외국자본유출로 환율상승이 우려된다. 고정환율제도하 환율을 유지하기 위한 외화매각이 통화량을 감소시키지만 불태화정책을 실시하기에 통화량변화는 발생하지 않는다. 따라서 자본이동이 불완전한 경우에 확장적 통화정책은 금리를 하락시키고 실질국민소득을 향상시킨다.
② 자본이동이 불완전한 경우에 확장적 통화정책은 금리를 하락시키고 실질국민소득을 향상시키기에 자본의 이동성 정도와는 상관없이 국제수지를 악화시킨다.
④ 자본이동이 완전한 경우에 확장적 통화정책은 금리와 실질국민소득에 영향을 주지 못하기에 국제수지에 영향을 미치지 못한다.

---

06 오염배출권거래제도   정답 ④

출제 포인트 오염저감비용이 오염배출권가격보다 낮으면 배출권공급자이고, 오염저감비용이 오염배출권가격보다 높으면 배출권수요자이다.

정답
배출권의 거래량은 A기업의 남는 허용량인 10톤이다.

오답피하기
① A기업은 허용량에 못 미치는 오염물질배출량을 기록하고 있으므로, 허용량에 못 미치는 10톤의 거래권을 가지고 있어 수익이 발생할 수 있다.
② B기업은 10톤의 초과 배출량을 가지고 있다. 따라서 연간 20톤 미만을 발생시키기 때문에 130,000원의 정화 비용을 필요로 한다.

③ 60톤의 초과 배출량을 기록하고 있는 C기업은 자체적으로 처리할 경우 660,000원의 비용이 든다. 구입할 수 있는 배출권은 A기업의 10톤 뿐이고, 처리하지 않고 오염물질을 내보낼 때에는 톤당 15,000원의 비용이 발생하기 때문에 자체적인 정화를 택할 것이다.

---

07 평균비용과 한계비용   정답 ①

출제 포인트 생산함수가 $Y = L^2$일 때 고정요소가 존재하지 않기에 평균비용과 평균가변비용은 일치한다.

정답
$Y = L^2$에서 $AP_L = L$로 노동투입량이 증가하면 평균생산물은 증가한다. 생산요소시장은 완전경쟁적이고, 고정요소가 존재하지 않기에 평균가변비용, 즉 평균비용은 우하향한다. $Y = L^2$에서 $MP_L = 2L$로 노동투입량이 증가하면 한계생산물은 증가한다. 따라서 한계비용은 우하향한다.

---

08 여가와 소득 간 효용극대화   정답 ④

출제 포인트 여가(L)와 소득(C) 간 효용극대화는 $MRS_{LC} = -w$에서 이루어진다.

정답
가로축(L)은 여가로, 점 A에서 점 B로 변화할 경우 가계의 여가시간은 증가하고 가계의 노동시간은 감소한다.

오답피하기

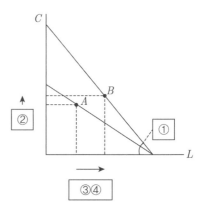

① 여가(L)와 소득(C) 간 효용극대화에서 예산선의 기울기는 시장임금률로, A보다 B의 경우에 시장임금률이 더 높다.
② 세로축(C)은 노동소득으로 점 A에서 점 B로 변화할 경우 가계의 노동소득은 증가한다.
③ 가로축(L)은 여가로, 점 A에서 점 B로 변화할 경우 가계의 여가시간은 증가한다.

09 완전경쟁시장 정답 ④

출제 포인트 $MRS^A_{XY} > MRS^B_{XY}$ 이면 A는 X를 받고 Y를 주는 교환을 통해 효용증가가 가능하다.

정답

A에게 X재 1단위가 추가된 경우와 Y재 2단위가 추가될 때 동일한 효용의 증가가 나타난다면, A에게 X재 1단위와 Y재 2단위는 무차별적이기에 A의 한계대체율은 2이다. B에게 Y재 1단위와 X재 3단위가 동일한 효용증가를 보인다면 이는 X재 1단위와 Y재 $\frac{1}{3}$ 단위가 무차별적으로 B의 한계대체율은 $\frac{1}{3}$ 이다. 따라서 A가 Y재 1단위를 B에게 양도하고 X재 1단위를 받으면 효용증가로 현 상태가 개선될 수 있다.

오답피하기

① A의 한계대체율이 B의 한계대체율보다 크기에 현 상태는 파레토 최적 상태가 아니다.

② A의 한계대체율이 2이고 B의 한계대체율이 $\frac{1}{3}$ 이기에 A의 한계대체율이 B의 한계대체율보다 크다.

③ 한계대체율은 한계효용의 비율로 표시할 수 있고, $MRS_{XY}=(-)\dfrac{\triangle Y}{\triangle X}=\dfrac{MU_X}{MU_Y}$ 이다. A의 한계대체율이 2이기에 X재의 한계효용이 Y재의 한계효용보다 크다.

10 조업중단점 정답 ③

출제 포인트 AVC곡선의 최저점은 생산하는 것과 생산을 하지 않는 것이 동일한 조업중단점이다.

정답

생산량이 5일 때 평균가변비용은 17로 최소이기에 조업을 중단하게 되는 시장가격은 17이다.

생산량	0	1	2	3	4	5	6	7	8	9	10
총비용	100	130	150	160	172	185	210	240	280	330	390
총고정	100	100	100	100	100	100	100	100	100	100	100
총가변	0	30	50	60	72	85	110	140	180	230	290
평균 가변비용	0	30	25	20	18	17	18.3	20	22.5	25.6	29

11 $IS-LM$곡선 정답 ①

출제 포인트 정액세를 부과하면 가처분소득의 감소로 소비가 감소하기에 IS곡선은 좌측으로 이동한다. 통화량을 증가시키면 이자율이 하락하기에 LM곡선은 우측으로 이동한다.

정답

동일 폭으로 IS곡선이 좌측으로 이동하고, LM곡선이 우측으로 이동하면 소득은 불변이나 이자율은 하락한다. 이자율하락에 따라 투자는 증가한다.

12 고용지표 정답 ③

출제 포인트 경제활동참가율은 15세이상인구 중에서 경제활동인구가 차지하는 비율이다. 실업률은 경제활동인구 중에서 실업자 수가 차지하는 비율이며, 고용률은 15세이상인구 중에서 취업자 수가 차지하는 비율이다.

정답

ㄴ. 기존에 비경제활동인구로 분류되던 B를 실업자에 포함하면 경제활동인구와 실업자 수가 동시에 같은 크기로 늘어나게 되어 실업률은 상승한다.

ㄷ. A, B를 모두 실업자에 포함하면 취업자 수가 줄어들어 고용률은 하락한다.

오답피하기

ㄱ. A를 실업자에 포함시켜도 경제활동인구의 변화는 없으므로 경제활동참가율의 변화도 없다.

ㄹ. A, B를 모두 실업자에 포함시키면 경제활동인구가 늘어나므로 경제활동참가율도 상승한다.

13 조세부과 정답 ①

출제 포인트 정부의 조세수입은 단위당조세×고용량이다.

정답

• 노동수요 $L_d = 19,000 - w$와 노동공급 $L_s = -4,000 + w$를 연립하면 균형 임금은 $w = 11,500$이고 균형 고용량은 $L = 7,500$이다.

• 이때, 조세의 부담분과곡선의 기울기는 비례하고 노동수요곡선과 노동공급곡선의 기울기는 1로 동일하기에 시장에서 결정되는 균형 임금은 500만큼 상승한 12,000, 근로자가 받는 세후 임금은 11,000이고 이를 다시 노동공급곡선($L_s = -4,000 + w$)에 대입하면 균형 고용량은 7,000이다.

• 근로시간당 부과되는 조세는 1,000이고 균형 고용량은 7,000이기에 정부의 조세수입은 7,000,000이다.

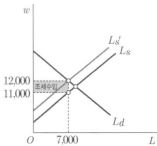

14 합리적 기대 정답 ④

출제 포인트 합리적 기대하 정책이 예상되면 $P = P^e$ 이기에 총공급곡선은 수직선이 된다.

정답

물가예상 착오가 없다면 $P = P^e$ 이기에 총공급곡선은 수직선이 된다. 따라서 물가예상 착오가 커질수록 공급곡선의 기울기는 완만해진다.

① 단기 총공급곡선 $Y = \overline{Y} + \alpha(P - P^e)$에서 P로 정리하면 기울기는 $\dfrac{1}{\alpha}$이다.

② 합리적 기대하 통화량증가가 예상되면 $P = P^e$이기에 총공급곡선은 수직선이 된다. 통화량증가는 총수요곡선의 우측이동을 초래하여 물가수준을 높일 것이다.

③ 합리적 기대하 물가수준의 상승이 예상되면 $P = P^e$이기에 총공급곡선은 수직선이 된다. 따라서 예상된 물가수준의 상승은 산출량을 증가시키지 못한다.

15 총수요와 총공급   정답 ①

출제 포인트   장기 총공급곡선이 $Y = 2,000$에서 수직이고, 단기 총공급곡선은 $P = 1$에서 수평이다. 총수요곡선은 $Y = \dfrac{2M}{P}$이고 $M = 1,000$이기에 최초 균형은 $(P : Y) = (1 : 2,000)$이다.

정답

공급충격을 받아 단기 총공급곡선이 $P = 2$로 이동하면 국민소득은 $Y = \dfrac{2M}{P}$에서 $P = 2$, $M = 1,000$일 때 $Y = 1,000$으로 잠재GDP인 2,000에 미달한다. 즉, 총수요가 잠재GDP에 미달한다. 따라서 총수요곡선과 장기 총공급곡선이 변하지 않았다면 물가가 하락하고 임금이 하락하여 단기 총공급곡선이 하방으로 이동함으로써 장기적으로는 최초 균형인 $(P : Y) = (1 : 2,000)$으로 복귀한다.

16 효용극대화   정답 ③

출제 포인트   한계효용균등의 법칙에 따라 $\dfrac{MU_X}{P_X} = \dfrac{MU_Y}{P_Y}$에서 효용극대화가 이루어진다.

정답

- 가격이 $P_X = 6$, $P_Y = 2$이고, $U(x,y) = 20x - 2x^2 + 4y$에서 $MU_X = 20 - 4X$, $MU_Y = 4$이기에 $\dfrac{MU_X}{P_X}\left(= \dfrac{20-4X}{6}\right) = \dfrac{MU_Y}{P_Y}\left(= \dfrac{4}{2}\right)$이다. 따라서 $X = 2$이다.
- 예산선 $P_X \times X + P_Y \times Y = M$에서 소득은 $M = 24$이기에 $P_X \times X (= 6 \times 2) + P_Y \times Y (= 2 \times Y) = M (= 24)$이다. 따라서 $Y = 6$이다.

17 소비자물가지수   정답 ④

출제 포인트   소비자가 일상 소비생활에서 구입하는 재화와 서비스의 가격 변동을 측정하는 소비자물가지수는, 통계청이 소비자 구입가격을 조사하여 작성하고, 소비재를 대상으로 수입품가격, 주택임대료는 포함하나 주택가격 등은 제외된다.

정답

소비자물가지수는 라스파이레스 방식으로 작성되기에 생계비 변화를 과대 평가하나 생계비를 더 왜곡한다고 볼 수는 없다.

오답피기

① 소비자물가지수는 기준연도와 동일한 양의 재화와 서비스를 구입하는 데 드는 비용의 변화를 보여주기에 기준연도에는 100이다.

②, ③ 소비자물가지수는 라스파이레스 방식으로 작성되기에 가격의 변화나 품질의 변화로 다른 상품으로 대체하는 것을 반영하지 못해 생계비 측정을 왜곡할 수 있다.

18 생산이론   정답 ④

출제 포인트 $Q = aL + bK$ 형태의 선형생산함수는 두 생산요소의 완전대체 관계를 나타내는 우하향의 직선으로, 대체탄력성은 무한대이다.

정답

주어진 생산함수는 선형이기에, 등량곡선과 등비용곡선의 기울기가 다를 경우 비용최소화 점에서 생산요소 한 종류만을 사용하여 이윤극대화를 달성한다.

오답피기

① 생산함수는 규모에 대한 수확체감이다.

② 등량곡선을 구하면, $Q^2 = 2K + L$, $2K = -L + Q^2$, $K = -0.5L + 0.5Q^2$으로, 기울기는 -4가 아닌 -0.5이다.

③ 두 생산요소는 완전대체재이다.

19 투자승수   정답 ①

출제 포인트   소비/투자/정부지출/수출승수는 $\dfrac{1}{1 - c(1-t) - i + m}$이고, 조세승수는 $\dfrac{-c}{1 - c(1-t) - i + m}$이며, 수입승수는 $\dfrac{-1}{1 - c(1-t) - i + m}$이다.

정답

ㄱ. 총공급곡선이 수직선일 때, 독립투자가 증가하여도 생산량은 불변이기에 투자승수는 감소한다.

ㄴ. 이자율 상승에 따라 투자가 감소하면 독립투자 증가분의 일부가 상쇄되기에 투자승수는 감소한다.

오답피기

ㄷ, ㄹ. 정부지출, 세금, 수출, 수입 등의 외생적 변화는 투자승수와 무관하다.

20 국민소득 정답 ④

출제 포인트 GDP를 생산, 분배, 지출의 어느 측면에서 측정해도 그 값이 사후적으로 같다는 것을 국민소득 3면 등가의 법칙이라 한다. 즉, 생산측면에서 최종생산물의 시장가치, 또는 부가가치와 고정자본소모의 합으로 측정되는 국내총생산과, 분배측면에서 지대, 임금, 이자, 이윤, 고정자본소모, 순간접세의 합으로 측정되는 국내총소득, 및 지출측면에서 민간소비지출, 민간총투자, 정부지출, 순수출의 합으로 측정되는 국내총지출은 사후적으로 같다.

정답
- 甲의 부가가치는 매출액 400에서 중간투입액 0을 차감한 400(②)이고 乙의 부가가치는 매출액 900에서 중간투입액 400을 차감한 500이다. 이때, 부가가치는 모두 요소소득으로 분배되기에 甲과 乙의 이윤은 모두 50(③)이고 요소소득으로 지출하는 금액은 부가가치와 동일한 각각 400(①), 500이다.
- A국의 국내총생산은 두 기업의 매출액 합계에서 두 기업의 중간투입액 합계액(④)을 뺀 900이다.

21 성장회계 정답 ④

출제 포인트 총생산함수 $Y = AL^{\alpha}K^{1-\alpha}$ 에서 L의 지수 값인 α는 노동소득분배율이다.

정답

ㄱ, ㄴ. 총생산함수 $Y = AL^{\frac{2}{3}}K^{\frac{1}{3}}$ 는 1차 동차함수이기에 규모에 대한 수익불변이고, L의 지수 값이 $\frac{2}{3}$ 이기에 노동소득분배율이 $\frac{2}{3}$ 이다.

ㄷ. $\frac{\Delta Y}{Y} = \frac{\Delta A}{A} + \frac{2}{3} \times \frac{\Delta L}{L} + \frac{1}{3} \times \frac{\Delta K}{K}$ 에서 노동과 자본투입량이 모두 3% 증가하면 생산량이 3% 증가하고, 총요소생산성이 3% 증가해도 생산량이 3% 증가하기에 L, K, A가 모두 3% 증가하면 생산량이 6% 증가한다. 그러므로 경제성장률은 6%이다.

22 성장모형 정답 ③

출제 포인트 노동의 완전고용보장 성장률인 자연성장률(G_n)이 인구증가율(n)과 동일하고, 자본의 완전고용보장 성장률인 적정성장률(G_w)이 자본증가율($\frac{s}{v}$)과 동일할 때, $\frac{s}{v} = n$ 즉, 적정성장률과 자연성장률 일치할 때 자본과 노동이 모두 완전고용되면서 경제성장이 이루어진다. 이를 $H-D$모형의 기본방정식이라 하고, $\frac{s}{v} > n$일 때 자본과잉으로 소비가 미덕이고, $\frac{s}{v} < n$일 때 인구과잉(실업)으로 저축이 미덕이다.

정답

성장모형에서 $\frac{s}{v} < n$은 적정성장률보다 자연성장률이 더 크다. 즉, 자본의 완전고용보장 성장률보다 노동의 완전고용보장 성장률이 크기에 인구과잉이 발생하게 된다. 따라서 $\frac{w}{r}$ 가 하락하고, 기업들은 상대적으로 노동고용량을 증가시키게 되므로 $\frac{K}{L}$ 가 감소한다.

23 관세 정답 ③

출제 포인트 관세수입은 '단위당 관세×초과수요'이다.

정답
- 국내 생산자의 공급곡선 $P = 2Q$와, 국내 소비자의 수요곡선 $P = 12 - Q$에서 개방 전 국내가격은 8이며, 국제시장의 쌀 공급곡선 $P = 4$에서 국제가격은 4이다.
- 정부가 수입쌀에 대해 50%의 관세를 부과한다면, 단위당 관세는 국제가격 4의 50%인 2로 수입쌀의 국내가격은 6이다.
- 관세부과 후 수요량은 국내 소비자의 수요곡선 $P = 12 - Q$에서 $P = 6$일 때, $Q = 6$이다. 관세부과 후 공급량은 국내 생산자의 공급곡선 $P = 2Q$에서 $P = 6$일 때, $Q = 3$이다. 따라서 3만큼의 초과수요가 발생한다.
- 관세수입은 단위당 관세 $2 \times$ 초과수요 $3 = 6$이다.

24 묶어팔기 정답 ④

출제 포인트 묶어팔기는 소비자들이 서로 다른 수요를 갖고 있으나 가격차별이 곤란할 때 이윤극대화를 위한 전략이다.

정답

구분	최대지불용의금액		
	햄버거	콜라	묶어팔기
고객 (ㄱ)	4,000	1,500	5,500
고객 (ㄴ)	6,000	1,000	7,000

- 따로팔기 시 햄버거를 따로 팔아 $4,000 \times 2 = 8,000$의 수입과 콜라를 따로 팔아 $1,000 \times 2 = 2,000$의 수입으로 총수입은 10,000이다.
- 묶어팔기 시 햄버거와 콜라를 함께 팔아 $5,500 \times 2 = 11,000$의 총수입이다.

구분	최대지불용의금액		
	햄버거	감자튀김	묶어팔기
고객 (ㄱ)	4,000	2,500	6,500
고객 (ㄴ)	6,000	3,000	9,000

- 따로팔기 시 햄버거를 따로 팔아 $4,000 \times 2 = 8,000$의 수입과 감자튀김을 따로 팔아 $2,500 \times 2 = 5,000$의 수입으로 총수입은 13,000이다.
- 묶어팔기 시 햄버거와 감자튀김을 함께 팔아 $6,500 \times 2 = 13,000$의 총수입이다.

따라서 햄버거와 묶어 팔 때가 따로 팔 때보다 이득이 더 생기는 품목은 콜라이고, 햄버거와 묶어 팔 때 얻을 수 있는 최대 수입은 11,000이다.

25 이자율평가설   정답 ③

(출제 포인트) 이자율평가설에 의하면 환율의 예상변동율은 양국의 이자율 차이와 같아진다.

(정답)
한국의 이자율이 연 6%, 미국의 이자율이 연 4%이므로 양국의 연간 이자율차이가 2%이다. 연간 이자율 차이가 2%이므로 3개월간 이자율 차이는 0.5%이다. 3개월간의 이자율 차이가 0.5%이므로 3개월 뒤의 예상환율은 1,206원이다.

⊙ 정답

p.40

01	③	거시	06	③	거시	11	①	거시	16	④	미시	21	④	미시
02	④	국제	07	①	국제	12	①	거시	17	①	미시	22	①	거시
03	①	국제	08	④	거시	13	②	거시	18	④	미시	23	①	미시
04	②	미시	09	④	국제	14	②	거시	19	③	거시	24	③	미시
05	①	미시	10	④	미시	15	②	미시	20	③	거시	25	④	국제

⊙ 취약 과목 분석표

과목	맞힌 답의 개수
미시	/ 10
거시	/ 10
국제	/ 5
TOTAL	/ 25

01 　안정화정책　　　　　　　　　　정답 ③

출제 포인트 새고전학파의 합리적 기대이론에 따르면 예상된 정책은 단기적으로도 실질변수에 영향을 미치지 못하게 된다.

정답
새케인즈학파는 가격변수가 비신축적으로 시장청산이 곤란하다는 것을 미시기초하 입증하여, 합리적 기대 속에 가격변수가 경직적이면 안정화정책이 효과가 있음을 주장한다.

오답피하기
① 초기의 케인즈학파는 필립스곡선은 우하향하며, 정부의 재량적인 안정화정책(미조정)을 통해 물가안정이나 고용안정 중 하나는 달성할 수 있다고 생각했다.
② 통화주의는 경제안정화는 준칙에 의해 통화공급 증가율을 일정하게 유지해야 한다고 주장한다.
④ 예상되지 못한 정책은 단기적으로 효과가 나타날 수 있지만, 정부의 신뢰도 감소와 경제의 불확실성 증가 등 부작용도 초래하기에, 새고전학파는 재량적인 안정화정책에 반대한다.

02 　무역이론　　　　　　　　　　정답 ④

출제 포인트 비교 우위론에 따르면 갑국은 X재 생산에, 을국은 Y재 생산에 비교 우위를 가진다.

정답

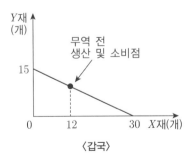

〈갑국〉

비교 우위론에 따라 갑국은 X재, 을국은 Y재에 특화 생산하면, X재 30개, Y재 20개를 얻을 수 있다. 이 중 갑국이 최대로 소비할 수 있는 양은 을국의 교환 전 소비점인 X재 10개, Y재 10개를 제외한 X재 20개, Y재 10개이다. 따라서 교역을 통해 갑국이 최대로 소비할 수 있는 X재와 Y재의 수량은 각각 20개와 10개이다.

오답피하기
① 교역 전 갑국의 경우 X재 1개 생산의 기회비용은 Y재 $\frac{1}{2}$개이다.
② 교역 전 을국의 경우 X재와 Y재의 교환 비율은 Y재 1개당 X재 1개이다.
③ 교역 전 갑국은 Y재를 9개 생산했으며 을국은 10개 생산하였다.

03 　$IS-LM-BP$　　　　　　　　　　정답 ①

출제 포인트 (고정환율제도하) 자본이동이 완전한 경우, BP곡선은 수평선으로, 재정정책은 매우 효과적이나 금융정책은 전혀 효과가 없다.

정답
정부지출증가로 IS곡선이 우측이동하면, 국내금리가 국제금리보다 커져 외국자본유입으로 통화량이 증가하기에 LM곡선이 우측이동한다. BP곡선이 불변이기에 재정정책은 매우 효과적이다. 그러나 화폐공급증가로 LM곡선이 우측이동하면, 국내금리가 국제금리보다 작아져 외국자본유출로 통화량이 감소하기에 LM곡선이 좌측이동한다. BP곡선이 불변이기에 금융정책은 전혀 효과가 없다.

04 노동공급곡선 정답 ②

출제 포인트 대체효과와 소득효과에 따라 우상향(대체효과>소득효과) 또는 후방굴절(대체효과<소득효과)하는 개별노동 공급곡선을 수평으로 합하여 도출한 곡선이 완만한 우상향의 시장노동 공급곡선이다.

정답
여가가 정상재인 경우, 소득효과(임금상승→실질소득증가→여가소비증가→노동공급감소)가 대체효과(임금상승→여가소비의 기회비용증가→여가소비감소→노동공급증가)보다 클 때 후방굴절 노동공급곡선이 나타난다.

오답피하기
③, ④ 여가가 열등재인 경우, 소득효과(임금상승→실질소득증가→여가소비감소→노동공급증가)와 대체효과(임금상승→여가소비의 기회비용증가→여가소비감소→노동공급증가)에 따라 임금상승 시 항상 노동공급이 증가하기에 후방굴절이 발생하지 않는다.

05 생산요소시장 정답 ①

출제 포인트 경제적 지대는 요소수요와 관련 없다.

정답
이전수입은 요소공급곡선 하방의 면적으로 측정되며 요소공급에 따른 기회비용을 의미한다.

오답피하기
② 요소공급이 비탄력적일수록 경제적 지대가 증가한다.
③ 단기적으로 고정된 생산요소에 대한 보수인 준지대는 총수입−총가변비용으로, 단기에만 발생한다.
④ 이윤(π) = 준지대($TR-TVC$) − 총고정비용(TFC)에서, 초과이윤 시 준지대 = 총고정비용 + 초과이윤이고, 손실 시 준지대 = 총고정비용 − 손실이다. 따라서 손실이 발생한 경우 준지대는 총고정비용에서 손실을 차감한다.

06 필립스곡선 정답 ③

출제 포인트 단기 필립스곡선은 $\pi = n - u + \pi_e$, $\pi = \pi_e - (u-n)$ 이다.

정답
실제물가상승률(π) = 자연실업률(n) − 실제실업률(u) + 예상물가상승률(π_e)이다. $7.5\% = n - 3\% + 5\%$에서 $n = 5.5\%$이다.

07 수출보조금 정답 ①

출제 포인트 (소국)보조금 지급으로 국내소비감소, 국내생산증가, 국제수지 개선효과가 발생한다. 그리고 소비자잉여가 감소, 생산자잉여는 증가하나 보조금 지급으로 사회적 후생손실이 발생한다.

정답
40달러 시 국내수요량은 25벌이나 국내생산량은 50벌로 25벌만큼 수출한다. 10달러 보조금지급 시 보조금포함 국내가격은 50달러로, 국내수요량은 20벌이나 국내생산량은 70벌로 50벌만큼 수출한다. 따라서 국내수요량이 5벌만큼 줄고 국내생산량은 20벌만큼 증가한다. 따라서 사회적 후생손실은 125달러이다.

08 이표채권 정답 ④

출제 포인트 1년짜리 이표채권은 '채권가격(1+수익률) = (1+이표이자율)액면가'이다.

정답
수익률이 이표이자율인 20%보다 낮아진다면, '채권가격(1+수익률) = (1+이표이자율)액면가'에서 채권가격은 액면가인 100만 원 보다 높아진다.

오답피하기
① 채권의 수익률과 시장이자율은 같다.

$$수익률 = 시장이자율$$
$$수익률 = \frac{원리금 - 채권가격}{채권가격}$$
$$= \frac{원리금 - \dfrac{원리금}{(1 + 시장이자율)}}{\dfrac{원리금}{(1 + 시장이자율)}}$$

② '채권가격(1+수익률) = (1+이표이자율)액면가'로 채권가격의 상승은 수익률의 하락을 의미한다. 따라서 채권가격과 수익률은 반비례 관계이다.
③ 이표이자액은 채권에 표시되어 있는 액면가와 이표이자율을 곱한 금액으로, 매년 동일하게 지급된다.

09 국제수지 정답 ④

출제 포인트 특허권과 저작권의 매매 및 거래는 기타사업 서비스수지로 분류되고, 상표권 매매 및 거래는 자본수지에 포함된다.

정답
국내의 갑 기업이 A상표권을 외국의 을 기업으로부터 인수하고 현금을 지급한 것은 자본수지의 지급에 포함된다.

10 무차별곡선 정답 ④

출제 포인트 X재가 중립재이고 Y재가 정상재인 경우 효용은 Y재 소비량에 의해서만 결정된다.

정답
$Y = 200$에서 효용은 Y재 소비량에 의해서만 결정된다.

(오답피하기)

① $X + Y = 100$에서 $Y = -X + 100$으로 완전대체재 관계이다.

② $\min[X,\ Y] = 100$에서 $X = Y = 100$으로 완전보완재 관계이다.

③ $X = 100$에서 효용은 X재 소비량에 의해서만 결정된다.

---

11 승수 정답 ①

(출제 포인트) 한계소비성향이 0.5이면 정부지출승수와 투자승수는 $\frac{1}{1-c} =$ $\frac{1}{1-0.5} = 2$이고, 감세승수는 $\frac{c}{1-c} = \frac{0.5}{1-0.5} = 1$이다.

(정답)

정부지출이 200억 원 증가하면 정부지출승수가 2이기에 국민소득은 400억 원 증가한다.

(오답피하기)

② 조세가 200억 원 감소하는 경우 감세승수가 1이기에 국민소득은 200억 원 증가한다.

③ 투자가 150억 원 증가하면 투자승수가 2이기에 국민소득은 300억 원 증가한다.

---

12 실물적 균형경기변동이론 정답 ①

(출제 포인트) 생산성 변화(기술진보) 등 공급측면의 충격과 정부지출 변화 등에 의해 경기변동이 발생한다는 것이 키들랜드와 프레스콧 등의 실물적 균형경기변동이론이다.

(정답)

실물적 균형경기변동이론(RBC)은 초기에는 주로 생산성충격(기술진보)에 주목했으나 이후 IS곡선에 영향을 미치는 충격도 인정한다. 즉, 생산성 변화 등 공급측면의 충격과 정부지출 변화 등 IS곡선에 영향을 미치는 충격으로 경기변동이 발생한다고 본다. 그러나 화폐의 중립성을 가정하기에 LM곡선에 영향을 미치는 충격은 인정하지 않는다.

(오답피하기)

② 생산성향상과 같은 유리한 공급충격이 발생하면 생산함수의 상방이동으로 MP_L이 커지고 노동수요증가에 의해 고용량과 생산량이 모두 증가하여 호경기가 초래된다.

③ 화폐의 중립성을 가정하기에 LM곡선에 영향을 미치는 충격은 경기변동의 요인이 되기 어렵다고 본다.

④ 화폐적 균형경기변동론은 화폐적 충격이 지속적으로 발생하지 않는다는 점에서 경기변동의 지속성을 설명하지 못하는 한계가 있다. 그러나 실물적 균형경기변동론의 경우, 유리한 기술충격으로 투자가 시작되면 자본재가 건설되는 기간 동안 생산과 투자 및 소비의 지속적 증가로 경기변동은 지속성을 갖게 된다.

---

13 균형국민소득 정답 ②

(출제 포인트) 생산물시장의 균형은 총수요($C + I + G$)와 총공급(Y)이 일치하는 점에서 결정된다. 화폐시장의 균형은 화폐의 수요(L)와 공급(M)이 일치하는 점에서 결정된다.

(정답)

소비함수는 $C = 100 + 0.8(Y - T)$이고, 투자는 $I = 150 - 600r$이며, 정부 지출은 200이다. 따라서 생산물시장 균형은 $Y = 100 + 0.8$$(Y - T + 150 - 600)r + 200$에서 달성된다. T가 $0.5Y$이기에 $Y =$ $750 - 1,000r$이다. 실질화폐수요가 $2Y - 8,000(r + \pi^e)$이고, 실질화폐공급이 $1,000$이다. 따라서 화폐시장 균형은 $2Y - 8,000(r + \pi^e = 1,000)$에서 달성된다. 기대물가상승률이 0이기에 $Y = 500 + 4,000r$이다. 결국, 균형이자율과 균형국민소득은 각각 0.05이고 700이다.

---

14 물가지수 정답 ②

'국민소득(NI)=국민순소득(NNI)−간접세+정부의 기업보조금'이다.

(정답)

국민소득은 국민순소득에서 간접세를 빼고 정부의 기업보조금을 합한 것이다.

(오답피하기)

① 국민총소득은 한 나라 국민이 일정 기간 동안 벌어들인 임금·이자·지대 등의 요소소득을 모두 합한 것으로 국민의 생활수준을 측정하기 위한 소득지표이다.

③ 생산자물가지수, 소비자물가지수는 라스파이레스 방식을 이용하여 작성한다.

④ 소비자물가지수는 가계소비지출에서 차지하는 비중이 0.01% 이상인 품목의 가격을 가중평균하여 작성한다.

---

15 공급함수 정답 ②

(출제 포인트) 완전경쟁시장에서 $P = MC$를 통해 공급함수를 도출할 수 있다.

(정답)

생산함수의 양변을 제곱하면 $Q^2 = \min\{L,\ 3K\}$이기에 $Q^2 = L = 3K$의 관계가 성립하고, A기업의 비용함수는 $C(Q) = wL + rK =$ $(4 \times Q^2) + (6 \times \frac{1}{3}Q^2) = 6Q^2$이다. 이를 따라 한계비용은 $MC = 12Q$이다. 완전경쟁시장에서는 항상 가격과 한계비용이 일치하기에 $P = MC$로 두면 $P = 12Q$이다. 따라서 A기업의 공급함수는 $Q = \frac{1}{12}P$가 된다.

16 효용극대화 정답 ④

출제 포인트 $\dfrac{MU_X}{P_X} = \dfrac{MU_Y}{P_Y}$로, 두 재화 1원어치의 한계효용이 동일하여 더 이상의 총효용이 증가될 여지가 없어 총효용이 극대화되는 조건을 한계효용균등의 법칙이라 한다.

정답

효용함수 $U(X, Y) = X^{0.3}Y^{0.7}$는 1차 $C-D$형 함수로 X재 수요함수는 $X = \dfrac{0.3M}{P_X}$, Y재 수요함수는 $Y = \dfrac{0.7M}{P_Y}$이 성립하여 두 재화의 수요함수에는 다른 재화의 변수가 포함되지 않기에 두 재화 간의 교차탄력성은 0이다. 즉, X재 가격이 상승하여도 Y재의 수요량은 불변이다.

오답피하기

① X재의 수요함수는 $X = \dfrac{0.3M}{P_X}$이기에 X재의 가격이 상승하면 X재의 수요량은 감소한다.

② Y재의 수요함수는 $Y = \dfrac{0.7M}{P_Y}$로 $C-D$형 함수로 수요곡선은 직각쌍곡선이기에 Y재 수요는 Y재 가격에 대해 단위탄력적이다.

③ X재의 수요함수 $X = \dfrac{0.3M}{P_X}$에서 M의 지수 1은 수요의 소득탄력성을 의미한다.

17 비용이론 정답 ①

출제 포인트 가장 효율적인 시설규모를 최적시설규모라 하고 LAC 최소점에서의 시설규모이다. 단위당 생산비가 가장 적게 드는 생산량을 최적산출량이라 하고 SAC 최소점에서의 산출량이다.

정답

총가변비용 $TVC = 20Q^2 - 15Q$을 Q로 나눈 평균가변비용은 $AVC = 20Q - 15$이기에 평균가변비용을 최소화하는 생산량은 $Q = 0$이다.

오답피하기

② 총비용함수 $TC = 20Q^2 - 15Q + 4,500$에서 총고정비용은 $TFC = 4,500$이다.

③ 총비용함수 $TC = 20Q^2 - 15Q + 4,500$를 Q에 대해 미분한 한계비용은 $MC = 40Q - 15$이기에 한계비용곡선은 우상향하는 직선이다.

④ 총비용함수 $TC = 20Q^2 - 15Q + 4,500$을 Q로 나눈 평균비용은 $AC = 20Q - 15 + \dfrac{4,500}{Q}$이고 평균비용의 최저점을 구하기 위해 평균비용을 Q에 대해 미분한 뒤 0으로 두면 $\dfrac{dAC}{dQ} = 20 - \dfrac{4,500}{Q^2} = 0$, $\dfrac{4,500}{Q^2} = 20$, $Q^2 = 225$, 평균비용을 최소화하는 생산량은 $Q = 15$이다.

18 독점 정답 ④

출제 포인트 독점기업은 $MR = MC$에서 생산량을 결정하고, $MR = MC$의 위에 있는 수요곡선상의 점에서 가격이 결정된다. 즉, $P = AR > MR = MC$이다.

정답

• 유보가격은 구매자가 어떤 상품에 대하여 지불할 용의가 있는 최고 가격을 의미한다.

• 사회적으로 최적인 생산량이 결정되는 이윤극대화 조건은 $P = MC$이고 수요자들의 유보가격이 모두 한계비용 12보다 크기에 8명의 사진을 모두 제작하는 것이 사회적으로 최적이다(②).

• 독점기업의 이윤극대화 조건은 $MR = MC$이다.

• 아래의 표에서 확인할 수 있듯이 여섯 번째 소비자인 F부터 사진을 제작하면 한계수입이 한계비용보다 낮기에 갑은 E까지 5명의 사진을 제작(①)하고, E의 유보가격은 34를 가격으로 책정(③)한다.

• 이때, 소비자 A의 잉여는 $50 - 34 = 16$, B의 잉여는 $46 - 34 = 12$, C의 잉여는 $42 - 34 = 8$, D의 잉여는 $38 - 34 = 4$, E의 잉여는 $34 - 34 = 0$이기에 총 소비자잉여는 40(④)이다.

수요자	A	B	C	D	E	F	G	H
유보가격	50	46	42	38	34	30	26	22
총수입	50	92	126	152	170	180	182	176
한계수입	50	42	34	26	18	10	2	-6

19 인플레이션갭 정답 ③

출제 포인트 완전고용국민소득수준에서 총수요가 총공급을 초과할 때 발생하는 인플레이션갭은 인플레이션을 없애기 위해 감소시켜야 하는 유효수요의 크기로 측정된다.

정답

• 국민소득 항등식 $Y = C + I + G + NX$에서 $Y = 3,000 + 0.5(Y - 2,000) + 1,500 + 2,500 + 200$, $Y = 6,200 + 0.5Y$, 균형국민소득은 $Y = 12,400$이다. 이때, 잠재생산량은 $Y = 12,000$이기에 현재 400만큼의 초과 생산량이 있다.

• 한계소비성향은 $c = 0.5$로 정부지출승수는 $\dfrac{dY}{dG} = \dfrac{1}{1-c} = 2$이기에 국민소득을 400만큼 감소시켜 총생산 갭을 제거하기 위해서는 정부지출을 200만큼 감소시켜야 한다.

20 피셔효과 정답 ③

출제 포인트 실질이자율에 기대인플레이션율을 더한 값이 명목이자율이라는 피셔의 방정식에서, 인플레이션이 발생하면 기대인플레이션율이 상승하여 명목이자율이 비례적으로 상승하는 효과를 뜻한다.

정답

- 화폐수요함수 $\dfrac{M^d}{P} = 5{,}000 - 5{,}000i$와 화폐공급함수 $\dfrac{M^s}{P} = \dfrac{8000}{2}$ $= 4000$을 연립하면 $5{,}000 - 5{,}000i = 4{,}000$, 명목이자율은 $i = 0.2$ 이다.
- 피셔효과에 의하면 '명목이자율 = 기대인플레이션율 + 실질이자율'이고 명목이자율은 0.2, 기대인플레이션율은 0.1이기에 실질이자율은 0.1, 10%이다.

21 대체탄력성 　　　　　 정답 ④

출제 포인트 대체 탄력성은 한계기술대체율의 변화율(%)에 대한 요소집약도의 변화율(%)로, 한계기술대체율이 1% 변화할 때 요소집약도의 변화율로 나타낼 수 있다.

정답
레온티에프 생산함수는 요소간의 대체가 전혀 불가능하기에 대체탄력성은 0이다.

오답피하기
① 대체탄력성은 한계기술대체율(=요소상대가격)이 1% 변화할 때, 1인당 자본량인 요소집약도의 변화율이다.
② 등량곡선이 우하향의 직선에 가까울수록 곡률이 작아져, 한계기술대체율(= 요소상대가격)이 1% 변화할 때 요소집약도의 변화율이 커진다. 즉, 대체탄력성이 커진다. 따라서 등량곡선의 곡률이 클수록 대체탄력성은 작다.
③ 콥-더글라스 생산함수의 경우 차수와 관계없이 대체탄력성은 1이다.

22 지급준비금 　　　　　 정답 ①

출제 포인트 300억 원의 예금과 255억 원의 대출이면 실제지급준비금은 45억 원이고, 실제지급준비율은 15%이다.

정답
300억 원의 예금에 대한 법정지급준비율이 10%이기에 법정지급준비금은 30억 원이다. 따라서 초과지불준비금은 15억 원이고, 초과지불준비율은 5%이다.

23 꾸르노모형 　　　　　 정답 ①

출제 포인트 꾸르노경쟁 기업 1과 2의 이윤을 극대화하는 균형생산량은 $MR_1 = MC_1, MR_2 = MC_2$에서 달성된다.

정답
- 기업 1의 총수입은 $p = 10 - (q_1 + q_2)$이고 $q = q_1 + q_2$일 때, $TR_1 = pq_1 = 10q_1 - q_1^2 - q_1q_2$이기에 $MR_1 = 10 - 2q_1 - q_2$이다. $c_1(q_1) = 3q_1$이기에 $MC_1 = 3$이다.
- 따라서 기업 1의 균형생산량은 $MR_1 = 10 - 2q_1 - q_2$와 $MC_1 = 3$이 같을 때 결정된다.

- 기업 2의 총수입은 $p = 10 - (q_1 + q_2)$이고 $q = q_1 + q_2$일 때, $TR_2 = pq_2 = 10q_2 - q_1q_2 - q_2^2$이기에 $MR_2 = 10 - q_1 - 2q_2$이다. $c_2(q_2) = 2q_2$이기에 $MC_2 = 2$이다.
- 따라서 기업 2의 균형생산량은 $MR_2 = 10 - q_1 - 2q_2$와 $MC_2 = 2$가 같을 때 결정된다.
- 결국, $MR_1 = 10 - 2q_1 - q_2 = MC_1 = 3$과 $MR_2 = 10 - q_1 - 2q_2 = MC_2 = 2$에서 결정된다. 즉, 이를 연립하면 $q_1 = 2, q_2 = 3$이다.
- 따라서 시장의 균형생산량은 5이다.

24 생산함수 　　　　　 정답 ③

출제 포인트 1차 동차의 콥-더글라스 생산함수는 규모에 대한 수익불변이고, 대체탄력성이 1이다.

정답
$$MRTS_{LK} = \frac{MP_L}{MP_K} = \frac{\dfrac{5}{2}L^{-\frac{1}{2}}K^{\frac{1}{2}}}{\dfrac{5}{2}L^{\frac{1}{2}}K^{-\frac{1}{2}}} = \frac{K}{L} \text{이다. 따라서 노동투입량이 증}$$
가하면 한계기술대체율은 체감한다.

오답피하기
① 노동의 한계생산물은 $MP_L = \dfrac{5}{2}\dfrac{K^{\frac{1}{2}}}{L^{\frac{1}{2}}}$이기에 L이 증가하면 MP_L은 작아진다. 즉, 수확체감의 법칙이 적용된다.
②, ④ $Q = 5\sqrt{KL} = 5K^{\frac{1}{2}}L^{\frac{1}{2}}$은 1차 동차의 콥-더글라스 생산함수이기에, 규모에 대한 수익불변이고, 대체탄력성이 1이다.

25 기대수익률 　　　　　 정답 ④

출제 포인트 기대수익률은 $\dfrac{(\text{예상수익} - \text{투자액})}{\text{투자액}} \times 100$이다.

정답
- 현재 환율이 1 달러= 1,000원이기에 한국의 투자자가 1,000원을 1달러로 바꾸어 미국채권을 구입하면 채권의 만기시점인 1년 뒤에 1.06 달러를 받을 수 있다.
- 1.06달러를 1년 뒤의 환율인 1달러= 1,100원의 환율로 원화로 바꾸면 1,166원이 되기에 한국투자자가 미국채권에 투자할 때의 예상수익률은 16.6%이다.

▶ 정답
p.48

01	④	미시	**06**	①	국제	**11**	①	거시	**16**	③	미시	**21**	②	국제
02	②	거시	**07**	②	거시	**12**	③	거시	**17**	①	미시	**22**	②	거시
03	③	미시	**08**	③	국제	**13**	④	거시	**18**	③	거시	**23**	③	거시
04	②	미시	**09**	②	미시	**14**	①	미시	**19**	①	거시	**24**	①	미시
05	④	거시	**10**	①	거시	**15**	③	미시	**20**	①	거시	**25**	④	미시

▶ 취약 과목 분석표

과목	맞힌 답의 개수
미시	/ 10
거시	/ 12
국제	/ 3
TOTAL	/ 25

01   가격차별   정답 ④

(출제 포인트) 시장을 몇 개로 분할하여 각 시장에서 서로 다른 가격을 설정하는 것이 제3급 가격차별로 일반적인 가격차별이다.

(정답)
섬 지역을 운항하는 유일한 교통수단인 여객선의 일반석 운임을 섬 주민들에게는 할인해 주는 것은 낙후 소외지역에 대한 형평성 제고 차원에서 이루어지는 것이다.

(오답피하기)
①, ②, ③ 조조할인, 비수기할인, 백화점세일 등은 가격차별의 사례이다.

02   공개시장조작정책   정답 ②

(출제 포인트) 외자유입에 따라 환율은 하락한다.

(정답)
외자유입에 따른 환율안정을 위하여는 국내의 과다한 외환의 매입과 동시에 이에 따라 증가하게 되는 통화량감축을 위하여 국채매출에 따른 공개시장조작이 필요하다.

03   이윤극대화   정답 ③

(출제 포인트) 총수입에서 총비용을 차감한 값인 이윤은 $MR = MC$이고 MR기울기 $< MC$기울기일 때 극대화된다.

(정답)
• 기업이 직면하고 있는 수요곡선이 수평이므로 완전경쟁기업이다.
• c점에서는 $MR = MC$이나, MR곡선의 기울기 $< MC$곡선의 기울기이므로 이윤극대화가 달성되고, 평균비용보다 가격이 높기 때문에 초과이윤이 발생한다.

(오답피하기)
① a점에서는 $MR = MC$이나, MR곡선의 기울기 $> MC$곡선의 기울기이므로 손실극대화가 달성된다.
②, ④ b점과 d점에서는 가격이 평균비용과 일치하므로 초과이윤이 0이다.

04   확장경로   정답 ②

(출제 포인트) 투입비용변화에 따른 생산자 균형점을 연결한곡선이 확장경로로 그 형태는 노동과 자본의 특성에 따라 다르다.

(정답)
• 확장경로상에서는 한계기술대체율과 등비용선의 기울기가 같다.
즉, $MP_L = 20L^{-0.5}K^{0.5}$, $MP_K = 20L^{0.5}K^{-0.5}$으로

$$MRTS_{LK} = \frac{20L^{-0.5}K^{0.5}}{20L^{0.5}K^{-0.5}} = \frac{K}{L},$$

$\frac{w}{r} = \frac{2}{3}$ 이기에, $MRTS_{LK} = \frac{K}{L} = \frac{w}{r} = \frac{2}{3}$ 이다.

• 이를 K에 대해 풀면 $K = \frac{2}{3}L$인 확장경로를 도출할 수 있다.

05   직각쌍곡선   정답 ④

(출제 포인트) 모든 점에서 수요의 가격탄력성이 1인 수요곡선, 개별기업의 평균고정비용곡선, 고전적 화폐수량설에서 도출되는 총수요곡선은 모두 직각쌍곡선이다.

(정답)
한계대체율이 일정한 무차별곡선은 우하향의 직선이다.

06   빅맥지수   정답 ①

(출제 포인트) 1파운드 = 1.5달러가 되어야 하는데, 1파운드 = 2달러라면 현재 파운드는 $\frac{(2-1.5)}{1.5} \times 100 = 33.3\%$ 고평가되어 있는 상태이다.

(정답)
영국에서는 빅맥 가격이 2파운드이고 미국에서는 3달러이므로 구매력평가로 보면 환율이 1파운드 = 1.5달러가 되어야 한다. 그런데 현재 시장환율이 1파운드 = 2달러이므로 파운드가 구매력평가에 비해 약 33% 고평가되어 있는 상태이다.

② 한국에서는 빅맥 가격이 3,000원이고, 미국에서는 3달러이므로 구매력 평가환율은 1달러=1,000원이다. 그런데 시장환율이 1달러=1,100원이므로 원화는 구매력평가에 비해 10% 저평가된 상태이다.

③ 인도네시아의 구매력평가환율은 1달러=6,667루피아, 시장환율은 1달러=8,000루피아이므로 루피아도 약 20% 저평가된 상태이다.

④ 멕시코의 구매력평가환율은 1달러=133페소, 시장환율은 1달러=120페소이므로 페소화는 약 10.6% 고평가된 상태이다.

---

07 투자 정답 ②

자본의 한계생산물가치(VMP_K)와 자본의 사용자 비용[$(r+d)P_K$]이 일치하는 수준에서 적정 자본량이 결정되고 투자가 이루어진다는 이론이 신고전학파이론이다.

정답

- 사용자 비용=$(r+d)P_K$에 따라 실질이자율=명목이자율−인플레이션율 =15−5=10이다.
- $(r+d)P_K$에서 $r=10\%$, $d=5\%$, $P_K=10,000$원이다.
- 사용자 비용=$(r+d)P_K=(0.1+0.05)\times 10,000$이므로 1,500이다.

---

08 국제수지 정답 ③

출제 포인트 국제수지표에서 준비 자산 증감 항목의 음(−)의 값은 외화 유입이 유출보다 많아 준비 자산이 증가했음을 의미한다.

정답

2020년에는 준비 자산 증감이 (−)이기에 외화의 유입이 유출보다 많았다.

오답피하기

① 상품수지와 서비스수지의 합이 −25이다.

② 2019년에는 상품수지가 적자이기에 상품의 수출이 수입보다 많았다고 볼 수 없다.

④ 경상수지 중 여행, 운송 등의 거래가 반영된 항목은 서비스수지로 2021년에는 (−)이다.

---

09 비용곡선 정답 ②

출제 포인트 단기와 장기의 총비용곡선이 서로 접하는 점에서 단기와 장기의 평균비용곡선도 서로 접하지만, 단기와 장기의 한계비용곡선은 교차한다.

정답

단기와 장기의 총비용곡선이 서로 접하는 점에서 단기와 장기의 한계비용곡선은 교차하기에 장기 한계비용곡선은 단기 한계비용곡선의 포락선이 아니다.

오답피하기

① 단기에는 설비규모가 고정되어 있으나 장기에는 설비규모를 원하는 수준으로 조정가능하기에 자본량이 고정된 상태하 일정량을 생산할 때 총비용은 단기와 장기가 같으나 그 이상을 생산하려면 단기보다 장기에 총비용이 낮아진다. 따라서 단기 총비용곡선은 장기 총비용곡선과 한 점에서만 접한다.

③ 단기와 장기의 총비용곡선이 서로 접하는 점에서 단기와 장기의 평균비용곡선도 서로 접하기에 단기 평균비용곡선은 장기 평균비용곡선과 한 점에서만 접한다.

④ 단기와 장기의 총비용곡선이 서로 접하는 점에서 단기와 장기의 평균비용곡선도 서로 접하기에 장기 평균비용곡선은 단기 평균비용곡선의 포락선이다.

---

10 민간저축 정답 ①

출제 포인트 가처분소득이 0일 때 소비의 크기가 300이고, 한계소비성향이 0.75이므로 소비함수는 $C=300+0.75(Y-T)$이다. 정부재정이 200만큼 흑자이므로 $T=G+200$으로 바꾸어 쓸 수 있다.

정답

- $Y=C+I+G=300+0.75(Y-G-200)+250+G=400+0.25G+0.75Y$이다. 즉, $Y=400+0.25G+0.75Y$, $0.25Y=400+0.25G$, $Y=1,600+G$이다.
- 한계소비성향이 0.75이므로 투자승수의 크기는 $4=(1/1-0.75)$이다. 잠재GDP에 도달하려면 75만큼의 추가적인 독립지출이 필요하므로 현재의 균형국민소득은 1,700이다.
- 그러므로 정부지출의 크기는 100, 조세의 크기는 300임을 알 수 있다. 소비함수가 $C=300+0.75(Y-T)$이므로 저축함수 $S=-300+0.25(Y-T)$이다. 그러므로 균형에서 민간저축의 크기는 50으로 계산된다.

---

11 통화승수 정답 ①

출제 포인트 현금/통화량비율이 c일 때, 통화승수는 $m=\dfrac{1}{c+z(1-c)}$이고, 현금/예금비율이 k일 때, 통화승수는 $m=\dfrac{k+1}{k+z}$이다.

정답

법정지급준비율을 인상하면 지급준비율 z가 증가하여 통화승수는 감소한다.

오답피하기

② 초과지급준비율을 인하하면 지급준비율 z가 감소하여 통화승수는 증가한다.

③ 현금통화비율 c가 감소하면 통화승수 $m=\dfrac{1}{c+z(1-c)}=\dfrac{1}{z+c(1-z)}$은 증가한다.

④ 중앙은행이 이자율을 인상하면 현금통화비율 c가 감소하여 통화승수는 증가한다. 또한 현금/예금비율 k가 감소하여 통화승수가 증가한다.

12 효율성임금가설 정답 ③

출제 포인트 효율성임금은 시장균형임금보다 높은 수준으로 노동의 평균 생산성이 극대화되는 임금이다.

정답
높은 임금을 지급할수록 노동자의 근로의욕과 생산성이 향상된다.

오답피하기
① 높은 임금을 지급할수록 노동자의 근무태만이 줄어든다.
② 높은 임금을 지급할수록 노동자의 이직동기가 낮아진다.
④ 효율성임금은 시장균형임금보다 높은 수준이다.

13 확장금융과 긴축재정 정답 ④

출제 포인트 확장금융정책에 의한 LM곡선의 우측이동과 긴축재정정책에 의한 IS곡선의 좌측이동으로 국내이자율은 하락한다.

정답
국내이자율이 하락하면 외자유출로 자본수지의 악화를 가져온다.

오답피하기
①, ② 국내이자율이 하락하기에 반비례 관계인 국내채권가격은 상승한다.
③ 국내이자율이 하락하면 외자유출로 환율이 상승하기에 국내통화의 가치가 하락한다.

14 두기간모형 정답 ①

출제 포인트 한계대체율은 $MRS_{C_1, C_2} = \dfrac{MU_{C_1}}{MU_{C_2}} = \dfrac{\frac{1}{2}C_1^{-\frac{1}{2}}C_2^{\frac{1}{2}}}{\frac{1}{2}C_1^{\frac{1}{2}}C_2^{-\frac{1}{2}}} = \dfrac{C_2}{C_1}$

이고, 예산제약식은 $C_1 + \dfrac{C_2}{1+r} = Y$가 된다.

정답
예산제약식 $C_1 + \dfrac{C_2}{1+r} = Y$를 C_2에 대해 정리하면
$C_2 = -(1+r)C_1 + (1+r)Y$이다. 소비자균형에서 $MRS = (1+r)$로
두면 $\dfrac{C_2}{C_1} = (1+r)$이므로 소비자균형에서는 $C_2 = (1+r)C_1$의 관계가

성립한다. 이를 다시 예산제약식에 대입하면 $2C_1 = Y$, $C_1 = \dfrac{1}{2}Y$이고,

$C_2 = (1+r)\dfrac{1}{2}Y$로 계산된다.

15 초과부담 정답 ③

출제 포인트 초과부담은 다음 그림에서 삼각형 a의 면적으로 측정된다.

정답

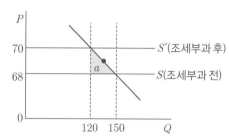

초과부담은 $0.5 \times 20{,}000 \times 30 = 30$만 원이다.

16 노동시장균형 정답 ③

출제 포인트 생산물 시장은 완전경쟁적이고 노동시장에서 수요독점인 기업의 이윤극대화 조건은 $VMP_L = MFC_L$이다.

정답
• 노동의 한계생산물가치는 $VMP_L = 38 - 4L$이고, 노동공급곡선 $w = 2 + L$과 Y 절편은 같고 기울기는 두 배인 한계요소가격은 $MFC_L = 2 + 2L$이기에 $38 - 4L = 2 + 2L$, $6L = 36$에서 균형고용량은 $L = 6$이다.
• 노동시장에서 수요독점기업은 임금을 노동공급곡선상에서 결정하기에 $L = 6$을 노동공급곡선에 대입하면 균형임금은 $w = 8$이다.

17 종량세 정답 ①

출제 포인트 종량세가 부과될 때, 후생손실은 단위당 조세×1/2×(거래량의 변화분)으로 계산할 수 있다.

정답
• 종량세의 크기를 T라고 가정할 때, 후생손실은 단위당 조세 단위당 조세 $\times 1/2 \times$(거래량의 변화분)이기에, 후생손실 $= 135 = T \times 1/2 \times$(거래량의 변화분)이다.
• 최초거래량은 수요곡선 $Q^D = 400 - 2P$와 공급곡선 $Q^S = 100 + 3P$가 만날 때, $P = 60$에서 $Q = 280$이다.
• 종량세를 소비자에게 부과하면, 수요곡선은 $Q^D = 400 - 2P$에서 $Q^D = 400 - 2[P - (-T)]$로 평행이동한다.
• 평행이동한 수요곡선 $Q^D = 400 - 2[P - (-T)]$와 공급곡선 $Q^S = 100 + 3P$가 만날 때, $P = \dfrac{300 - 2T}{5}$에서 $Q = \dfrac{1{,}400 - 6T}{5}$이다.
• 따라서, $135 = T \times \dfrac{1}{2} \times (280 - \dfrac{1{,}400 - 6T}{5})$이다. 즉, $\dfrac{3}{5}T^2 = 135$에서 $T = 15$이다.

18 솔로우모형   정답 ③

출제 포인트 자본증가율[$\frac{sf(k)}{k}$]과 인구증가율(n)이 동일할 때, $\frac{sf(k)}{k}=n$ 에서 자본과 노동이 모두 완전고용되면서 경제성장이 이루어진다. 이를 솔로우모형의 기본방정식이라 한다. 이 때 자본증가율이 가변적이기에 균형은 자동적으로 충족되고 모형은 안정적이다.

정답

• 솔로우모형의 균제상태 조건은 $\frac{sf(k)}{k}=n$이고 총생산함수 $Y=2L^{1/2}K^{1/2}$를 L로 나눈 1인당 생산함수는 $y=2\sqrt{k}$, 감가상각률은 $d=0.05$, 인구증가율은 $n=0.05$, 저축률은 $s=0.2$이기에 $0.2\times2\sqrt{k}=(0.05+0.05)k$, 1인당 자본은 $k=16$이다.

• 이때, 1인당 자본 $k=16$을 1인당 생산함수에 대입하면 $y=8$이기에 자본 1단위당 산출량은 $\frac{Y}{K}=\frac{\frac{Y}{L}}{\frac{K}{L}}=\frac{y}{k}=0.5$이다.

19 만기수익률   정답 ①

출제 포인트 만기수익률은 보유기간이 만료되는 경우의 채권수익률을 말한다.

만기수익률 $=\dfrac{\text{연평균 투자수입}}{\text{평균투자}}$

$=\dfrac{\text{연이자} + (\text{원금} - \text{채권현재가격})/\text{만기까지 연도}}{(\text{원금} + \text{채권현재가격})/2}$

정답

95원에 구입한 액면가 100원인 무이표 1년 만기 채권은 만기에 100원을 받기에, 만기수익률은 수익 5원을 구입가격인 95원으로 나눈 $\frac{5}{95}\times100=5.26\%$이다.

오답피하기

② 100원에 구입한 연이자 5원인 무한 만기 채권의 만기수익률은, (연이자 5원은 액면가 100, 이표이자율 5%라 가정하면) $\frac{5+(100-100)/\infty}{(100+100)/2}\times100=5\%$이다.

③ 100원에 구입한 액면가 100원, 연이자 5원인 1년 만기 채권의 만기수익률은 $\frac{5+(100-100)/1}{(100+100)/2}\times100=5\%$이다.

④ 100원에 구입한 액면가 100원, 연이자 5원인 2년 만기 채권의 만기수익률은 $\frac{5+(100-100)/2}{(100+100)/2}\times100=5\%$이다.

20 정책이자율   정답 ①

출제 포인트 전년도에는 물가상승률 $\pi=0.04$였고, $\frac{(Y-Y^*)}{Y^*}=0$이었으므로 중앙은행의 정책이자율 $r=0.05$이었을 것이다.

• 금년도에는 $\pi=0.06$, $\frac{(Y-Y^*)}{Y^*}=0.04$이므로 중앙은행의 정책이자율 $r=0.06$으로 계산된다.

• 그러므로 중앙은행은 전년도보다 정책이자율을 1% 포인트 인상할 것이다.

21 오퍼곡선   정답 ②

출제 포인트 여러 국제가격수준에서 수출하고자 하는 재화의 양과 수입하고자 하는 재화의 양의 조합을 오퍼곡선이라 한다.

정답

• 쌀과 밀의 국제가격비가 OS'일 때, 한국이 수출하고자 하는 쌀의 양은 X_1이고, 미국이 수입하고자 하는 쌀의 양은 X_3이기에 국제시장에서 (X_3-X_1)만큼 쌀의 초과수요가 존재한다.

• 쌀과 밀의 국제가격비가 OS'일 때, 한국이 수입하고자 하는 밀의 양은 Y_1이나 미국이 수출하고자 하는 밀의 양은 Y_3이기에 국제시장에서 (Y_3-Y_1)만큼 밀의 초과공급이 존재한다.

22 IS곡선   정답 ②

출제 포인트 IS곡선 이동폭은 독립지출변화분×승수이다.

정답

• 한계소비성향이 c일 때, 소득세가 존재하지 않기에 정부지출승수는 $\frac{1}{1-c}$이고, 조세승수는 $\frac{-c}{1-c}$이다. 한계소비성향은 0.5이기에 정부지출승수$=2$, 조세승수$=-1$이다.

• 따라서 정부지출을 1,000만큼 늘리면, IS곡선은 2,000만큼 우측이동하고, 조세를 1,000만큼 늘리면 IS곡선은 1,000만큼 좌측이동하기에 결국, IS곡선은 1,000만큼 우측이동한다.

• 그런데 LM곡선은 우상향하기에 균형국민소득은 1,000보다 적게 증가한다.

23 소비자물가지수   정답 ③

출제 포인트 소비자물가지수가 2001년에는 177이었고, 2010년에는 221.25였다고 할 때, 2010년 8천만 원의 연봉을 2001년 가치로 계산했을 때 연봉은 $8,000\times\frac{177}{221.25}=6,400$만 원이다.

정답

소비자물가지수가 2001년에는 177이었고, 2010년에는 221.25였기에 물가상승률은 25%이다. 2010년 연봉을 2001년 가치로 계산하면, $\frac{8,000}{1.25}=6,400$만 원이다.

24 가격차별 정답 ①

(출제 포인트) 각 시장의 수요함수를 P에 대해 정리하면 $P_1 = 80 - Q_1$, $P_2 = 40 - Q_2$이므로 한계수입은 각각 $MR_1 = 80 - 2Q_1$, $MR_2 = 40 - 2Q_2$이다.

(정답)
· 균형에서는 각 시장의 한계수입이 한계비용과 같아야 한다.
· 우선 $MR_1 = MC$로 두면 $80 - 2Q_1 = 10$, $2Q_1 = 70$, $Q_1 = 35$이다.
  $Q_1 = 35$를 시장 1의 수요함수에 대입하면 $P_1 = 45$이다.
· 이제 $MR_2 = MC$로 두면 $40 - 2Q_2 = 10$, $2Q_2 = 30$, $Q_2 = 15$이다.
  $Q_2 = 15$를 시장 2의 수요함수에 대입하면 $P_2 = 25$로 계산된다.

25 레온티에프형 생산함수 정답 ④

(출제 포인트) 생산함수가 $Y = \min\left[\dfrac{L}{2}, K\right]$이기에 생산자균형에서 $Y = \dfrac{L}{2} = K$이다.

(정답)
· 노동의 단위당 임금이 100, 자본의 단위당 임대료가 50이기에 비용함수는 다음과 같다. $C = wL + rK = (100 \times 2Y) + (50 \times Y) = 250Y$
· 따라서 생산함수 $C = 250Y$를 Y에 대해 미분하면 한계비용은 $MC = 250$이다.

▶ 정답

p.56

01	② 미시	06	④ 거시	11	② 미시	16	③ 미시	21	① 미시
02	② 미시	07	④ 거시	12	③ 거시	17	① 미시	22	④ 거시
03	② 거시	08	③ 거시	13	③ 미시	18	② 거시	23	① 국제
04	② 국제	09	③ 거시	14	② 거시	19	③ 거시	24	① 국제
05	① 미시	10	② 미시	15	① 미시	20	④ 거시	25	① 거시

▶ 취약 과목 분석표

과목	맞힌 답의 개수
미시	/ 10
거시	/ 12
국제	/ 3
TOTAL	/ 25

---

01 사회적잉여   정답 ②

출제 포인트 사회적잉여는 생산자잉여와 소비자잉여의 합이다.

정답

- 갑국의 생산자잉여는 0이고 소비자잉여는 $\dfrac{P_0 Q_0}{2}$이다.

- 을국의 생산자잉여는 $P_0 Q_0$이고 소비자잉여는 $\dfrac{P_0 Q_0}{2}$이다.

- 을국의 생산자잉여($P_0 Q_0$)는 소비자잉여($\dfrac{P_0 Q_0}{2}$)보다 크다.

오답피하기

① 갑국의 생산자잉여(0)는 소비자잉여($\dfrac{P_0 Q_0}{2}$)보다 작다.

③ 생산자잉여는 갑국은 0이고 을국은 $P_0 Q_0$이다.

④ 소비자잉여는 을국은 $\dfrac{P_0 Q_0}{2}$이고 갑국은 $\dfrac{P_0 Q_0}{2}$이다.

---

02 독점   정답 ②

출제 포인트 독점기업은 $MR = MC$에서 생산량을 결정하고, $MR = MC$의 위에 있는 수요곡선상의 점에서 가격이 결정된다. 즉, $P = AR > MR = MC$이다.

정답

- 수요곡선이 우하향의 직선일 때 MR은 수요곡선과 y절편은 같고 기울기는 2배이다. 따라서 수요곡선이 $P = 10,000 - 2Q^d$일 때 MR곡선은 $MR = 10,000 - 4Q^d$이다.

- 비용곡선이 $TC = 2,000Q$일 때 MC는 $MC = 2,000$이다. 독점기업의 이윤극대화 생산량은 $MR = MC$이기에 $10,000 - 4Q^d = 2,000$에서 $Q = 2,000$이다. 가격은 수요곡선 $P = 10,000 - 2Q^d$에서 $P = 6,000$이다.

- 수요곡선 $P = 10,000 - 2Q^d$에서 수량이 0일 때 가격은 10,000이기에 소비자잉여는 $(10,000 - 6,000) \times 2,000 \times 0.5 = 4,000,000$이다. 완전경쟁의 이윤극대화 생산량은 $P = MC$이기에 $10,000 - 2Q^d = 2,000$에서 $Q = 4,000$이다.

- 따라서 후생손실은 $(6,000 - 2,000) \times (4,000 - 2,000) \times 0.5$에 따라 $4,000,000$이다.

---

03 통화량   정답 ②

출제 포인트 '통화량 = 현금통화 + 예금통화'이다.

정답

윤석이가 50만 원을 은행에 예금하면 현금통화가 50만 원이 감소하고, 예금통화가 50만 원이 증가하므로 통화량이 변하지 않는다. 그러나 승주가 은행에서 30만 원을 대출받으면 현금통화가 30만 원이 증가하게 되므로 이 거래가 이루어지면 총 통화량이 30만 원 증가하게 된다.

---

04 환율   정답 ②

출제 포인트 2018년의 갑국의 환율을 1,000원으로 가정하면, 2019년은 5% 증가한 1,050원이고, 2020년은 6% 감소한 987원이다. 2021년은 다시 6% 감소한 928원이다.

정답

따라서 같은 금액의 미국 달러(가령 1달러)를 갑국 통화(가령 원화)로 환전하는 경우, 2018년은 1,000원, 2019년은 1,050원, 2020년은 987원, 2021년은 928원이기에, 2019년에 가장 많은 금액으로 교환할 수 있었다.

---

05 효용극대화   정답 ①

출제 포인트 $\dfrac{MU_A}{P_A} > \dfrac{MU_B}{P_B}$이면, A재의 1원당 한계효용은 B재의 1원당 한계효용보다 크다. 그러므로 A재 구입을 늘리고 B재 구입을 감소시켜 효용증대가 가능하다.

정답

$MRS_{AB} = \dfrac{MU_A}{MU_B}(=3) > \dfrac{P_A}{P_B}(=\dfrac{1}{2})$이다. 따라서 $\dfrac{MU_A}{P_A} > \dfrac{MU_B}{P_B}$이다. 즉, A재의 1원당 한계효용은 B재의 1원당 한계효용보다 크다. 그러므로 A재 구입을 늘리고 B재 구입을 감소시켜 효용증대가 가능하다.

06 경제성장론 정답 ④

출제 포인트 솔로우 성장모형에서 균제상태란 실제투자액[$sf(k)$]과 필요투자액(nk)이 일치하여, 1인당 자본량이 불변이고 1인당 생산량이 불변인 상태로 경제성장률과 인구증가율이 일치한다.

정답

양변을 N으로 나누면 1인당 생산함수는 $y = k^{\frac{1}{2}} = \sqrt{k}$ 가 된다. 균제(정상)상태에서는 $sf(k) = nk$가 성립한다. 따라서 $0.1\sqrt{k} = 0.02k$에서 $k = 25$이다.

07 토빈의 q이론 정답 ④

출제 포인트 $q = \dfrac{\text{주식시장에서 평가된 기업의 시장가치}}{\text{실물자본의 대체비용}}$으로 q값이 1보다 크면 투자가 증가하고, 1보다 작으면 투자가 감소한다.

정답

자본의 한계생산성이 증가하면 신고전학파 투자모형에 의하면 적정자본량 증가로 투자가 증가한다. 토빈의 q이론에 의하면 수익성 증가로 주가가 상승하여 q값이 증가하여 투자가 증가한다. 따라서 두 이론은 같은 원리에 입각하고 있다고 볼 수 있다.

오답피하기

① q값은 미래설비투자의 기대이윤을 설비자금의 조달비로 나눈 것으로 미래에 대한 기대가 투자에 큰 영향을 미친다는 것을 강조한다.
② 자본조정비용을 고려할 경우 감가상각률이 증가하면 실물자본의 대체비용이 증가하여 q값이 감소하기에 투자는 감소한다.
③ q값의 증가는 주가 상승이나 대체비용 감소로 투자유인도 증가한다.

08 재정정책 정답 ③

출제 포인트 투자의 이자율탄력성이 작을수록, 화폐수요의 이자율탄력성이 클수록 재정정책의 유효성은 커진다.

정답

투자수요함수가 $I = \bar{I} - dr$일 때 투자의 이자율탄력성인 d가 작을수록, 실질화폐수요함수가 $\dfrac{M}{P} = kY - hr$일 때 화폐수요의 이자율탄력성인 h가 클수록 재정정책의 유효성은 커진다.

09 승수 정답 ③

출제 포인트 $\dfrac{dY}{dG} = \dfrac{1}{1 - c(1-t)}$에 따라 일반적으로 세율이 높아질수록 정부지출승수는 작아진다.

정답

소득이 높을수록 세율이 올라가는 누진세의 경우 정부지출승수가 제일 작다.

10 기대효용함수 정답 ②

출제 포인트 사업에 투자하는 경우의 기대효용이 사업에 투자하지 않는 경우의 기대효용보다 클 때 사업에 투자한다.

정답

• 사업에 투자하는 경우 확률 4%로 자산이 X원이 되고 확률 96%로 전 자산을 잃는다면 이 경우의 기대효용은 $E(U) = 0.04X^2$이다.
• 사업에 투자하지 않는 경우 자산은 그대로 1,000만 원, 즉, 0.1억 원이 되고 이 경우의 기대효용은 $E(U) = 0.01$이다.
• 사업에 투자하는 것은 $0.04X^2 \geq 0.01, X \geq 0.5$이다. 따라서 사업이 성공했을 때 5,000만 원 이상이 되면 사업에 투자한다.

11 재화의 종류 정답 ②

출제 포인트 수요함수 $x = \dfrac{m}{P_x + P_y}$에서 P_x가 상승하면 x재 구입량이 감소하기에 X재 수요곡선은 우하향한다.

정답

B. P_y가 상승하면 x재 구입량이 감소하기에 x재는 y재의 보완재이다.

오답피하기

A. X재 수요곡선이 우하향하기에 x재는 기펜재가 아니다.
C. 수요함수 $x = \dfrac{m}{P_x + P_y}$에서 x재 수요의 소득탄력도는 1이기에 x재는 사치재가 아니다.

12 영구채권 정답 ③

출제 포인트 매년 C원씩 이자를 받는 영구채의 현재가치는 $PV = \dfrac{C}{(1+r)} + \dfrac{C}{(1+r)^2} + \dfrac{C}{(1+r)^3} + \cdots = \dfrac{C}{r}$이다.

정답

이자율이 3%일 때, 채권가격은 400만 원이고, 이자율이 4%일 때, 채권가격은 300만 원이기에, 채권가격은 100만 원 감소한다.

13 탄력성 정답 ③

출제 포인트 가격변화율과 수출액변화율이 동일하면 수요의 가격탄력성은 완전비탄력적이다.

정답

A재는 가격변화율과 수출액변화율이 동일하므로 미국 수요자에게 A재 수요의 가격탄력성은 완전비탄력적이다. B재는 수출액 변화가 없으므로 미국 수요자에게 B재 수요의 가격탄력성은 단위탄력적이다. C재의 달러 표시 가격을 인하하였는데 수출액이 증가하였으므로 미국 수요자에게 C재 수요의 가격탄력성은 탄력적이다.

14   경쟁성장률   정답 ②

출제 포인트 '1인당 실질GDP = (실질GDP/총인구)'에서 '1인당 실질 GDP증가율 = 실질GDP증가율 - 인구증가율'을 도출할 수 있다.

정답

1인당 실질GDP의 증가율은 B국이 가장 높다.

구분	A국	B국	C국	D국
경제성장률 = 실질GDP증가율	4.5	6.2	-2.3	8
인구증가율	5.2	4.5	3.3	6.5
1인당 실질GDP증가율	-0.7	1.7	-5.6	1.5

15   오염배출권   정답 ①

출제 포인트 오염저감비용이 오염배출권가격보다 낮으면 배출권공급자이고, 오염저감비용이 오염배출권가격보다 높으면 배출권수요자이다.

정답

- 오염배출권가격이 10만 원과 20만 원 사이라면 기업C는 배출권공급자이고, 기업A와 B는 배출권수요자이다. 따라서 배출권수요자인 기업A와 B 간 경쟁으로 가격은 상승한다. 그리고 오염배출권가격이 20만 원과 25만 원 사이라면 기업B는 배출권수요자이고, 기업A와 C는 배출권공급자이다. 따라서 배출권공급자인 기업A와 C 간 경쟁으로 가격은 하락한다. 결국 오염배출권의 자유로운 거래가 허용된다면 오염배출권의 가격은 톤당 20만 원으로 결정될 것이다.
- 오염배출권제도가 실시되어 가격이 20만 원인 균형 상태에서 기업C는 배출권공급자로 오염배출권은 0장이고, 기업B는 배출권수요자로 오염배출권은 60장이다. 따라서 기업A는 오염배출권이 정부에서 받은 30장 뿐으로 30톤의 오염을 배출할 것이다.
- 오염배출권제도하에서의 사회적인 총비용은 기업A는 40×20만 원이고, 기업B는 없으며, 기업C는 50×10만 원으로, 1,300만 원이다.

16   기펜재   정답 ③

출제 포인트 기펜재란 열등재 중에서도 소득효과의 크기가 대체효과보다 더 커서 가격이 상승하면 오히려 수요량이 증가하는 재화를 말한다.

정답

기펜재의 소득효과는 (+)의 값을 가지기에 가격 상승 시 재화의 소비량을 증가시킨다.

오답피하기

① 기펜재의 대체효과와 소득효과를 더한 가격효과는 (+)의 값을 가지기에 가격이 하락하면 재화의 소비량은 감소한다.
② 기펜재의 소득효과는 (+)의 값을 가지고 대체효과는 (-)의 값을 가지나 소득효과의 절댓값이 대체효과의 절댓값보다 크기에 가격효과는 (+)의 값을 가진다.
④ 기펜재는 열등재의 일부이다. 즉, 모든 기펜재는 열등재이지만 기펜재가 아닌 열등재도 존재한다.

17   기대효용이론   정답 ①

출제 포인트 불확실성하에서 예상되는 소득을 기대소득(기대치)이라 하고, $E(w) = p \times w_1 + (1-p) \times w_2$로 계산한다.

정답

갑에게 회사취업이나 창업의 기대소득은 모두 570만 원으로 같다. 갑이 위험기피자일 경우, 저소득이 될 확률이 낮은 선택을 한다. 따라서 갑은 회사취업을 선택할 것이다.

오답피하기

② 회사취업의 기대소득은 $570(0.9 \times 600$만$) + (0.1 \times 300$만$) = 570$만 원이다.
③ 갑에게 회사취업이나 창업의 기대소득은 모두 570만 원으로 같다. 고소득과 기대소득 간 차이와 저소득과 기대소득 간 차이가 창업이 회사취업보다 크기에 분산으로 측정된 위험이 더 크다.
④ 갑의 효용함수가 소득에 대해 오목할 경우, 갑은 위험회피자이기에 ①의 경우와 같이 회사취업을 선택한다.

18   경제성장모형   정답 ②

출제 포인트 생산함수가 $Y = AK$로 주어질 때, A가 0보다 큰 상수이기에 생산량은 자본량에 의해서만 결정된다.

정답

ㄱ. 자본의 한계생산물 $MP_K = A$로 일정하다.
ㄴ, ㄹ. 생산함수가 $Y = AK$로 주어지면 생산량은 자본량에 의해서만 결정되며, 자본투입량이 증가하면 생산량도 비례적으로 증가한다. 즉, 자본증가율과 생산량증가율이 동일하다.

오답피하기

ㄷ. 생산량은 자본량에 의해서만 결정되기에 노동량의 증가와 생산량의 증가는 무관하다.

19   먼델-플레밍모형   정답 ③

출제 포인트 고정환율제도하 자본이동이 완전한 경우, BP곡선은 수평선으로, 재정정책은 매우 효과적이나 금융정책은 전혀 효과가 없다.

정답

국가 간 자본의 이동이 자유롭고 고정환율제도를 채택한 소규모 개방경제에서 정부지출을 감소하면 IS곡선이 좌측 이동(①)하여 이자율이 하락하기에 자본이 유출되어 환율 상승 압박을 받는다. 이때, 중앙은행은 환율 상승 압박(④)을 막기 위해 외화를 매각하기에 통화량이 감소(③)하고 LM곡선이 좌측 이동(②)한다.

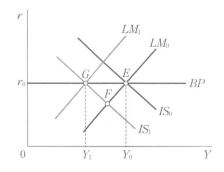

20 화폐수량설   정답 ④

출제 포인트 화폐를 자산의 하나로 보고 자신의 부(wealth)를 어떤 자산으로 보유할 것인지를 결정하는 자산선택의 과정에서 화폐수요가 결정된다는 것이 프리드만의 신화폐수량설이다.

정답

ㄷ. 화폐수요는 항상소득의 증가함수이고, 유통속도(V)가 이자율(r)과 예상인플레이션율(π^e)의 영향을 받지만 그 정도는 매우 미미하기에 프리드만의 화폐수요함수는 $\dfrac{M^D}{P} = \dfrac{1}{V(r, \pi^e)} \times Y_p$이다.

ㄹ. 프리드만의 신화폐수량설은 여러 자산 중 화폐에 대한 수요를 분석함으로써 화폐에 대한 수요이론적인 측면이 강하다.

오답피하기

ㄱ, ㄴ 거래형 화폐수량설에서는 교환의 매개수단으로서의 기능을, 현금잔고형 화폐수량설에서는 가치의 저장수단으로서의 기능을 강조하고 있다.

21 중고차 시장   정답 ①

출제 포인트 소비자들이 고품질 중고차를 최대 1,400만 원에, 저품질 중고차는 최대 800만 원에 구매할 의사가 있기에, 고품질 중고차가 차지하는 비율이 p일 때, 구매자의 지불용의 금액은 $[p \times 1,400] + [(1-p) \times 800] = 600p + 800$이다.

정답

• $p = 0.2$일 때, 구매자의 지불용의 금액은 $600p + 800 = 920$만 원이다.

• 고품질 중고차 소유자들은 최소 1,000만 원을 받아야 판매할 의향이 있고, 저품질 중고차 소유자들은 최소 600만 원을 받아야 판매할 의향이 있기에, 저품질 중고차만 거래된다.

• $p = 0.5$일 때, 구매자의 지불용의 금액은 $600p + 800 = 1,100$만 원이다.

• 고품질 중고차 소유자들은 최소 1,000만 원을 받아야 판매할 의향이 있고, 저품질 중고차 소유자들은 최소 600만 원을 받아야 판매할 의향이 있기에, 모든 품질 중고차가 거래된다.

22 조세승수   정답 ④

출제 포인트 정액조세감면 시 승수는 $\dfrac{c}{1-c}$이다.

정답

부유한 계층과 가난한 계층의 한계소비성향의 차이가 커서 가난한 계층의 한계소비성향이 더욱 커진다면 경기 부양효과가 커진다.

오답피하기

① 동일한 승수라도 조세감면 총액이 커지면 소비증가가 커지기에 경기 부양효과가 커진다.

② 가난한 계층의 한계소비성향이 더 크기에 승수($= \dfrac{c}{1-c}$)가 더 크다. 따라서 가난한 계층의 비율이 높을수록 경기 부양효과가 커진다.

③ 가난한 계층의 한계소비성향이 더 크기에 승수($= \dfrac{c}{1-c}$)가 더 크다. 따라서 가난한 계층의 조세감면을 크게 할수록 경기 부양효과가 크다.

23 메츨러역설   정답 ①

출제 포인트 관세부과로 수입품의 국내상대가격이 관세부과 전보다 하락하는 현상을 메츨러의 역설이라 한다.

정답

투자의 이자율탄력성과 한계소비성향이 클수록, IS곡선이 완만(탄력적)해진다. 또한 메츨러의 역설은 수입품에 대한 한계소비성향이 작고(관세부과로 실질소득증가해도 수입품의 가격소폭 상승), 상대국의 수입수요가 비탄력적(관세부과로 수출품의 생산량감소 시 수출품의 가격대폭 상승)일 때 발생한다.

24 환율   정답 ①

출제 포인트 환율하락은 순수출감소로 IS곡선이 좌측이동하고, 국제수지가 적자가 되어 국제수지 균형을 위해 자본수지가 흑자가 되어야하기에 이자율이 상승한다. 따라서 BP곡선이 좌측이동한다.

정답

• 정부지출증가로 IS곡선이 우측이동하면, 국내금리가 국제금리보다 커져 외국자본유입으로 환율이 하락한다.

• 따라서 A국 통화는 강세를 보인다.

• 환율이 하락하면 IS곡선이 좌측이동하고, BP곡선이 좌측이동하나 수평선이기에 재정정책은 전혀 효과가 없다.

• 결국, 국민소득은 불변이다.

25 포트폴리오의 기대수익률   정답 ①

출제 포인트 채권수익률은 시장이자율과 자본이득율의 합이다.

정답

채권수익률은 $r + g = 0.06 + 0.02 = 0.08$이고 화폐수익률은 0이기에 화폐와 채권 보유에 따른 기대수익률은 $(0.08)(0.9) + (0)(0.1) = 0.072$이다.

❯ **정답**   p.64

01	① 미시	06	③ 거시	11	③ 거시	16	① 거시	21	④ 거시
02	④ 미시	07	③ 거시	12	④ 거시	17	③ 거시	22	④ 거시
03	① 미시	08	③ 국제	13	④ 미시	18	④ 거시	23	④ 거시
04	② 미시	09	② 미시	14	② 미시	19	④ 거시	24	② 국제
05	④ 미시	10	③ 미시	15	① 미시	20	① 거시	25	④ 거시

❯ **취약 과목 분석표**

과목	맞힌 답의 개수
미시	/ 10
거시	/ 13
국제	/ 2
TOTAL	/ 25

01   수요독점   정답 ①

출제 포인트 수요독점에서 고용량은 $MRP_L = MFC_L$에서 결정된다.

정답
- 수요독점의 한계수입생산곡선이 $MRP_L = 200 - 2L$이고, 시장 전체의 노동공급곡선이 $w = 20 + 2L$이면, 고용량과 임금은 $MRP_L = MFC_L$에서 결정된다.
- 노동공급곡선이 우상향의 직선일 때 한계요소비용곡선은 노동공급곡선과 절편은 동일하고, 기울기는 2배이기에 $MFC_L = 20 + 4L$이다. $MRP_L = MFC_L$이기에 $200 - 2L = 20 + 4L$이면 $L = 30$이다.
- 따라서 $w = 80$이다.

02   교차탄력성   정답 ④

출제 포인트 X재의 Y재에 대한 교차탄력성은 $\dfrac{\triangle Q_X}{\triangle P_Y} \cdot \dfrac{P_Y}{Q_X}$ 이다.

정답
X재 수요함수가 $Q_X = 200 - 2P_X + 4P_Y + M$일 때, $P_X = 100$, $P_Y = 100$, $M = 100$이면, X재의 Y재에 대한 교차탄력성은

$\dfrac{\triangle Q_X}{\triangle P_Y} \cdot \dfrac{P_Y}{Q_X} = \dfrac{4}{5}$ 이다.

03   자중적 손실   정답 ①

출제 포인트 공급곡선이 완전비탄력적이면 어떤 세금이 부과되더라도 균형량의 변화는 발생하지 않는다.

정답
자중적 손실의 크기는 세후 균형량의 변화에 의해 결정되기 때문에 자중적 손실은 0이다.

04   확장경로   정답 ②

출제 포인트 투입비용 변화에 따른 생산자 균형점을 연결한 곡선이 확장경로로, 그 형태는 노동과 자본의 특성에 따라 다르다.

정답
확장경로상에서는 한계기술대체율과 등비용선의 기울기가 같다.
즉, $MP_L = 20L^{-0.5}K^{0.5}$, $MP_K = 20L^{0.5}K^{-0.5}$으로 $MRTS_{LK} = \dfrac{20L^{-0.5}K^{0.5}}{20L^{0.5}K^{-0.5}} = \dfrac{K}{L}$, $\dfrac{w}{r} = \dfrac{2}{3}$ 이기에, $MRTS_{LK} = \dfrac{K}{L} = \dfrac{w}{r} = \dfrac{2}{3}$ 이다.

이를 K에 대해 풀면 $K = \dfrac{2}{3}L$인 확장경로를 도출할 수 있다.

05   관세 · 수출보조금   정답 ④

출제 포인트 (대국)관세가 부과되면 수입량감소로 국제시장에서 초과공급이 발생하여 국제가격(수입가격)이 하락하여 교역조건은 개선되고, 단위당 t원의 관세가 부과되면 하락한 국제가격에서 t원만큼 상승하기에 국내가격이 t원보다 더 적게 상승한다. 수출보조금 지급 시 국내소비감소, 국내생산증가, 국제수지개선 효과가 발생한다. 그리고 소비자잉여감소, 생산자잉여증가이나 보조금지급으로 사회적 후생손실이 발생한다.

정답
ㄱ. 자유무역 시 X재 국제가격보다 국내가격이 높은 국가는 수입하고 국내가격이 낮은 국가는 수출하기에 교역이후 수출국의 X재 가격은 상승하나 수입국은 하락한다.
ㄴ. 대국인 수입국이 수입관세를 부과할 경우, 수입량감소로 국제시장에서 초과공급이 발생하여 국제가격(수입가격)이 하락하기에 교역조건이 개선되어 사회후생이 증가하나 관세부과로 인해 손실이 발생하기에 후생변화는 불분명하다.
ㄷ. 소국이 수입관세를 부과하면 국내가격이 부과관세만큼 상승하기에 전체소비량이 줄어 소비자는 손실을 보고 국내생산량증가 및 가격이 상승하여 생산자는 이득을 얻는다.

오답피하기
ㄹ. 수출국이 수출보조금을 도입하면 소비자잉여가 감소하고 생산자잉여증가이나 보조금지급으로 사회적 후생손실이 발생한다.

06 이부가격제 정답 ③

출제 포인트 이부가격이란 재화를 구입할 권리에 대해 1차로 가격을 부과하고, 재화 구입량에 따라 2차로 다시 가격을 부과하는 가격체계로 가격차별의 한 유형이다.

정답

이부가격의 경우, $P = MC$에 따라 가격과 산출량을 설정하고 소비자잉여만큼의 가입비 부과가 가능하다. P는 $P = 100 - 5Q$이고, MC는 20이다. $P = MC$에 따라 $Q = 16$이고 $P = 20$이다.

소비자잉여는 $P = 100 - 5Q$에서 $Q = 16$일 때, 최대지불의사금액에서 실제지불금액을 차감한 면적으로 $80 \times 16 \times \frac{1}{2} = 640$이다.

07 국민소득결정모형 정답 ③

출제 포인트 재고증가는 재고투자증가로 GDP는 증가한다.

정답

재고투자로 집계되고 있던 1억 원어치 중 5천만 원어치가 소비자에게 판매되면 소비지출이 5천만 원 증가하고, 투자지출(재고투자)은 5천만 원 감소한다.

08 수출보조금 정답 ③

출제 포인트 (소국)수출보조금이 지급되더라도 국제가격(수출가격)이 변하지 않아 교역조건은 불변이고 단위당 S원의 보조금이 지급되면 국내가격이 S원만큼 상승한다.

정답

보조금지급액은 단위당 보조금과 수출량의 곱으로 $B + C + D$이다.

오답피하기

① 단위당 $P_1 P_2$의 보조금을 지급하면 국내가격은 P_2로 상승한다. 따라서 소비자잉여는 $A + B$만큼 감소한다.
② 단위당 $P_1 P_2$의 보조금을 지급하면 국내가격은 P_2로 상승한다. 따라서 생산자잉여는 $A + B + C$만큼 증가한다.
④ 따라서 소비자잉여와 생산자잉여의 합은 C만큼 증가한다. 그러나 보조금지급액은 $B + C + D$이기에 사회후생은 $B + D$만큼 감소한다.

09 내쉬균형 정답 ②

출제 포인트 상대방의 전략을 주어진 것으로 보고 경기자는 자신에게 가장 유리한 전략을 선택하였을 때 도달하는 균형을 내쉬균형이라 한다.

정답

• 기업 A가 가격인하를 선택하면 기업 B는 포기 선택이 최선이고, 기업 A가 현 가격유지를 선택하면 기업 B는 진입 선택이 최선이다.

• 기업 B가 진입을 선택하면 기업 A는 현 가격유지가 최선이고, 기업 B가 포기를 선택하면 기업 A는 현 가격유지가 최선이다.
• 따라서 내쉬균형은 (30, 30)이다.

10 생산가능곡선 정답 ③

출제 포인트 주어진 자원과 기술하, 두 재화의 최대생산조합, 즉 생산의 여력이 없는 효율적 조합 점들을 연결한 곡선을 생산가능곡선이라 한다.

정답

생산가능곡선상의 점은 생산의 여력이 없는 효율적 조합이고, 내부의 점은 생산의 여력이 있는 비효율적 조합이다.

오답피하기

① 생산가능곡선이 우하향의 직선일 때 기회비용은 일정하고, 원점에 대하여 오목할 때 기회비용은 체증하며, 원점에 대하여 볼록할 때 기회비용은 체감한다.
② 생산가능곡선상 기울기를 한계변환율(MRT)이라 하며, 이는 한계비용의 비율로 표시할 수 있다. 즉, $MRT_{XY} = (-) \frac{\triangle Y}{\triangle X} = \frac{MC_X}{MC_Y}$이다.
④ 기술진보, 천연자원의 발견, 인구증가, 경제성장 등을 통해 생산가능곡선은 바깥쪽으로 이동할 수 있다.

11 성장회계 정답 ③

출제 포인트 교환방정식 $MV = PY$를 증가율로 나타낸 식 $\left(\frac{\triangle M}{M} + \frac{\triangle V}{V} = \frac{\triangle P}{P} + \frac{\triangle Y}{Y} \right)$으로 바꿀 수 있다.

정답

• 명목 GDP인 $PY = 20,000$, $M = 8,000$을 교환방정식 $MV = PY$에 대입하면 최초의 유통속도는 $V = 2.5$이다.
• 물가상승률 $\left(\frac{\triangle P}{P} \right) = 20\%$, 통화증가율 $\left(\frac{\triangle M}{M} \right) = 10\%$, 실질 GDP 증가율 $\left(\frac{\triangle Y}{Y} \right) = 10\%$를 $\left(\frac{\triangle M}{M} + \frac{\triangle V}{V} = \frac{\triangle P}{P} + \frac{\triangle Y}{Y} \right)$에 대입하면 유통속도증가율 $\left(\frac{\triangle V}{V} \right) = 20\%$이다.
• 최초의 유통속도가 2.5이고, 유통속도 증가율이 20%이므로 유통속도는 $2.5 \times 1.2 = 3.0$이다.

12   본원통화와 통화량   정답 ④

출제 포인트 통화량은 현금통화와 예금통화의 합이고, 본원통화는 현금통화와 지급준비금의 합이다.

정답

- 실제지급준비율이 20%일 때 은행이 200억 원의 지급준비금을 보유하고 있으므로 예금통화의 크기 $D=1,000$억 원임을 알 수 있다. 현금통화비율이 0.2이므로 $\dfrac{C}{M}=\dfrac{C}{C+D}=\dfrac{C}{C+1,000}=0.2$이다. 이 식을 풀면 현금통화 $C=250$억 원임을 알 수 있다.
- 통화량은 현금통화와 예금통화의 합이므로 1,250억 원이다. 한편, 본원통화는 현금통화와 지급준비금의 합이므로 450억 원이다.

13   완전경쟁시장   정답 ④

출제 포인트 완전경쟁시장의 장기균형에서 개별 기업은 장기평균비용곡선 최소점에서 재화를 생산하며, 장기균형가격은 개별 기업의 최소장기평균비용과 일치한다.

정답

주어진 장기총비용을 Q로 나누면 장기평균비용 $LAC=Q^2-4Q+8$이다. 장기평균비용함수를 Q에 대해 미분한 후 0으로 두면 $\dfrac{dLAC}{dQ}=2Q-4=0$, $Q=2$이다.

따라서 $Q=2$를 장기평균비용함수에 대입하면 최소장기평균비용이 4이므로 이 시장의 장기균형가격 $P=4$이다.

14   대체재와 보완재   정답 ②

출제 포인트 X재의 가격상승 시 Y재의 수요감소이면 X재와 Y재는 보완 관계이다. '꿩 대신 닭의 관계'라면 X재와 Z재는 대체 관계이다. 하지만 Y재와 Z재의 관계는 알 수 없다.

정답

X재와 Z재는 대체 관계로, 한 재화의 수요 변화율을 나머지 재화의 가격 변화율로 나눈 값인 교차탄력성은 양(+)의 값을 갖는다.

오답피하기

① '밀가루와 빵의 관계'는 원료와 제품의 관계로 보완 관계가 아니다.

③ '휘발유와 승용차의 관계'는 보완 관계이다.

④ X재의 공급감소 시 보완 관계인 Y재는 수요감소로 Y재의 판매 수입은 감소하고, 대체 관계인 Z재는 수요증가로 Z재의 판매수입은 증가한다.

15   역선택과 도덕적 해이   정답 ①

출제 포인트 감춰진 특성으로 정보수준이 낮은 측이 바람직하지 않은 상대방을 만날 가능성이 높아지는 현상을 역선택이라 한다.

정답

역선택은 정보수준이 낮은 측이 바람직하지 않은 상대방을 만날 가능성이 높아지는 현상으로, 이는 정보를 가지고 있는 자의 자기선택 과정에서 생기는 현상이다.

오답피하기

② 자격증 취득이나 교육수준이 능력에 관한 신호를 보내는 역할을 하는 경우 역선택의 문제가 완화된다.

③ 자동차 보험 가입 후 더욱 난폭하게 운전하거나, 실업급여를 받게 되자 구직 활동을 성실히 하지 않는 것은 도덕적 해이이다.

④ 강제적인 보험프로그램의 도입으로 사고확률이 높은 사람만 보험에 가입하는 역선택이 나타나지 않아 후생을 증가시킨다.

16   대부자금   정답 ①

출제 포인트 대부자금의 수요와 공급이 만나는 점에서 대부자금시장의 균형($S_p+T-G=I$)이 이루어지면 총저축과 총투자가 일치하기에 생산물 시장도 균형($S_p+T=I+G$)이 달성된다.

정답

재정적자가 발생하면 대부자금시장에서 공급곡선인 저축이 감소하기에 대부자금시장의 공급곡선이 좌측 이동하여 대부자금공급량은 감소한다.

오답피하기

② 대부자금의 공급곡선이 좌측 이동하기에 이자율은 상승한다.

③ 공공저축($T-G$)은 감소한다.

④ 저축(공급)곡선은 좌측 이동한다.

17   일반균형   정답 ③

출제 포인트 소비증가, 투자증가, 정부지출증가, 수출증가, 수입감소, 조세 감소로 IS곡선은 우측으로 이동하고, 통화량증가, 화폐수요감소로 LM곡선은 우측으로 이동하여 AD곡선은 우측으로 이동한다. 인구증가, 생산성 향상, 기술진보 등으로 AS곡선은 우측으로 이동한다.

정답

ㄴ, ㄷ. 장기에 총공급곡선이 자연산출량 수준에서 수직선이기에 균형국민소득은 불변이고 고전파의 이분법이 적용된다.

오답피하기

ㄱ. 단기에 총수요곡선은 우하향하고 총공급곡선은 우상향하기에 정부 지출증가로 AD곡선이 우측 이동하면 균형국민소득은 증가한다.

ㄹ. 장기에 총공급곡선은 자연산출량 수준에서 수직선이기에 장기균형국민소득은 잠재산출량 수준에서 결정된다.

18 학파별 고찰 정답 ④

출제 포인트 케인즈 학파는 경기침체의 원인을 유효수요의 부족으로 보았다.

정답

ㄱ. 고전학파는 통화량은 명목변수에만 영향을 미칠 뿐 실질변수에는 영향을 미치지 않는다는 화폐의 중립성이 성립하기에 화폐가 베일(Veil)에 불과하다고 주장하였다.

ㄴ. 새고전학파의 실물경기변동이론은 임금과 가격이 신축적이라고 전제하였다.

ㄹ. 새케인즈학파는 메뉴 비용 등의 경직성으로 인해 총공급곡선이 단기에는 우상향이라고 주장하였다.

오답피하기

ㄷ. 케인즈 학파는 경기침체의 원인을 유효수요의 부족으로 보았다.

19 자연실업률 정답 ④

출제 포인트 자연실업률하에서 노동시장이 균형으로 취업자 수와 실업자 수가 변하지 않는다. 따라서 자연실업률은

$$u_N = \frac{U}{U+E} = \frac{U}{U+\frac{f}{s}U} = \frac{s}{s+f} \ (s: \text{실직률}, \ f: \text{구직률})\text{이다}.$$

정답

균제상태에서 실업률인 자연실업률은

$$u_N = \frac{U}{U+E} = \frac{U}{U+\frac{f}{s}U} = \frac{s}{s+f} \text{이고 실직률은 } s = 0.02, \text{구직률은}$$

$f = 0.18$이기에 자연실업률은 $u = \frac{s}{f+s} = \frac{0.02}{0.18+0.02} = 0.1$이다.

이때, 경제활동인구는 1,000만 명이기에 실업자 수는 100만 명이다.

20 고용통계 정답 ①

출제 포인트 지난 1주일 동안 수입을 목적으로 1시간 이상 일을 한 사람을 취업자라 하고, 지난 4주일 동안 구직활동을 하였으나 수입을 목적으로 일을 하지 않은 사람을 실업자라 하며, 일할 의사와 능력이 있는 사람으로 취업자와 실업자의 합을 경제활동인구라 한다. 일할 의사가 없는 전업주부, 일할 능력이 없는 환자, 실망실업자, 취업준비생 등을 비경제활동인구라 하고, 15세 이상 인구 중에서 군인, 교도소 수감자 등을 제외한 사람으로 경제활동인구와 비경제활동인구의 합을 생산가능인구라 한다.

정답

보수를 받지 않더라도 가족이 경영하는 사업체에서 1주일에 18시간 이상 일하는 경우 취업자로 분류된다.

오답피하기

② 실업자가 구직활동을 포기하면 비경제활동인구로 분류되기에 경제활동 참가율은 하락한다.

③ 질병으로 입원하여 근로가 불가능한 상태에서 구직활동을 하는 것은 실업자로 분류되지 않는다.

④ 지난 1주일 동안 수입을 목적으로 1시간 이상 일을 한 사람은 취업자로 분류된다.

21 황금률 정답 ④

출제 포인트 주어진 생산함수를 효율노동 EL로 나누면

$$\frac{Y}{EL} = \frac{K^\alpha(EL)^{1-\alpha}}{EL} = \left(\frac{K}{EL}\right)^\alpha \text{이다. 효율노동 1단위당 생산량}$$

$y = \dfrac{Y}{EL}$, 효율노동 1단위당 자본량 $k = \dfrac{K}{EL}$로 두면 1인당 생산함수는

$y = k^\alpha$가 된다.

정답

- 균제상태에서 $sf(k) = (n+\delta+g)k$로 $sk^{\alpha-1} = (n+\delta+g)$이다.
- 효율노동 1인당 생산함수에서 $MP_K = \alpha k^{\alpha-1}$이다.
- 황금률에서 $MP_K = n+\delta+g$로 $\alpha k^{\alpha-1} = (n+\delta+g)$이다.
- 따라서 $s = \alpha$이면 균제상태이자 황금률로 $s = \alpha = 0.5$로 추가 조건은 필요 없다.

22 피셔방정식 정답 ④

출제 포인트 실질이자율에 기대인플레이션율을 더한 값이 명목이자율이라는 피셔의 방정식에서, 인플레이션이 발생하면 기대인플레이션율이 상승하여 명목이자율이 비례적으로 상승한다.

정답

- 피셔효과에 의하면 명목이자율은 실질이자율과 인플레이션율의 합이기에 명목이자율이 5%, 실질이자율이 3%이면 인플레이션율은 2%이다.
- 유통속도가 일정하기에 $\dfrac{dV}{V} = 0$,

  실질경제성장률이 2%이기에 $\dfrac{dY}{Y} = 2\%$,

  인플레이션율이 2%이기에 $\dfrac{dP}{P} = 2\%$이다.

- 교환방정식 $MV = PY$를 변형한 $\dfrac{dM}{M} + \dfrac{dV}{V} = \dfrac{dP}{P} + \dfrac{dY}{Y}$에 대입하면 $\dfrac{dM}{M} + 0\% = 2\% + 2\%$이기에 통화증가율은 $\dfrac{dM}{M} = 4\%$이다.

23 필립스곡선 정답 ④

출제 포인트 명목임금상승률과 실업률의 관계를 나타내는 곡선을 필립스곡선이라 한다. 현재는 명목임금상승률 대신 인플레이션율로 수정하여, 총수요곡선의 이동으로 인플레이션율과 실업률이 반비례[$\pi = -\alpha(U-U_N)$]인 필립스곡선을 도출할 수 있다.

정답

- 중앙은행이 물가를 완전하게 통제할 수 있고 민간의 기대가 합리적으로 형성되기에 중앙은행이 0%의 인플레이션율을 유지하는 준칙적 통화정책을 사용하면 인플레이션율과 기대인플레이션율은 $\pi = \pi_e = 0\%$이고 이를 필립스곡선에 대입하면 $u = u_n = 3\%$이다.
- 중앙은행이 인플레이션율을 최적 수준인 1%로 유지할 때, 합리적 기대가 형성되기에 기대 인플레이션율도 동일하게 1%이다. $\pi = \pi_e = 1\%$를 필립스곡선에 대입하면 $u = u_n = 3\%$이다.

24   불태화정책   정답 ②

출제 포인트 해외부문으로부터 외자유입이 늘어 국내통화량이 증가하고 물가가 상승할 경우 이를 상쇄시키기 위해 취해지는 정책을 말한다.

정답
공개시장조작을 통해 외화자산 증가분만큼 통화를 환수하면 중앙은행의 국내여신이 줄고 아울러 본원통화량도 줄어들어 화폐공급량증가를 막을 수 있다.

25   통화정책   정답 ④

출제 포인트 공개시장 조작은 시중의 통화량을 조작하기 위한 중앙은행의 통화정책 수단 중 하나다.

정답
중앙은행이 시중에 유통 중인 채권을 매입하면 통화량이 증가하게 된다. 통화량이 증가하면 이자율이 하락해 자금의 유출이 발생하게 되므로 우리나라 화폐의 가치가 하락하게 된다. 우리나라 화폐가치가 하락하면 수출은 증가한다.

정답   p.72

01	③ 미시	06	② 미시	11	④ 거시	16	③ 국제	21	④ 미시
02	③ 미시	07	④ 거시	12	③ 미시	17	① 미시	22	② 거시
03	④ 미시	08	③ 거시	13	① 거시	18	① 거시	23	② 거시
04	① 미시	09	③ 국제	14	④ 거시	19	① 미시	24	② 국제
05	④ 미시	10	① 국제	15	② 국제	20	④ 거시	25	① 국제

취약 과목 분석표

과목	맞힌 답의 개수
미시	/ 10
거시	/ 9
국제	/ 6
TOTAL	/ 25

01   기대효용이론   정답 ③

출제 포인트 위험선호자란 불확실성이 내포된 자산을 동일 액수의 확실한 자산보다 더 선호하는 사람으로 기대효용이 기대치의 효용보다 더 크기에 효용함수가 아래로 볼록하다.

정답

위험기피자란 불확실성이 내포된 자산보다 동일 액수의 확실한 자산을 더 선호하는 사람으로 기대효용보다 기대치의 효용이 더 크기에 효용함수가 아래로 오목하다.

오답피하기

① 불확실성하의 소비자 행동 분석을 기대효용이론이라 한다.
② 불확실성하에서 기대효용과 동일한 효용을 주는 확실한 현금의 크기를 확실성등가라 한다.
④ 위험선호자의 경우 기대치가 확실성등가보다 작기에 위험프리미엄이 ($-$)이다.

02   독점적 경쟁시장   정답 ③

출제 포인트 독점적 경쟁은 평균비용곡선 최소점의 좌측에서 생산하기에 생산량 수준이 최적 수준에 미달하는 초과설비가 존재한다.

정답

수요곡선이 평균비용곡선 최소점의 좌측에서 접할 때 장기균형점에 도달한다.

오답피하기

① 제품차별화를 통한 어느 정도의 시장지배력을 갖고 비가격경쟁을 보이며, 다수의 기업이 존재하고, 진입과 퇴거가 대체로 자유로운 것 등은 독점적 경쟁의 특징이다.
② 독점적 경쟁기업은 장기에는 $P = LAC$에서 생산되기에 정상이윤만 얻는다.
④ 각 기업이 생산하는 재화의 이질성이 높아 독점력이 커질수록 초과설비 규모가 커진다.

03   내쉬균형   정답 ④

출제 포인트 상대방의 전략을 주어진 것으로 보고 경기자는 자신에게 가장 유리한 전략을 선택하였을 때 도달하는 균형을 내쉬균형이라 한다.

정답

- 을국이 전략 a를 선택하면 갑국은 전략 a선택이 최선이고, 을국이 전략 b를 선택하면 갑국은 전략 b 선택이 최선이다. 또한 을국이 전략 c를 선택하면 갑국은 전략 b 선택이 최선이다.
- 갑국이 전략 a를 선택하면 을국은 전략 c 선택이 최선이고, 갑국이 전략 b를 선택하면 을국은 전략 b 선택이 최선이다. 또한 갑국이 전략 c를 선택하면 을국은 전략 a 선택이 최선이다.
- 따라서 내쉬균형은 (b, b)이다.

04   가격소비곡선과 소득소비곡선   정답 ①

출제 포인트 소비자가 완전보완재인 X재와 Y재를 항상 $1:1$로 소비한다면 무차별곡선이 $45°$선상에서 꺾어진 L자 형태이다.

정답

무차별곡선이 $45°$선상에서 꺾어진 L자 형태일 때, 재화의 가격이나 소득에 관계없이 소비자균형이 항상 $45°$선상에서 이루어지므로 소득소비곡선과 가격소비곡선은 모두 원점을 통과하는 $45°$선이 된다. 즉, 소득소비곡선과 가격소비곡선은 모두 기울기가 1인 원점을 통과하는 우상향의 직선이 된다.

05   준지대   정답 ④

출제 포인트 '이윤(π) = 준지대($TR - TVC$) − 총고정비용(TFC)'에서 초과이윤 시 준지대 = 총고정비용 + 초과이윤이고, 손실 시 준지대 = 총고정비용 − 손실이다.

정답

초과이윤 시 준지대 = 총고정비용 + 초과이윤이기에, 준지대는 $A + B$이다.

(오답피하기)

① 총수입은 $P_0 \times Q_0$이고 총비용은 $AC \times Q_0$이기에 초과이윤은 A이다.

② 총비용은 $AC \times Q_0$이고 총가변비용은 $AVC \times Q_0$이기에 총고정비용은 B이다.

③ 총가변비용은 $AVC \times Q_0$이기에 C이다.

---

06 애킨슨 지수 정답 ②

(출제 포인트) 현재의 평균소득(Y)에서 균등분배대등소득(Y_e)을 차감한 값을 현재의 평균소득으로 나눈 값이 애킨슨 지수로, $1 - \dfrac{Y_e}{Y}$로 계산할 수 있다.

정답

효용을 소득으로 가정하면 현재의 평균소득은 1과 9의 평균인 5이다. 현재와 동일한 사회후생을 얻을 수 있는 완전히 균등한 소득분배상태에서의 평균소득인 균등분배대등소득은 평등주의함수에서는 1과 9의 곱의 제곱근인 3이다. 따라서 K국의 애킨슨 지수는 $1 - \dfrac{Y_e}{Y} = 1 - \dfrac{3}{5} = 0.4$이다.

---

07 통화정책 정답 ④

(출제 포인트) LM곡선이 급경사일수록 통화정책의 효과는 커진다.

정답

ㄴ, ㄷ. 투자의 이자율탄력성이 크거나 한계소비성향이 크면 IS곡선이 완만해지므로 통화정책의 효과가 커진다.

(오답피하기)

ㄱ. 화폐수요의 이자율탄력성이 크면 LM곡선이 완만해지므로 통화정책의 효과가 작아진다.

---

08 구축효과 정답 ③

(출제 포인트) 정부지출증가가 이자율을 상승시켜 민간투자를 감소시키는 효과를 구축효과라 하고, 투자의 이자율탄력성이 클수록(IS곡선이 완만할수록), 화폐수요의 이자율탄력성이 작을수록(LM곡선이 가파를수록) 구축효과는 커진다.

정답

구축효과에 의하면 정부지출의 증가가 이자율상승(㉠)을 통해 민간의 투자수요감소(㉡)를 유발한다. 고전(㉢)학파 이론에서는 구축효과가 큰 반면에 케인즈(㉣)학파 이론에서는 구축효과가 작다.

---

09 실효보호관세율 정답 ③

(출제 포인트) 관세부과로 특정 산업이 보호받는 정도를 실효보호관세율이라 하고, 관세부과에 따른 부가가치 증가율, 즉

$$q = \frac{\text{부과 후 부가가치} - \text{부과 전 부가가치}}{\text{부과 전 부가가치}} = \frac{T - \alpha t}{1 - \alpha}$$ (T: 최종재 관세율, t: 중간재 관세율, α: 중간재 투입계수)로 측정된다.

정답

T는 최종재 관세율로 0.2, t는 중간재 관세율로 0.15, α는 중간재 투입계수로 0.7, $1 - \alpha$는 부가가치계수로 0.3이다.

따라서 $q = \dfrac{T - \alpha t}{1 - \alpha} = \dfrac{0.2 - 0.7 \times 0.15}{0.3} = 0.316$으로 약 31.6%이다.

---

10 환율 정답 ①

(출제 포인트) 원/달러 환율의 하락은 원화가치의 상승이고 달러가치의 하락이다. 또한 엔/달러 환율의 하락은 엔화가치의 상승이고 달러가치의 하락이다. 그런데 원/달러 환율의 하락(1,200에서 1,100으로 대략 -8.3%)이 엔/달러 환율의 하락(120에서 100으로 대략 -17%)보다 더 작기에 엔화가치가 원화가치보다 더 큰 상승을 보인다. 즉, 가치 상승 정도는 '엔화>원화>달러화'이다.

정답

엔화가치가 원화가치보다 더 큰 상승이기에 미국 시장에서 일본보다 우리나라 제품의 수출 가격 경쟁력이 높아졌다.

(오답피하기)

② 엔화가치가 원화가치보다 더 큰 상승이기에 일본산 부품을 사용하는 우리나라 기업의 생산 비용이 증가하게 되었다.

③ 원화가치가 달러가치보다 상승하여 우리나라의 달러 표시 외채 상환 부담이 감소하게 되었다.

④ 엔화가치와 원화가치보다 달러가치가 하락하여 미국이 한국과 일본에 수출하는 제품의 가격 경쟁력이 높아졌다.

---

11 필립스곡선 정답 ④

(출제 포인트) $\pi = \pi^e - 0.4(u - 4)$에서 잠재GDP에 해당하는 실업률은 4%이다.

정답

기대인플레이션이 전기의 실제인플레이션과 동일하다고 할 때, 실제인플레이션이 전기, 즉 기대인플레이션에 비해 $2\%p$ 감소하려면 $0.4(u - 4)$가 2이면 된다. 따라서 실제실업률 u는 9%이다.

12 묶어팔기 정답 ③

출제 포인트 결합판매는 소비자들이 서로 다른 수요를 갖고 있으나 가격차별이 곤란할 때 이윤극대화를 위한 전략이다.

정답

구분	최대지불용의금액		
	디지털카메라	스마트폰	결합판매
소비자 1	125	90	215
소비자 2	50	110	160

- 디지털카메라 가격을 125로 설정하면, 소비자 1만 구입하여 125의 총수입을 얻고, 스마트폰 가격을 90으로 설정하면 소비자 1과 2 모두 구입하여 180의 총수입을 얻는다. 따라서 총비용이 0으로 총수입과 이윤은 305이다.
- 소비자 1은 개별판매 시 디지털카메라와 스마트폰을 최대지불용의금액만큼 구입하기에 소비자잉여는 0이다.
- 소비자 2는 개별판매 시 스마트폰을 최대지불용의금액(110)보다 20만큼 적게 구입하기에 20만큼의 소비자잉여를 얻는다.
- 따라서 개별판매 시 소비자잉여는 20이다.
- 결합판매는 디지털카메라와 스마트폰을 함께 팔아 $160 \times 2 = 320$의 총수입과 이윤이다.
- 소비자 1은 결합판매 시 최대지불용의금액(215)보다 55만큼 적게 구입하기에 55만큼의 소비자잉여를 얻는다.
- 소비자 2는 결합판매 시 최대지불용의금액만큼 구입하기에 소비자잉여는 0이다.
- 따라서 결합판매 시 소비자잉여는 55이다.

오답피하기
① 개별판매 시 소비자잉여는 20, 결합판매 시 소비자잉여는 55이다.
②, ④ 개별판매 시 이윤은 305, 결합판매 시 이윤은 320이다.

13 GDP 정답 ①

출제 포인트 생산측면의 GDP는 '부가가치 = 매출액 − 중간투입물'이며, 분배측면의 GDP는 '지대 + 임금 + 이자 + 이윤'이다. 따라서 '이윤 = 부가가치 − (지대 + 임금 + 이자)'이다.

정답

A기업은 15,000달러 − 4,000달러 − 8,000달러 = 3,000달러의 이윤을 얻었다.

오답피하기
② B기업은 41,000달러 − 11,000달러 − 21,000달러 = 9,000달러의 이윤이 발생하였다.
③ 수입 소비재에 대한 지출이 증가하더라도 〈그림〉의 지출측면 GDP는 변함이 없다.
④ 갑국의 GDP는 어느 방식으로 산출하든 41,000달러이며, 사후적으로 같다.

14 IS − LM곡선 정답 ④

출제 포인트 $r = \dfrac{k}{h} Y - \dfrac{1}{h} \cdot \dfrac{M_0}{P_0}$의 LM곡선에서 통화량증가로 LM곡선은 우측으로 이동하고, (거래적 동기)화폐수요증가, 물가상승으로 LM곡선은 좌측으로 이동한다.

정답

신용카드 보급이 활성화되거나 정보통신기술이 발달하면 거래비용이 낮아져 화폐수요가 감소하기에 LM곡선은 우측으로 이동한다.

오답피하기
①, ② 소비증가, 투자증가, 정부지출증가, 수출증가로 IS곡선은 우측으로 이동하고, 조세증가, 수입증가, 저축증가로 IS곡선은 좌측으로 이동한다.
③ 통화량증가로 LM곡선은 우측으로 이동한다.

15 구매력평가설과 이자율평가설 정답 ②

출제 포인트 이자율평가설에서 '환율변화율 = 국내이자율 − 해외이자율'이다.

정답

이자율평가설에서 환율변화율 = 국내이자율 − 해외이자율에 따라 $7 - 8 = -1\%$이다. 따라서 원/달러 환율은 1% 하락할 것으로 예상된다. 구매력평가설에서 환율상승률 = 국내물가상승률 − 해외물가상승률이다. 즉, '$-1 = 5 - 해외물가상승률$'이기에 해외물가상승률 $= 6\%$이다. 따라서 B국의 예상 물가상승률은 6%이다.

16 교역조건 정답 ③

출제 포인트 재화 1단위 생산의 기회비용이 작은 국가가 그 재화 생산에 비교우위가 있다.

정답

- 생산가능곡선의 기울기는 각국의 자동차 생산의 기회비용을 의미하기에 A국에서는 자동차 생산의 기회비용이 반도체 40개, B국의 자동차 생산의 기회비용은 반도체 15개다.
- B국의 자동차 생산의 기회비용이 더 작기에 B국은 자동차 생산에 비교우위가 있고, 반대로 A국은 반도체 생산에 비교우위가 있다.
- 이때, 무역이 이루어지기 위한 조건은 자동차 생산의 기회비용 사잇값이기에 B국 자동차 1대와 교환되는 A국 반도체의 개수는 15개와 40개 사이에서 결정된다.

17 외부효과 정답 ①

출제 포인트 $P = SMC$에서 사회적 최적산출량이 달성되고, $P = PMC$에서 시장 균형산출량이 결정된다.

정답
• 수요곡선(한계편익곡선) $P = 14 - 0.1Q$과 사적인 한계비용 $MC = 0.1Q + 2$을 연립하면 $14 - 0.1Q = 0.1Q + 2$, $0.2Q = 12$, 피구세 부과 전 균형생산량은 $Q = 60$이다.
• 이때, 단위당 2의 피구세가 부과되면 사적인 한계비용이 단위당 조세액만큼 상방으로 이동하기에 사적인 한계비용 $PMC + T = 0.1Q + 4$이고 이를 다시 수요곡선과 연립하면 $14 - 0.1Q = 0.1Q + 4$, $0.2Q = 10$, 균형생산량은 $Q = 50$이다.
• 시장기구에 의한 생산량이 60, 사회적인 최적생산량이 50이기에 과잉생산량은 10이고 이로 인한 사회적인 후생손실은 그림에서 삼각형의 면적이기에 $10(= 1/2 \times 2 \times 10)$이다.

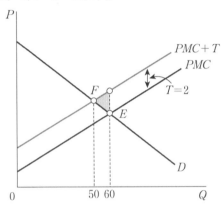

18 황금률 정답 ①

출제 포인트 1인당 소비가 극대화되는 상태를 자본축적의 황금률이라 하고 $MP_K = n + \delta + g$에서 달성되며, 황금률에서는 자본소득분배율과 저축률이 같아진다.

정답
기술진보가 있는 경우 황금률 균제상태에서는 $MP_K = n + d + g$가 성립하고 효율적 노동 1단위당 한계생산은 $MP_K = 0.14$, 인구증가율은 $n = 0.02$, 감가상각률은 $d = 0.04$이기에 기술진보율(=노동효율성 증가율)은 $MP_K = n + d + g$ → $0.14 = 0.02 + 0.04 + g$, $g = 0.08$이다.

19 탄력도 정답 ①

출제 포인트 소득의 일정비율로 구매하면, $Q = \frac{1}{5} \times M \times P^{-1}$로 수요곡선은 직각쌍곡선이다.

정답
• 소득의 $\frac{1}{5}$을 일정하게 구입하면 $Q = \frac{1}{5} \times M \times P^{-1}$으로 수요의 소득탄력도는 1이다. 따라서 A에게 뮤지컬 혹은 영화는 정상재이다(㉠).

• 소득의 $\frac{1}{5}$을 일정하게 구입하면 $Q = \frac{1}{5} \times M \times P^{-1}$으로 수요의 가격탄력도는 1이다. 따라서 가격이 10% 상승하면 수요량은 10% 감소한다 (㉢).

20 총수요 - 총공급모형 정답 ④

출제 포인트 부정적인 수요충격이 발생하면 AD곡선이 왼쪽으로 이동한다.

정답
다음 그림에서 확인할 수 있듯이 부정적 수요충격이 발생하면 총수요곡선이 좌측이동하여 단기에 물가와 국민소득은 하락한다. 이때, 확장적 통화정책을 실시하며 총수요곡선은 다시 우측이동하기에 이전 수준과 동일한 물가와 생산으로 돌아갈 수 있다.

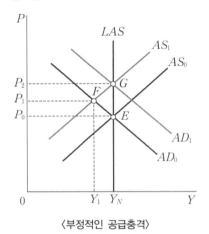

〈부정적인 공급충격〉

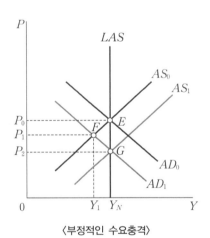

〈부정적인 수요충격〉

21 소비의 파레토효율성 정답 ④

출제 포인트 두 무차별곡선이 접하는 $MRS_{XY}^A = MRS_{XY}^B$에서 소비 측면의 파레토효율성이 충족된다.

정답

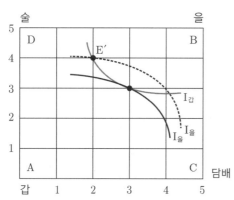

교환 이후 갑은 여전히 동일한 무차별곡선상에 있으나 을의 무차별곡선은 교환 전보다 을의 출발점(B점)에 가까이 이동하였으므로 을의 효용은 감소한다.

22　화폐시장　　　　　정답 ②

출제 포인트) 마샬 k(화폐수요의 소득탄력성)는 유통속도 $\left(V = \dfrac{1}{k}\right)$ 의 역수이다.

정답)
마샬 k는 유통속도의 역수이기에 마샬 k가 커지면 유통속도가 감소한다.

오답피하기)
① 중앙은행을 통해 시중에 나온 현금을 본원통화라 한다.
　　본원통화＝현금통화＋＋지급준비금
　　　　　＝현금통화＋시재금＋지급준비예치금
　　　　　＝화폐발행액＋지급준비예치금
③ 예금액의 일정비율을 중앙은행에 지급준비금으로 예치하는 지급준비제도에서는, 지급 준비금을 제외한 나머지 금액은 다시 대출이 가능하기에 통화량은 본원통화보다 커지게 된다. 즉, 통화승수 $m = \dfrac{\text{통화량}}{\text{본원통화}}$ 은 1보다 크다.
④ 이자율상승 시 현금/통화량비율(c)과 지급준비율(z)이 낮아지면 통화승수 $m = \dfrac{1}{c + z(1-c)}$ 가 커지고 통화공급량이 증가하기에 통화공급곡선은 우상향이고 이를 통화공급의 내생성이라 한다.

23　고통지수　　　　　정답 ②

출제 포인트) '실업률＋인플레이션율＝고통지수'이다.

정답)
• 실업율이 8.5%이고 인플레이션율이 4.0%이기에 고통지수는 12.5%이다.
• 인플레이션율을 1%포인트 낮추기 위해 감수해야하는 GDP감소분을 나타내는 희생비율이 3이기에 인플레이션율을 2%포인트 낮추기 위해 긴축정책을 시행하면 6%의 GDP감소가 발생한다. GDP가 1,000조 원으로 긴축정책에 따른 GDP감소분은 60조 원이다.

24　금융거래세 정책　　　　　정답 ②

출제 포인트) 금융거래세는 급격한 자본 유입·유출 방지와 세수 확대를 목적으로 주식·채권·파생상품에 부과된다.

정답)
• 외국인 투자자금에 대해 금융거래세를 부과하면 A국 기업의 외자조달비용을 높이는 요인으로 작용하여 A국으로의 외환 유입을 줄이게(④) 된다.
• 외환 유입의 감소는 A국 자본수지의 적자 요인(②)으로, 환율 상승을 초래하여 A국 통화는 절하된다(①).
• 하지만, 대규모 투기 자본 유입을 막아 A국 증권시장의 변동성을 줄이는 (③) 요인이 될 수 있다.

25　헥셔-올린정리　　　　　정답 ①

출제 포인트) 헥셔—올린정리에 의하면 노동풍부국은 노동집약적인 재화를 수출하고, 자본풍부국은 자본집약적인 재화를 수출한다.

정답)
자유무역이 이루어지면 각국에서는 풍부한 생산요소의 실질소득이 증가하는 반면 희소한 생산요소의 실질소득이 감소한다. 그러므로 자유무역이 이루어지면 노동풍부국에서는 노동자의 실질소득이 증가하고, 자본풍부국에서는 자본가의 실질소득이 증가한다.

10회 실전동형모의고사

◐ 정답

p.80

01	④	거시	**06**	③	미시	**11**	①	미시	**16**	①	미시	**21**	④	미시
02	①	미시	**07**	③	미시	**12**	③	국제	**17**	④	거시	**22**	④	국제
03	②	미시	**08**	②	미시	**13**	③	거시	**18**	①	미시	**23**	④	거시
04	①	거시	**09**	②	미시	**14**	④	국제	**19**	④	국제	**24**	②	거시
05	②	거시	**10**	④	거시	**15**	④	거시	**20**	③	거시	**25**	④	국제

◐ 취약 과목 분석표

과목	맞힌 답의 개수
미시	/ 10
거시	/ 10
국제	/ 5
TOTAL	/ 25

---

01 총생산함수   정답 ④

출제 포인트 $Y=K^{\frac{1}{2}}L^{\frac{1}{2}}$ 은 1차동차의 $C-D$ 생산함수이다.

정답

ㄱ. 1차동차의 $C-D$ 생산함수는 규모에 대한 수익불변이다.

ㄴ. 경제 전체의 생산함수를 1인당 생산함수로 바꾸어 쓰면 $y=\sqrt{k}$ 이므로 1인당 자본량(k)이 증가하면 1인당 국민소득이 증가함을 알 수 있다.

ㄷ. 자본량이 일정할 때, 인구가 증가하면 1인당 자본량(k)이 감소하기에 1인당 국민소득(y)도 감소한다.

02 효용함수   정답 ①

출제 포인트 효용함수가 $U=X^{\alpha}Y^{\beta}$ 이면 X재와 Y재의 수요함수가 각각 $X=\dfrac{\alpha}{\alpha+\beta}\cdot\dfrac{M}{P_X}$, $Y=\dfrac{\beta}{\alpha+\beta}\cdot\dfrac{M}{P_Y}$ 으로 도출된다.

정답

X재의 수요함수 $X=\dfrac{6}{10}\cdot\dfrac{M}{P_X}$, Y재의 수요함수 $Y=\dfrac{4}{10}\cdot\dfrac{M}{P_Y}$ 이다. 각 재화의 수요함수에 $P_X=3$, $P_Y=4$, $M=100$ 을 대입하면 $X=20$, $Y=10$ 으로 계산된다.

03 공공재   정답 ②

출제 포인트 개별수요곡선을 수직으로 합하여 도출하는 공공재의 시장수요곡선하에서 소비자들은 동일한 양을 서로 다른 편익으로 소비한다.

정답

• 공공재의 시장수요곡선은 개별수요곡선을 수직으로 합하여 도출한다. $P_A=250-\dfrac{1}{3}Q$, $P_B=100-\dfrac{1}{2}Q$ 이기에 공공재의 시장수요곡선은 $P=350-\dfrac{5}{6}Q$ 이다. 그리고 한계비용은 200이다.

• 공공재의 적정공급조건은 $P=MC$ 에 따라 $P=350-\dfrac{5}{6}Q$ 와 한계비용 200이 만나는 $Q=180$ 이다. $P_A=250-\dfrac{1}{3}Q=190$, $P_B=100-\dfrac{1}{2}Q=10$ 이다.

04 실질 GDP 증가율   정답 ①

출제 포인트 명목 GDP 를 실질 GDP 로 나눈 값을 GDP 디플레이터라 한다.

정답

2010년의 실질 GDP = 명목 GDP ÷ GDP 디플레이터 × 100 = 200 ÷ 100 × 100 = 200조 원이고, 2020년의 실질 GDP = 명목 GDP ÷ GDP 디플레이터 × 100 = 450 ÷ 150 × 100 = 300조 원이다.

따라서 실질 GDP 증가율(= 실질경제성장률)은 200조 원에서 300조 원으로 50% 증가했다.

05 국내금리의 인상   정답 ②

출제 포인트 한국은행은 본원통화의 감소를 통해 기준금리를 인상시킨다.

정답

기준금리의 인상에 의한 이자율상승은 외자유입으로 이어져 환율하락을 초래하고 이는 원화가치의 상승을 의미한다.

오답피하기

① 기준금리의 인상에 의한 이자율상승은 채권가격의 하락을 초래한다.

③ 기준금리의 인상은 본원통화의 감소로 통화증가율의 감소를 뜻한다.

④ 기준금리의 인상에 의한 이자율상승은 소비와 투자의 감소, 환율하락에 의한 순수출의 감소로 이어져 총수요가 감소한다. 따라서 실질 GDP 감소와 물가하락를 초래한다.

06 기회비용 정답 ③

출제 포인트 기회비용은 명시비용(실제지불비용)과 묵시비용(타 선택 시 얻을 수 있는 편익에서 타 선택 구입비용)의 합이다.

정답

· B팀의 공연관람권을 잃어버린 것은 매몰비용이다.

· 서연이가 다시 B팀의 공연관람을 위해 포기한 것은 새로 관람권을 구입하기 위해 지출한 7만 원과 A팀의 공연을 볼 때의 편익 5만 원을 합한 12만 원이다.

07 C − D 효용함수 정답 ③

출제 포인트 효용함수 $U = Ax^\alpha y^\beta$에서 X에 대한 수요함수는 $P_x x = \dfrac{\alpha}{\alpha + \beta} M$이다.

정답

따라서 X에 대한 지출이 소득에서 차지하는 비율이 언제나 $\dfrac{\alpha}{\alpha + \beta}$의 수준을 유지한다.

08 생산함수 정답 ②

출제 포인트 완전경쟁시장에서 $P = MC$를 통해 공급함수를 도출할 수 있다.

정답

생산함수의 양변을 제곱하면 $Q^2 = \min[L, 3K]$이기에 $Q^2 = L = 3K$의 관계가 성립하고, 이 기업의 비용함수는, $C(Q) = wL + rK = (4 \times Q^2) + (6 \times \dfrac{1}{3} Q^2) = 6Q^2$이다. 이를 통해 한계비용은 $MC = 12Q$이다. 완전경쟁시장에서는 항상 가격과 한계비용이 일치하기에 $P = MC$로 두면 $P = 12Q$이다. 따라서 이 기업의 공급함수는 $Q = \dfrac{1}{12} P$가 된다.

09 기대효용함수 정답 ②

출제 포인트 보험회사의 최대 이윤은 최대보험료와 기대손실액의 차이로 구할 수 있다.

정답

· 철수가 소유한 재산의 기대치와 기대효용을 계산하면 각각 다음과 같다.
$E(w) = (0.1 \times 0) + (0.9 \times 100) = 90$
$E(U) = (0.1 \times \sqrt{0}) + (0.9 \times \sqrt{100}) = 9$

· 철수가 81원의 현금을 갖고 있더라도 불확실한 상황에서와 동일한 9만큼의 효용을 얻을 수 있으므로 확실성등가는 81원이다.

· 사고발생 확률이 0.1이고, 사고발생 시 손실이 100원이므로 기대손실액은 10원이다. 그리고 재산의 기대치는 90원이고, 확실성등가가 81원이므로 위험프리미엄은 9원이다. 따라서 기대손실액과 위험프리미엄을 합한 최대보험료는 19원이다.

· 기대손실액은 10원이므로 보험회사가 19원의 보험료로 철수를 보험에 가입시켜주면 보험회사는 최대 9원의 이윤을 얻을 수 있다.

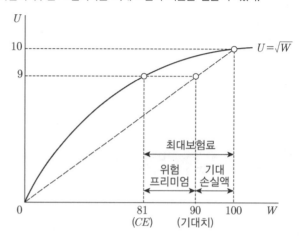

10 인플레이션 정답 ④

출제 포인트 인플레이션에는 비용인상 인플레이션과 수요견인 인플레이션이 있다.

정답

B의 경우 수요견인 인플레이션으로 총수요가 증가하기에 이에 대한 대책으로 재할인율인상 등의 긴축정책이 필요하다.

오답피하기

① A는 원자재 가격 급등에 의한 비용인상 인플레이션으로 총공급이 감소하기에 생산과 고용이 감소한다.

② A의 경우 비용인상 인플레이션으로 총공급이 감소하기에 좌측으로 이동한다.

③ B는 소비 및 투자증가로 인한 수요견인 인플레이션으로 총수요가 증가하기에 생산과 고용이 증가한다.

11 현시선호이론 정답 ①

출제 포인트 효용 측정이 불가능하다는 전제하에 소비자의 객관적 구매행위, 즉, 관찰된 소비행위인 현시선호를 통해 우하향의 수요곡선을 도출하는 이론이 현시선호이론이다.

정답

현시선호이론은 실제로는 측정할 수 없는 효용이나 무차별곡선(㉠)의 개념을 사용하지 않고 실제로 시장에서 관찰된 구매행태로부터 수요곡선(㉡)을 도출해 내는 이론이다.

12 구매력평가설 정답 ③

출제 포인트 일물일가의 법칙을 전제로 양국의 구매력인 화폐가치가 같도록 환율이 결정되어야 한다는 이론이 구매력평가설로, $P = e \cdot P_f$이다.

정답

구매력평가설에 의하면 $P = e \cdot P_f$에서 명목환율은 양국의 물가수준 P와 P_f에 의해 결정된다. 즉, $2,000 = $ 명목환율$\times 1$에서 명목환율은 $2,000$이고 이때의 실질환율은 $\epsilon = \dfrac{e \times P_f}{P} = \dfrac{P}{P} = 1$이다.

13 AD곡선과 AS곡선 정답 ③

출제 포인트 $Y = Y_N + \alpha(P - P^e)$에서 실제물가가 상승하면 총공급곡선상에서 이동하나, 예상물가수준이 상승하면 단기 총공급곡선을 왼쪽으로 이동시킨다.

정답

총수요곡선과 단기 총공급곡선이 교차하는 점에서의 국민소득수준이 잠재 GDP보다 크면 인플레이션 갭이 발생한다.

오답피하기

① 이자율효과, 실질잔고효과, 경상수지효과 등에 의해 일반적으로 총수요곡선은 우하향한다.
② 단기에 가격변수가 완전신축적이지 않으며 정보불완전성으로 총공급곡선은 우상향으로 도출된다.
④ 물가수준의 상승은 단기 총공급곡선을 따라 우상방으로 이동한다.

14 무역이론 정답 ④

출제 포인트 기회비용이 작은 국가가 비교 우위를 가진다.

정답

X재 1개 생산의 기회비용이 갑국은 Y재 $\dfrac{4}{3}$개, 을국은 Y재 1개이다. 따라서 기회비용이 작은 을국이 X재 생산에 비교 우위를 가진다. 따라서 양국이 교역한다면 을국은 X재 생산에 특화하게 된다.

오답피하기

① A점은 갑국의 생산가능곡선 바깥에 위치하고 있다. 생산가능곡선이란 주어진 자원으로 최대한 생산가능한 상품의 조합을 나타내므로 A점에서의 생산은 불가능하다.
② 을국에서 X재 생산을 40개 늘리기 위해서는 Y재 생산을 40개 줄여야 한다. 따라서 두 재화의 생산비는 동일하며 Y재 최대 생산량은 80개가 된다.
③ 두 나라의 Y재 최대 생산량은 80개로 동일하다. 즉, Y재 생산에서 절대 우위를 갖는 나라는 없다.

15 GDP 디플레이터 정답 ④

출제 포인트 명목GDP를 실질GDP로 나눈 값을 GDP디플레이터(= 명목GDP/실질$GDP \times 100$)라 하고, 이는 대표적인 물가지수의 역할을 한다.

정답

경제성장은 실질GDP 증감으로 파악할 수 있기에 실질GDP는 2020년의 $2,500에서 2021년의 $3,000로 경제성장을 경험했다.

연도	명목GDP	GDP디플레이터	실질GDP
2018	$2,000	100	$2,000
2019	$3,000	120	$2,500
2020	$3,750	150	$2,500
2021	$6,000	200	$3,000

오답피하기

① GDP디플레이터가 물가지수이기에 2018년의 100에서 2019년의 120으로 인플레이션율은 20%이다.
② GDP디플레이터가 물가지수이기에 2020년의 150에서 2021년의 200으로 인플레이션율은 33.3%이다.
③ 경제성장은 실질GDP 증감으로 파악할 수 있기에 실질GDP는 2018년의 $2,000에서 2019년의 $2,500로 경제성장을 경험했다.

16 조세의 귀착 정답 ①

출제 포인트 생산자든 소비자든 어느 일방에게 조세를 부과해도 양자가 분담하게 되는 것을 조세의 귀착이라 한다. 분담 정도와 조세 수입은 탄력성에 반비례하며, 이로 인한 후생손실인 초과부담 또는 사중적 손실은 탄력성에 비례한다.

정답

• 수요함수 $P = 100 - Q$와 공급함수 $P = Q$를 연립하면 $100 - Q = Q$, 균형거래량은 $Q = 50$, 균형가격은 $P = 50$이다.
• 이때, 소비자에게 단위당 10의 조세가 부과되면 수요곡선은 $P = 90 + Q$로 단위당 조세액만큼 하방 이동한다. 바뀐 수요곡선과 공급곡선을 연립하면 $90 - Q = Q$, 균형거래량은 $Q = 45$, 균형가격은 $P = 45$이다.
• 조세부과 후 거래량은 45이고 조세는 10이기에 조세수입 총액은 450이다. 이때, 조세의 부담은 곡선의 기울기와 비례하기에 소비자에게 귀착되는 세금의 총액은 225이다.

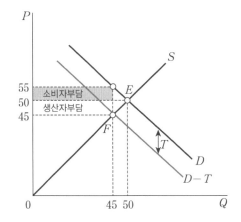

17 경기변동이론 정답 ④

출제 포인트 총체적인 경제활동수준이 주기적으로 상승과 하강을 반복하는 현상을 경기변동이라 하는데, 모든 변수의 총체적 현상이고, 동시 발생의 공행성을 보이며, 지속성을 특징으로 한다.

정답
케인즈는 대공황과 같은 경기침체가 발생하면 실업 문제를 해소하기 위해 정부의 적극적인 정책이 필요하다고 주장하였으나 경기변동의 주기와 관련한 연구결과를 발표한 적은 없다.

오답피하기
①, ② 경기변동은 주기적으로 확장국면과 수축국면이 반복되는 현상으로 경제성장과 더불어 경기변동이 이루어지기에 통상적으로 확장국면이 수축국면보다 길게 나타난다.
③ 루카스는 화폐적 균형경기변동이론을 통해 경기변동과정에서 여러 경제 변수들이 한꺼번에 변하는 현상인 공행성(co-movement)을 설명하였다.

18 독점적 경쟁 정답 ①

출제 포인트 독점적 경쟁시장의 장기균형에서는 $P=LAC$가 충족된다.

정답
$P=LAC$에서 장기균형이므로 $51-2Y=Y^2-16Y+100$에서 $Y^2-14Y+49=0$이다. 즉, $Y=7$이다. 따라서 $Y=7$을 수요곡선 $P=51-2Y$에 대입하면 $P=37$이다.

19 먼델-플레밍모형 정답 ④

출제 포인트 고정환율제도하 자본이동이 완전한 경우, BP곡선은 수평선으로, 재정정책은 매우 효과적이나 금융정책은 전혀 효과가 없다. 변동환율제도하 자본이동이 완전한 경우, BP곡선은 수평선으로, 재정정책은 전혀 효과가 없지만 금융정책은 매우 효과적이다.

정답
완전자본이동하의 소규모 개방경제의 변동환율제하에서 수입할당과 관세 등의 무역정책을 실시하면 순수출의 변화로 IS곡선이 이동하기에 총수요에는 영향을 미치지 않는다.

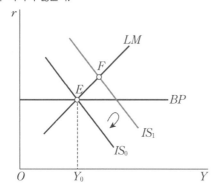

① 자본이동이 완전한 소국 개방경제의 경우 국내이자율과 해외이자율이 차이를 보이면 급속한 자본의 유출입이 발생하기에 국내이자율과 해외이자율은 항상 일치한다.
②, ③ 자본이동이 완전히 자유로운 경우 변동환율제도하에서는 재정정책은 효과가 없으나 통화정책은 효과적이다.

20 리카르도 등가정리 정답 ③

출제 포인트 정부지출재원을 국채를 통하든 조세를 통하든 국민소득은 전혀 증가하지 않는다는 것을 리카르도 등가정리라 한다. 즉, 국채를 미래조세를 통해 상환해야 할 부채로 인식하기에 소비를 줄이고 저축을 늘리면 국채발행도 조세처럼 소비감소를 유발한다.

정답
정부가 장래의 정부구매를 축소하기 조세를 삭감하면 경제주체들은 조세의 삭감을 미래의 부채로 인식하지 않기에 민간소비는 증가한다.

오답피하기
①, ②, ④ 리카르도 등가정리에 의하면 정부의 부채를 통한 조세의 삭감을 합리적 경제주체들은 미래의 부채의 증가로 인식하기에 민간소비는 증가하지 않고 저축만 증가한다.

21 무차별곡선 정답 ④

출제 포인트 무차별곡선은 우하향의 형태로, 원점에서 멀어질수록 효용이 커지고 교차하지 않으며 원점에 대하여 볼록하다.

정답
완전보완재의 경우 무차별곡선은 'L자형'이고, 완전대체재의 경우 우하향의 직선 형태이다.

오답피하기
① 두 상품이 각각 재화(goods)와 비재화(bads)인 경우는 영역 II와 영역 IV로 모두 무차별곡선은 우상향한다.
• E점이 효용이 극대화되는 점(포화점)이라 가정한다.
• 영역 III은 일반적인 영역으로 X재와 Y재가 모두 재화의 경우이다.
• 영역 I은 X재와 Y재가 모두 비재화의 경우이다.
• 영역 II에서는 Y재가 비재화인 구간이고, 영역 IV에서는 반대로 X재가 비재화인 구간이다.

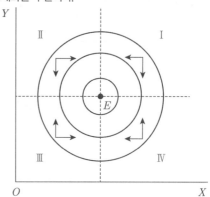

② 무차별곡선이 원점에 대하여 볼록한 것은 한계대체율이 체감함을 의미
　한다.
③ 두 상품이 모두 재화(goods)인 경우 무차별곡선이 원점에서 멀어질수
　록 효용이 커진다.

오답피하기

① 이 경제는 황금률(golden rule) 자본수준에 있지 않다.
③ 황금률 자본수준으로 가기 위해서는 현재 효율노동 단위당 소비를 감소
　시켜야 한다.
④ 저축률을 높이면 현재의 소비는 줄어들지만 황금률에 도달하면 효율노
　동 1인당 소비가 현재 균제상태보다 높아지게 된다.

---

22 스톨퍼-사무엘슨 정리 정답 ④

출제 포인트 자본에 비해 상대적으로 노동이 풍부한 나라에서 자유무역이
이루어지면 노동풍부국인 A국에서는 노동집약재의 상대가격이 상승하기
에 노동의 실질소득은 증가하고 자본의 실질소득은 감소한다.

정답

스톨퍼-사무엘슨 정리를 따를 때, 관세를 부과하면 희소한 생산요소의 소
득은 증가하고 풍부한 생산요소의 소득은 감소한다. 따라서 A국에서 자본
집약재인 Y재 수입에 관세를 부과하면 노동자는 불리해지고, 자본가는 유
리해진다.

---

25 환율 정답 ④

실질환율은 $\epsilon = \dfrac{e \times P_f}{P}$ (ϵ: 실질환율, e: 명목환율, P_f: 해외물가, P: 국
내물가)이기에, 이를 변형하면 실질환율변화율＝명목환율변화율＋해외물가
상승률－국내물가상승률이다.

정답

명목환율 상승률이 10%, 한국의 물가상승률이 5%, 미국의 물가상승률이
2%이기에, 실질환율변화율＝명목환율변화율＋해외물가상승률－국내물가상
승률에서 실질환율변화율＝$10\%＋2\%－5\%＝7\%$이다.

---

23 필립스곡선 정답 ④

출제 포인트 필립스곡선 $\pi = \pi^e - \alpha(U - U_N)$에서 $\pi = \pi^e$일 때 실업률
을 자연실업률이라 한다.

정답

잠재GDP에 해당하는 실업률은 자연실업률로 $\pi = \pi^e$일 때
$-0.5u + 2.2 = 0$에서 $u = 4.4\%$이다.

---

24 솔로우모형 정답 ②

출제 포인트 주어진 생산함수를 효율노동 EL로 나누면
$\dfrac{Y}{EL} = \dfrac{K^{0.5}(EL)^{0.5}}{EL} = \left(\dfrac{K}{EL}\right)^{0.5}$이다. 효율노동 1단위당 생산량
$y = \dfrac{Y}{EL}$, 효율노동 1단위당 자본량 $k = \dfrac{K}{EL}$로 두면 1인당 생산함수는
$y = k^{0.5} = \sqrt{k}$가 된다.

정답

• 균제상태의 1인당 자본량은 $sf(k) = (n + d + g)k$에서,
　$0.2\sqrt{k} = (0.05 + 0.1 + 0.05)k$이므로 $k = 1$이다.

• 효율노동 1인당 생산함수에서 $MP_K = 0.5k^{-0.5} = \dfrac{1}{2\sqrt{k}}$이다.

• 황금률의 1인당 자본량은 $MP_K = n + d + g$에서,
　$\dfrac{1}{2\sqrt{k}} = (0.05 + 0.1 + 0.05)$, $\sqrt{k} = \dfrac{5}{2}$, $k = \dfrac{25}{4}$이다.

• 균제상태의 1인당 자본량이 1이고, 황금률의 1인당 자본량이 $\dfrac{25}{4}$이기
　에 현재는 과소자본 상태이다. 따라서 황금률 수준으로 가기 위해서는 저
　축률을 자본소득분배율과 동일한 50%로 높여야 한다.

기출로
확인체크

01

수확체감의 법칙이 적용되지 않는 $Y = AK$라는 생산함수를 가정할 때, AK모형은 정부의 감세정책 등으로 저축률이 높아지면 지속적인 경제성장이 가능함을 보여준다.

⇨ AK모형의 경제성장률은 sA이므로 저축률(s)이 상승하거나 총요소생산성(A)이 상승하면 경제성장률이 높아진다.

02

외화 유출은 외화의 수요증가로 환율상승요인이고, 외화 유입은 외화의 공급증가로 환율하락요인이다.

⇨ 외국 기관투자가들이 우리나라 주식을 매각하면 달러의 수요증가로 환율상승요인이다.

03

본원적 예금이 W고 신용승수가 $\dfrac{1}{z_l}$일 때, 총예금창조액은 $\dfrac{1}{z_l}W$이다. 순예금창조액은 총예금창조액에서 본원적 예금을 뺀 값으로 $\dfrac{1-z_l}{z_l}W$이기에 순신용승수는 $\dfrac{1-z_l}{z_l}$이다.

⇨ $M^S = \dfrac{1}{c + z(1-c)} \times H$에서, 현금통화비율($c$)이 클수록 통화승수($m = \dfrac{1}{c + z(1-c)}$)가 작아지기에 통화량의 조절이 어려워진다.

04

외부충격에 의한 경제주체들의 최적화 결과로 경기변동이 발생한다는 것을 새고전학파의 경기변동론이라 한다. 최적화 결과로 사회적 후생손실은 없다고 보기에 경기변동을 기본적으로 균형현상으로 파악한다. 따라서 정부개입은 불필요하다고 본다. 즉, 새고전학파의 경기변동론은 균형경기변동이론이며, 크게 화폐적 균형경기변동이론과 실물적 균형경기변동이론으로 나뉜다.

⇨ 최적화 결과로 사회적 후생손실은 없다고 보기에 경기변동은 시장의 자연스러운 반응이다.

05

현금/예금비율 시 통화승수는 $m = \dfrac{k+1}{k+z}$이고, 통화량은 $M^S = \left(\dfrac{k+1}{k+z}\right) \times H$이다.

⇨ 은행들이 자기자본비율을 높이면 지급준비율을 높이기에 통화승수가 감소하여 통화량이 감소한다. 예금주들의 현금 인출이 증가하면 현금/예금비율(k)이 증가하고 통화승수가 감소하여 통화량이 감소한다. 개인들이 현금 보유량을 늘리면 현금/예금비율(k)이 증가하고 통화승수가 감소하여 통화량이 감소한다. 국채를 매입하면 본원통화의 증가로 통화량이 증가한다.

06

$IS-LM$모형이 폐쇄적인 자급자족 경제를 다룬 데 반해 먼델−플레밍 모형은 개방경제를 다룬다.

⇨ 투자자는 위험한 만큼 높은 수익을 원하는데, 위험을 감수하는 만큼의 대가를 더하는 것을 위험할증이라 한다. 일국과 관련된 위험할증이 증대하는 경우 자본유출이 발생한다. 고정환율제도하에서 자본유출은 통화량감소로 국민소득이 감소한다. 변동환율제도하에서 자본유출은 환율상승으로 국민소득이 증가한다.

07

'일정기간 한 나라 안에서 새로이 생산된 모든 최종생산물의 시장가치'를 국내총생산(GDP)이라 한다.

⇨ '물가지수/100 = (명목GDP/실질GDP)'에서 기준연도에는 물가지수가 100으로 실질GDP와 명목GDP는 같다.

08

Y는 생산량, L은 노동인구일 때 노동자 1인당 생산량 $y = \dfrac{Y}{L}$이다.

따라서 $y = \dfrac{Y}{L}$에서 $\dfrac{\triangle y}{y} = \dfrac{\triangle Y}{Y} - \dfrac{\triangle L}{L}$로 나타낸다.

⇨ $\dfrac{\triangle y}{y} = \dfrac{\triangle Y}{Y} - \dfrac{\triangle L}{L}$에서 $5 = \dfrac{\triangle Y}{Y} - 1$이기에 $\dfrac{\triangle Y}{Y} = 6\%$이다.

과세부과에 따른 자중적 손실은 자원의 비효율적 배분과 관련된다.
⇨ 따라서 과세부과에 따른 자중적 손실의 최소화를 기하는 것은 효율성 측면과 관련이 있다.

시장을 몇 개로 분할하여 각 시장에서 서로 다른 가격을 설정하는 것이 제3급 가격차별로 일반적인 가격차별이다.
⇨ 각 단위의 재화에 대하여 소비자들이 지불할 용의가 있는 최대금액을 설정하는 것이 제1급 가격차별로, 완전경쟁시장의 산출량과 일치한다.

솔로우성장모형에서 균제상태란 실제투자액$[sf(k)]$과 필요투자액(nk)이 일치하여, 1인당 자본량이 불변이고 1인당 생산량이 불변인 상태로 경제성장률과 인구증가율이 일치한다.
⇨ 양국이 모두 균제상태로 양국의 1인당 생산량은 모두 불변이다. 따라서 양국의 일인당 국민소득증가율도 모두 0이다.

12

라스파이레스 방식(LP)은 기준연도 거래량을 가중치로 사용하여 계산$(L_P = \dfrac{P_t \cdot Q_0}{P_0 \cdot Q_0})$하는 물가지수로 물가변화를 과대평가하고, 소비자물가지수, 생산자물가지수 등이 있다. 파셰 방식(PP)은 비교연도 거래량을 가중치로 사용하여 계산$(P_P = \dfrac{P_t \cdot Q_t}{P_0 \cdot Q_t})$하는 물가지수로 물가변화를 과소평가하고, GDP디플레이터 등이 있다.
⇨ GDP디플레이터는 국내 생산물을 대상으로 하기에 수입물품의 가격상승은 GDP디플레이터에 반영되지 않는다.

실질이자율에 기대인플레이션율을 더한 값이 명목이자율이라는 피셔방정식에서, 기대인플레이션율 상승분이 모두 명목이자율의 상승으로 반영되지 못하여 실질이자율이 하락하는 효과를 멘델-토빈효과라 하고, 멘델-토빈효과로 실질이자율이 하락하면 소비와 투자가 증가하므로 총수요가 증가하게 된다.
⇨ 기대인플레이션율 상승분이 모두 명목이자율의 상승으로 반영되지 못하지만 명목이자율은 상승한다. 따라서 명목이자율의 감소함수인 (투기적) 화폐수요가 감소한다.

신용중시 견해란 정부의 통화정책이 시중은행의 대출경로를 거쳐야 효과를 달성할 수 있다고 보는 학설이다.
⇨ 신용중시 견해는 은행의 대출과 채권의 대체관계가 높지 않을 때 그 타당성이 확보될 수 있다.

15

총수입에서 총비용을 차감한 값인 이윤은 $MR = MC$이고, MR기울기 $<$ MC기울기일 때 극대화된다.

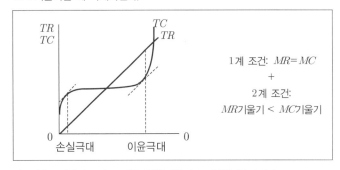

⇨ 이윤극대화의 2차 조건은 MR기울기 $<$ MC기울기이다.

화폐의 교환매개 기능을 강조하고 화폐수요가 이자율과 무관한 것으로 본 고전학파의 화폐수량설에서 시작하여 화폐의 가치저장 기능이 있음을 강조한 케인즈는 화폐수요가 이자율에 매우 민감함을 주장한다.
⇨ 채권보유 시 장래수익의 확률분포가 주어져 있고 위험기피자를 가정할 때, 효용이 극대화되도록 화폐와 채권의 포트폴리오를 구성하는 과정에서 투기적 화폐수요를 결정하는 것이 토빈의 자산선택이론이다. 따라서 토빈의 자산선택이론은 자산보유에 따른 위험을 줄이기 위해 무위험 자산인 화폐에 대한 수요를 강조한다.

실물적 균형경기변동이론(RBC)은 초기에는 주로 생산성 충격(기술진보)에 주목했으나 이후 IS곡선에 영향을 미치는 충격도 인정한다. 하지만, 화폐의 중립성을 가정하기에 LM곡선에 영향을 미치는 충격은 경기변동의 요인이 되기 어렵다고 본다.
⇨ 생산성 향상과 같은 유리한 공급 충격에도 경기변동이 가능하기에 비자발적 실업이 존재하지 않아도 경기가 변동한다.

18

내생적 성장이론은 기술진보는 경험을 통한 학습효과 등 경제 내에서 내생적으로 결정된다고 본다.
⇨ 수확체감의 법칙이 적용되지 않는 $Y=AK$라는 생산함수를 가정할 때, AK모형은 정부의 감세정책 등으로 저축률이 높아지면 지속적인 경제성장이 가능함을 보여준다. 이처럼 기술진보 없이도 성장할 수 있다.

19

어떤 재화의 상대가격이 상승하면 그 재화에 집약적으로 사용되는 생산요소 소득이 증가하고 다른 생산요소 소득은 감소한다는 것을 스톨퍼-사무엘슨정리라 한다.
⇨ A국은 자본에 비해 상대적으로 노동이 풍부한 나라이다. 따라서 자유무역이 이루어지면 노동풍부국인 A국에서는 노동집약재의 상대가격이 상승하기에 노동의 실질소득은 증가하고 자본의 실질소득은 감소한다.

20

1인당 소비가 극대화되는 상태를 자본축적의 황금률이라 하고 $f'(k)=n+d$, 즉 자본의 한계생산물이 인구증가율과 감가상각률의 합과 일치할 때 달성된다.
⇨ B에서 A로 가기 위해 저축률을 높일 경우 이는 미래 세대를 중시하는 것이기에, 미래 세대보다 현재 세대를 중시하는 정책당국은 B에서 A로 가는 정책을 추구하지 않을 수 있다.

21

불확실성하의 소비자 행동 분석을 기대효용이론이라 한다.
⇨ 불확실성하에서 기대효용과 동일한 효용을 주는 확실한 현금의 크기를 확실성등가라 한다. 즉, L에 대한 기대효용은 $0.5 \times \sqrt{10,000} + 0.5 \times \sqrt{0} = 50$으로 확실성등가는 $U(w)=50=\sqrt{w}$에서 2,500원이다. 따라서 현금 2,400원과 복권 L을 교환하자는 제의에 응하지 않을 것이다.

22

1달러당 원화 환율이 1,100원이고 1달러당 엔화 환율이 110엔이면 110엔당 원화 환율은 1,100원이다.
⇨ 100엔당 원화 환율은 1,000원이다.

23

희생률이란 인플레이션율을 $1\%p$ 낮추는 데 발생하는 실질GDP감소율이다.
⇨ 합리적 기대에 따르면, 정부정책의 사전 공표와 이에 대한 신뢰가 확보되면 단기 필립스곡선에서 고통 없는 인플레이션 감축이 가능하다고 본다.

24

정부지출재원을 국채를 통하든 조세를 통하든 국민소득은 전혀 증가하지 않는다는 것을 리카도 등가정리라 한다.
⇨ 유동성제약이 존재하면 차입이 곤란하여 국채를 발행하고 조세를 감면하면 민간의 가처분소득이 증가하기에 소비가 증가한다. 따라서 리카도 대등정리가 성립하기 위해서는 저축과 차입이 자유롭고 저축이자율과 차입이자율이 동일하다는 가정이 충족되어야 한다.

25

경기침체로 실업률증가 후 일정기간 유지 시 노동자의 숙련도 상실과 근로에 대한 태도변화로 자연실업률 자체가 높아지는 현상을 실업률의 이력현상 또는 기억효과라 한다.
⇨ 새케인즈학파는 재량적인 안정화정책을 통해 실업률감소 후 일정기간 유지 시 자연실업률이 낮아질 수 있기에 재량적인 안정화정책이 필요함을 주장한다. 따라서 이력현상(hysteresis)이 존재할 경우 거시경제정책은 장기적으로도 실업률에 영향을 미칠 수 있다.

26

유동성제약 시 현재가처분소득이 증가하면 그만큼 현재소비가 증가한다.
⇨ 가계에 유동성제약이 존재하면 현재소득에 대한 현재소비의 의존도는 강화된다.

27

물가변화에 신축적 대응이 가능할수록 필립스곡선은 수직의 형태에 가까워진다.
⇨ 물가연동제를 실시하는 고용계약의 비중이 클수록 물가변화에 신축적 대응이 가능하기에 단기 필립스곡선은 더 가파른 기울기를 갖는다.

28

기준금리의 인하로 외국자본유출이 발생하면 환율(원/$)이 상승한다.
⇨ 기준금리의 인하로 비례관계인 채권수익률이 낮아지면 주식과 부동산에 대한 수요가 늘어나 자산가격이 상승하고 소비가 늘어난다.

29

GDP측정에는 주부의 가사노동이 제외되는 등 측정상 한계와 여가와 공해비용 등이 고려되지 않는 후생지표상 한계가 있다.
⇨ 임대 주택이 제공하는 주거서비스뿐만 아니라 자가주택이 제공하는 주거서비스도 자가주택의 귀속임대료로 GDP에 포함된다.

30

합리적 기대와 예상된 정책하 단기 필립스곡선은 수직선으로 단기 긴축정책의 효과는 없다.

⇨ 적응적 기대하 단기 필립스곡선은 우하향으로 예상되지 못한 단기 긴축정책의 효과는 있다. 따라서 단기 균형점은 우하향의 단기 필립스곡선을 따라 A점에서 C점으로 이동한다.

31

솔로우(Solow)성장모형은 지속적인 경제성장은 지속적인 기술진보에 의해서만 가능하다고 본다.

⇨ 정상상태(steady state)에서 1인당 경제성장률은 지속적인 기술진보가 없을 경우 0으로 인구증가율의 변화는 1인당 경제성장률에 영향을 미치지 않는다.

32

가격과 한계비용의 차이가 클수록 후생손실이 증가한다는 점을 반영하여 도출된 $dm = \dfrac{P-MC}{P}$ 가 러너의 독점도이다.

⇨ 수요곡선 $Q=100-P$에서 $P=100-Q$이고 $MR=100-2Q$이며, 비용함수 $C(Q)=20Q+10$에서 $MC=20$이다.
독점기업의 이윤극대화 가격은 $MR=MC$에서 $100-2Q=20$일 때 $Q=40$이고 수요곡선 $P=100-Q$에서 $P=60$이다.
따라서 러너지수는 $dm = \dfrac{P-MC}{P} = \dfrac{60-20}{60} = \dfrac{2}{3}$ 이다.

33

'$X-M$ = 순수출 = 순자본유출'이다. 즉, 수출을 통해 얻은 1달러로 미국의 주식 등을 구입한다면 순자본유출이 발생한다. 따라서 순수출 1달러는 순자본유출 1달러로 전환된다.

⇨ 순자본유출이 정(+)이면 순수출, 즉 경상수지는 흑자이다.

34

'비효율성계수 = 초과부담/조세수입'이다.

⇨ 조세의 귀착 시 초과부담, 즉 후생손실은 '거래량 감소분 × 단위당 조세 $\times \dfrac{1}{2}$'을 통해 알 수 있다.

1. 조세부과 전 거래량	$200-Q=100$ $Q=100$, $P=100$
2. 조세부과 후 곡선(P로 도출)	비법: 평행이동! $Q_d=200-P$에서 P대신 $[P-(-20)]$을 대입하면, $Q_d=200-(P+20)$으로 $Q_d=180-P$이다.
3. 조세부과 후 거래량	$180-Q=100$ $Q=80$, $P=100$
4. 거래량감소 × 단위당 조세 $\times \dfrac{1}{2}$	$(100-80)\times 20 \times \dfrac{1}{2} = 200$

조세의 귀착 시 조세수입은 '조세부과 후 거래량 × 단위당 조세'를 통해 알 수 있다. 즉, $80\times20=1,600$이다.

비효율성계수 $= \dfrac{초과부담}{조세수입}$이므로 $\dfrac{200}{1,600} = \dfrac{1}{8}$ 이다.

35

정부지출재원을 국채를 통하든 조세를 통하든 소비가 전혀 증가하지 않는다는 것을 리카르도 등가정리라 한다.

⇨ 소비자들은 미래에 부과되는 조세를 자기세대가 부담할 것으로 기대하면, 저축을 증가시키기에 소비증가가 발생하지 않는다. 즉, 리카르도등가정리가 성립한다.

36

본원통화량이 불변인 경우 현금보유비율이 작아지고, 지급준비율이 낮을수록 통화승수가 커지기에 통화량은 증가한다. 즉, 예금이 커지고 대출이 늘수록 통화량은 증가한다.

⇨ 요구불예금보다 현금을 더 선호하게 되면 예금이 줄어 통화량을 감소시킬 수 있다.

37

t기의 실질이자율은 t기의 명목이자율(i_t)에서 t기의 인플레이션율(π_t)을 차감한다.

⇨ t기의 인플레이션율(π_t)이 목표인플레이션율(π^*)과 같고 t기의 실업률(u_t)이 자연실업률(u_n)과 같으면, t기의 실질이자율은 t기의 명목이자율(i_t)에서 t기의 인플레이션율(π_t)을 차감한 ρ와 같다.

경제성장의 요인을 요인별로 분석해 보는 것을 성장회계라 하고, $\dfrac{\triangle Y}{Y}=$ $\dfrac{\triangle A}{A}+\alpha\dfrac{\triangle L}{L}+(1-\alpha)\dfrac{\triangle K}{K}$ 로 나타낸다. 이때 $\dfrac{\triangle A}{A}$ 를 총요소생산성증가율, 솔로우 잔차라 하고 총요소생산성은 기술수준 등에 의해 결정된다.

⇨ 총생산함수 $Y=AL^{\frac{1}{3}}K^{\frac{2}{3}}$ 에서 실질GDP증가율이 5%, 노동증가율이 3%, 자본증가율이 3%일 때, 솔로우 잔차는

$\dfrac{\triangle A}{A}=\dfrac{\triangle Y}{Y}-\alpha\dfrac{\triangle L}{L}-(1-\alpha)\dfrac{\triangle K}{K}=5-\dfrac{1}{3}\times 3-\dfrac{2}{3}\times 3$

$=2\%$ 이다.

$C-D$ 생산함수 $Q=AL^{\alpha}K^{\beta}$ 는 1차동차함수 여부와 관계없이 대체탄력성은 1이다.

⇨ 생산함수 $Q=L^{2}K^{2}$ 은 $C-D$ 생산함수로 생산자균형점에서 생산요소 간 대체탄력성은 1이다.

케인즈학파는 재량적인 안정화정책을, 통화주의학파는 준칙에 입각한 정책 실시를 주장했다.

⇨ 준칙에 따른 정책은 매년 통화량증가율을 일정하게 유지하는 소극적 경제정책과, 일정하게 유지하되 경제여건에 따라 약간 조정이 가능한 적극적 경제정책이 있다.

정답 p.96

취약 과목 분석표

01	② 미시	06	③ 미시	11	④ 미시	16	② 거시	21	② 거시
02	② 미시	07	① 국제	12	③ 미시	17	① 미시	22	④ 거시
03	① 미시	08	② 국제	13	④ 거시	18	② 거시	23	④ 국제
04	④ 거시	09	④ 미시	14	④ 거시	19	④ 거시	24	③ 미시
05	③ 거시	10	④ 미시	15	③ 거시	20	④ 미시	25	④ 거시

과목	맞힌 답의 개수
미시	/ 11
거시	/ 11
국제	/ 3
TOTAL	/ 25

11' 지방직

01 이윤극대화 정답 ②

(출제 포인트) 이윤극대화 조건은 시장의 종류와 관계없이 $MR = MC$이다.

(정답)

$MR = MC$에 따라 기업 1은 $MR_1 = 32 - 2Q_1 - Q_2 = MC_1 = 6$에서 기업 2는 $MR_2 = 32 - Q_1 - 2Q_2 = MC_2 = 4$에서 이윤극대화를 추구한다. 따라서 $26 - 2Q_1 - Q_2 = 0$과 $28 - Q_1 - 2Q_2 = 0$을 연립하면 $Q_1 = 8$이고, $Q_2 = 10$이다.

11' 지방직

02 한계효용균등의 법칙 정답 ②

(출제 포인트) 한계효용균등의 법칙에 따라 $\dfrac{MU_X}{P_X} = \dfrac{MU_Y}{P_Y}$에서 효용극대화가 이루어진다.

(정답)

$P_X \cdot X + P_Y \cdot Y = M$이라는 예산제약에서 $1,000X + 500Y = 10,000$으로 $2X + Y = 20$이다. $U(X, Y) = XY + 3$에서 $MU_X = Y$, $MU_Y = X$, $P_X = 1,000$, $P_Y = 500$이다. 따라서 $\dfrac{MU_X}{P_X} = \dfrac{MU_Y}{P_Y}$에서 $2X = Y$이다. 이를 $2X + Y = 20$과 연립하면 $X = 5$이고 $Y = 10$이다.

12' 국가직

03 독점시장 정답 ①

(출제 포인트) 독점시장에서 수요곡선인 사회적 한계편익곡선과 사회적 한계비용곡선이 만나는 점에서 최적생산량이 결정된다.

(정답)

시장수요곡선은 $Q = 120 - P$으로 소비측면의 외부효과는 없기에 사적 한계편익 = 사회적 한계편익으로 $SMB = 120 - Q$이다. 사적 한계비용곡선은 사적인 비용함수인 $C(Q) = 1.5Q^2$를 미분한 $PMC(Q) = 3Q$이다. 환경오염으로 인한 외부효과의 크기는 환경오염비용인 $EC(Q) = Q^2$를 미분한 $EMC(Q) = 2Q$이다. 따라서 사회적 한계비용곡선은 $SMC = 5Q$이다. 따라서 최적생산량은 $SMB = SMC$으로 $Q = 20$이다.

12' 국가직

04 지급준비금 정답 ④

(출제 포인트) '지급준비금 = 법정지급준비금 + 초과지급준비금 = 시재금 + 지급준비예치금'이다.

(정답)

초과지급준비금이 0이기에 '지급준비금 = 법정지급준비금'이다. 요구불예금 5,000만 원을 시재금으로 지급하면, 요구불예금 5,000만 원 감소로 법정지급준비금이 750만 원(= 5,000만 원 × 15%)감소면 되는데, 시재금이 5,000만 원 감소이기에 지급준비금이 법정기준보다 4,250만 원 부족하게 된다.

(오답피하기)

①, ② 고객의 요구불예금 잔고가 5,000만 원 감소한다.

③ 지급준비금이 법정기준보다 4,250만 원 부족하게 된다.

12' 지방직

05 영구채 정답 ③

(출제 포인트) 매년 C원씩 이자를 받는 영구채의 현재가치는 $PV = \dfrac{C}{(1+r)} + \dfrac{C}{(1+r)^2} + \dfrac{C}{(1+r)^3} + \cdots = \dfrac{C}{r}$이다.

(정답)

이자율이 6%일 때, 채권가격은 400만 원이고, 이자율이 8%일 때, 채권가격은 300만 원이기에, 채권가격은 100만 원 감소한다.

06 완전경쟁 가변생산요소시장 정답 ③

출제 포인트 생산물시장이 완전경쟁이고, 생산요소시장이 완전경쟁이면 이윤극대화 조건은 $VMP_L = MRP_L = MFC_L = w$ 이다(총수입에서 총비용을 차감한 값인 이윤은 구체 수치로 주어지면 직접 계산한다).

정답

고용량	1	2	3	4	5	6
한계생산물	10	15	30	25	10	5
총생산물	10	25	55	80	90	95
총수입	200만	500만	1,100만	1,600만	1,800만	1,900만
총비용	300만	600만	900만	1,200만	1,500만	1,800만
이윤	-100만	-100만	200만	400만	300만	100만

07 국제수지표 정답 ①

출제 포인트 국내외환시장에서 한국은행의 외화매입은 준비자산증가를 의미하고, 금융계정의 차변, 즉 지급(-) 항목에 표시된다.

정답

직접투자, 증권투자 및 파생금융거래를 제외한 모든 대외거래, 즉 대출/차입, 무역신용, 현금 및 예금 등의 금융거래를 기타투자라 한다. 따라서 국내외환시장에서 한국은행의 외화매입은 차변에 준비자산 8억 달러, 대변에 금융계정(기타투자) 8억 달러로 표시된다.

08 헥셔-올린정리 정답 ②

출제 포인트 비교우위의 발생원인을 요소부존의 차이로 설명하는 헥셔-올린정리는, 노동풍부국은 노동집약재 생산에, 자본풍부국은 자본집약재 생산에 비교 우위가 있다고 설명한다.

정답

요소부존도는 자본부존량을 노동부존량으로 나눈 값으로, 요소부존도가 클수록 상대적으로 자본이 풍부하다. A국의 요소부존도 $= \frac{1}{2}$ 이고, B국의 요소부존도 $= \frac{1}{3}$ 이다. 따라서 자본이 풍부한 나라는 A국이다.

ㄴ. $MRTS_{LK} = (-)\frac{\triangle K}{\triangle L} = \frac{MP_L}{MP_K} = (-)\frac{w}{r}$ 으로, 한계기술대체율이 클수록 노동집약적이다.
$MRTS_{LK}^X > MRTS_{LK}^Y$ 일 때, X는 L을 더 선호하고 Y는 K를 더 선호하기에 X는 L을 받고 K를 주는 교환을 한다.
$MRTS_{LK}^X = \frac{2LK}{L^2} = \frac{2K}{L}$ 이고, $MRTS_{LK}^Y = \frac{K^2}{2LK} = \frac{K}{2L}$ 이다.
따라서 상대적으로 노동집약적인 산업은 X재 산업이다.

ㄷ. 노동풍부국은 노동집약재 생산에, 자본풍부국은 자본집약재 생산에 비교우위가 있다. 따라서 A국은 Y재, B국은 X재에 비교우위가 있다.

오답피하기

ㄱ. A국의 요소부존도 $= \frac{1}{2}$ 이고, B국의 요소부존도 $= \frac{1}{3}$ 이다. 따라서 자본이 풍부한 나라는 A국이다.

09 자본자산가격결정모형 정답 ④

출제 포인트 자본자산가격결정모형은 모든 자산에 대한 수요와 공급이 일치하는 균형상태에서 자산의 기대수익률이 어떻게 결정되어야 하는지를 설명하는 이론이다.

정답

주식 i의 기대수익률과 주식 i의 표준편차 간 관계를 보여주는 자본시장선 (CML)의 기울기는 (시장포트폴리오의 기대수익률 - 무위험자산의 수익률)/(시장포트폴리오의 표준편차)이다.

주식 i의 기대수익률
= 무위험자산의 수익률 + (시장포트폴리오의 기대수익률 - 무위험자산의 수익률) × (주식 i의 표준편차/시장포트폴리오의 표준편차)

10 이윤극대화 정답 ④

출제 포인트 가격차별 독점기업의 이윤극대화 조건은 $MR_1 = MR_2 = MC$이다.

$$MR = \frac{dTR}{dQ} = P + \frac{QdP}{dQ} = P(1 + \frac{Q}{P} \cdot \frac{dP}{dQ}) = P(1 - \frac{1}{\epsilon_d})$$
$$MR_1 = MR_2 \text{에 따라}$$
$$P_1(1 - \frac{1}{\epsilon_1}) = P_2(1 - \frac{1}{\epsilon_2}) \text{이다.}$$

정답

$P_1(1 - \frac{1}{\epsilon_1}) = P_2(1 - \frac{1}{\epsilon_2}) = MC = 5$ 에서 시장 A와 시장 B에서 수요의 가격탄력성이 각각 1.5 및 1.2일 때, $P_1 = 15$, $P_2 = 30$ 이다.

11 생산량 정답 ④

출제 포인트 11번째 노동투입 시 노동의 한계생산량이 10이지만, 4번째 노동투입 시 노동의 한계생산량이 17이기에, 전자 대신 후자에 노동을 투입하면 노동의 한계생산량은 7만큼 증가한다.

정답

10번째 노동투입 시 노동의 한계생산량이 11이지만, 5번째 노동투입 시 노동의 한계생산량이 16이기에 전자 대신 후자에 노동을 투입하면 노동의 한계생산량은 5만큼 증가한다. 결국, 9번째 대신 6번째 노동투입 시 노동의 한계생산량은 3만큼 증가하고, 8번째 대신 7번째 노동투입 시 노동의 한계생산량은 1만큼 증가하기에 총생산량은 16개 증가한다.

12 이표채권 정답 ③

출제 포인트 금리변동과 채권가격은 서로 반대의 방향이다. 즉, 금리가 하락하면 채권의 가격은 상승하고 금리가 상승하면 채권의 가격은 하락하게 된다.

- 채권은 정부, 공공기관, 기업이 일반 대중 투자자들로부터 장기의 자금을 조달하기 위하여 부담하는 채무를 표시하는 일종의 차용증서이다.
- 이표채권(coupon bond)은 채권의 권면에 이표가 붙어 있어 이자지급일에 이것으로 일정이자를 지급받는 채권이다.
- 확정금리부채권(Straight Bond)은 확정이자율에 의한 일정금액을 약정기일에 지급하는 채권으로 국공채와 회사채의 대부분이 이에 해당한다.

액면	채권 1장마다 권면에 표시되어 있는 1만 원, 10만 원, 100만 원 등의 금액
표면이율	액면에 대한 1년당 이자율(연이율)
수익률	• 투자원본에 대한 수익의 비율로서 통상 만기수익률 • 투자자가 최종상환일까지 채권을 보유한 경우 받게 되는 1년당 전체수익을 투자원본으로 환산하였을 때의 비율

정답

확정금리부이표채권(Straight coupon Bond)의 이표이자액은 확정이자율에 의한 일정금액을 약정기일에 지급하는 채권이다.

오답피하기

① 금리(수익률)가 상승하면 채권의 가격은 하락하기에, 이표채권의 가격은 금리(수익률)가 상승하면 액면가 아래로 낮아질 수 있다.
② 금리(수익률)가 하락하면 채권의 가격은 상승하기에, 이표채권의 가격이 액면가보다 높다면 이 채권의 시장 수익률은 이표이자율보다 낮다.
④ 금리(수익률) 변동과 채권가격은 서로 반대의 방향이기에, 이표채권 가격의 상승은 그 채권을 매입하여 얻을 수 있는 수익률의 하락을 의미한다.

14' 지방직

13 금리스왑 정답 ④

출제 포인트 '고정금리차이의 절댓값 − 변동금리차이의 절댓값 = 총 차입비용의 최대 절감효과'이다.

정답

'고정금리차이의 절댓값($1.5\%p$) − 변동금리차이의 절댓값($0.5\%p$) = 총 차입비용의 최대 절감효과($1\%p$)'이다. 금리하락을 예상하는 A회사는 현재 변동금리 자금이 필요하고 금리상승을 예상하는 B회사는 고정금리 자금이 필요하다. 만약 B회사가 $LIBOR+1.0\%p$ 변동금리로 대출받아 A회사에게 $LIBOR+0.5\%p$로 대출해주면, B회사는 그 차이인 $0.5\%p$만큼 손해를 본다. 하지만, A회사가 10% 고정금리로 대출받아 B회사에게 10% 고정금리로 대출해주면, B회사는 그 차이인 $1.5\%p$만큼 이익을 본다. 따라서 $0.5\%p$만큼 손해이나 $1.5\%p$만큼 이익이기에 $1.0\%p$만큼 총 차입비용의 최대 절감효과를 볼 수 있다.

14' 지방직

14 총공급곡선 정답 ④

출제 포인트 명목임금이 경직적인 케인지언 단기 폐쇄경제모형의 경우 물가상승은 실질임금을 하락시켜 고용량이 증가한다. 고용량증가로 총생산량이 증가하기에 총공급곡선은 우상향의 형태로 도출된다.

정답

노동시장의 균형은 $(VMP_L=)MP_L \times P = W$이다. W가 5이고, MP_L은 생산함수 $Y=2\sqrt{L}$을 미분한 $MP_L = \dfrac{1}{\sqrt{L}}$이다. L은 $MP_L \times P = W$에서 $\dfrac{1}{\sqrt{L}} \times P = 5$를 통해 $L = \dfrac{P^2}{25}$이다. 이를 생산함수 $Y=2\sqrt{L}$에 대입하면 $P=\dfrac{5}{2}Y$의 총공급곡선을 구할 수 있다.

오답피하기

① $Y=\dfrac{2}{5}P$이다.
② 명목임금이 신축적인 고전학파의 경우 총공급곡선은 수직선으로 도출된다.
③ 조세 T를 알 수 없어도 총공급곡선을 알 수 있다.

20' 국가직

15 기대이론 정답 ③

출제 포인트 3년 만기 장기 이자율 = (현재 단기 이자율 + 1년후 기대 단기 이자율 + 2년후 기대 단기 이자율)/3이다.

정답

- x가 현재 시점으로부터 1년 이후에 성립하리라 기대되는 1년 만기 국채의 이자율 예상치일 때, 2년 만기 장기 이자율(5%) = [현재 단기 이자율(3%) + 1년 후 기대 단기 이자율(x)]/2에서 $x=7\%$이다.
- y가 현재 시점으로부터 2년 이후에 성립하리라 기대되는 1년 만기 국채의 이자율 예상치일 때, 3년 만기 장기 이자율(6%) = [현재 단기 이자율(3%) + 1년 후 기대 단기 이자율(7) + 2년 후 기대 단기 이자율(y)]/3에서 $y=8\%$이다.

20' 국가직

16 성장회계 정답 ②

출제 포인트 경제성장의 요인을 요인별로 분석해 보는 것을 성장회계라 하고, $Y=AK^\alpha L^{1-\alpha}$에서 $\dfrac{\triangle Y}{Y} = \dfrac{\triangle A}{A} + \alpha \dfrac{\triangle K}{K} + (1-\alpha)\dfrac{\triangle L}{L}$로 나타낸다. 이때 $\dfrac{\triangle A}{A}$를 총요소생산성증가율이라 한다.

정답

- 노동자 1인당 GDP증가율(4%) = GDP증가율 − 노동자증가율에서 노동자증가율 = GDP증가율 − 4이다.
- 노동자 1인당 자본증가율(6%) = 자본증가율 − 노동자증가율에서 자본증가율 = 노동자증가율(= GDP증가율 − 4) + 6 = GDP증가율 + 2이다.
- $\dfrac{\triangle Y}{Y} = \dfrac{\triangle A}{A} + \dfrac{1}{3}\dfrac{\triangle K}{K} + \dfrac{2}{3}\dfrac{\triangle L}{L}$에서 GDP증가율 = 총요소생산성증가율 + $\dfrac{1}{3}(GDP$증가율 + 2) + $\dfrac{2}{3}(GDP$증가율 − 4)이다.
- 따라서 총요소생산성증가율은 2%이다.

20' 국가직

17 다공장독점 정답 ①

출제 포인트 다공장독점기업의 이윤극대화 조건은 $MR = MC_1 = MC_2$ 이다.

정답

- 공장 1의 비용함수 $C_1(Q_1) = 40 + Q_1^2$ 에서 $MC_1 = 2Q_1$ 이고, 공장 2의 비용함수 $C_2(Q_2) = 90 + 6Q_2$ 에서 $MC_2 = 6$ 이다.
  따라서 $MC_1 = 2Q_1$ 과 $MC_2 = 6$ 에서 $MC_1 = 2Q_1 = MC_2 = 6$ 이다.
  즉, $Q_1 = 3$ 이다.
- 시장수요곡선 $P = 200 - Q$ 에서 $MR = 200 - 2Q$ 이다. $Q = Q_1 + Q_2$ 이기에 $MR = 200 - 2(Q_1 + Q_2)$ 이다.
  따라서 $MR = 200 - 2(Q_1 + Q_2)$ 에서 $Q_1 = 3$ 이고 $MC_1 = MC_2 = 6$ 이기에 $Q_2 = 94$ 이다.

20' 국가직

18 환율 정답 ②

출제 포인트 외화공급증가나 외화수요감소로 환율은 하락할 수 있다.

정답

- 확장적 재정정책으로 IS곡선이 우측으로 이동하여 이자율이 상승하고, 긴축적 통화정책으로 LM곡선이 좌측으로 이동하여 이자율이 상승하면 이자율이 가장 크게 상승할 수 있다.
- 이자율이 크게 상승하여 외자유입이 대폭 증가하면 환율이 가장 크게 하락 할 수 있다.

오답피하기

① 확장적 재정정책으로 IS곡선이 우측으로 이동하여 이자율이 상승하나, 확장적 통화정책으로 LM곡선이 우측으로 이동하여 이자율이 하락하기에 이자율의 변화는 불분명하다.

③ 긴축적 재정정책으로 IS곡선이 좌측으로 이동하여 이자율이 하락하고, 확장적 통화정책으로 LM곡선이 우측으로 이동하여 이자율이 하락하면 이자율이 가장 크게 하락할 수 있다.

④ 긴축적 재정정책으로 IS곡선이 좌측으로 이동하여 이자율이 하락하나, 긴축적 통화정책으로 LM곡선이 좌측으로 이동하여 이자율이 상승하기에 이자율의 변화는 불분명하다.

21' 국가직

19 효율성임금 정답 ④

출제 포인트 기업은 시장의 균형임금보다 높은 효율성임금(실질임금 한 단위당 근로의욕이 최대가 되는 임금)을 지급함으로써 역선택, 도덕적 해이 등을 방지할 수 있게 되어 이윤이 증가한다는 것이 효율성임금이론이다.

정답

시장의 균형임금보다 높은 효율성임금을 지급하면 비자발적 실업이 발생한다. 즉, 효율성임금가설은 비자발적 실업을 설명하고자 한다.

오답피하기

①, ②, ③ 기업은 시장의 균형임금보다 높은 효율성임금을 지급하기에 임금의 하방경직성을 설명할 수 있고 근로자들의 도덕적 해이를 방지할 수 있다. 또한 효율성임금을 지급하면 노동자들이 쉽게 그만두지 않기에 이직과 관련된 비용도 줄일 수 있다.

22' 국가직

20 지니계수 정답 ④

출제 포인트 대각선과 로렌츠 곡선이 이루는 면적을 대각선 아래의 삼각형 면적으로 나눈 값이 지니계수로, 로렌츠 곡선이 나타내는 소득분배상태를 하나의 숫자로 표현하여 0과 1사이의 값이고 그 값이 작을수록 소득분배가 균등함을 의미한다.

정답

지니계수는 10분위분배율과 달리 특정 소득계층이 아닌 모든 소득계층의 소득분배상태 측정에 유용하다.

오답피하기

① 최하위 40%의 소득점유율을 최상위 20%의 소득점유율로 나눈 값이 10분위분배율로, 0과 2사이의 값이고 그 값이 클수록 소득분배가 균등함을 의미한다.

② 상위 20%의 소득점유율을 하위 20%의 소득점유율로 나눈 값이 5분위분배율로, 1과 무한대 사이의 값이고 그 값이 작을수록 소득분배가 균등함을 의미한다.

③ 지니계수는 0과 1사이의 값으로 그 값이 작을수록 소득분배가 균등함을 의미한다.

22' 국가직

21 q이론 정답 ②

출제 포인트 $q = \dfrac{\text{주식시장에서 평가된 기업의 시장가치}}{\text{실물자본의 대체비용}}$ 로 q값이 1보다 크면 투자가 증가하고, 1보다 작으면 투자가 감소한다.

정답

$q = \dfrac{\text{주식시장에서 평가된 기업의 시장가치}}{\text{실물자본의 대체비용}}$ 에서 q가 증가하면 투자가 증가한다.

오답피하기

① 부의 효과는 물가하락이 화폐구매력증가를 가져와 실질부증가에 의한 소비증가를 초래하여 총수요(국민소득)를 증가시키는 것으로 자산가격이 상승하면 소비는 증가한다.

③ 대차대조표경로에 따르면, 통화공급이 증가되면 재무상태가 개선되어 은행으로부터의 차입이 증가하기에 투자가 증가한다.

④ 은행대출경로에 따르면, 통화공급이 증가하면 은행의 대출여력이 증가하여 가계 대출이 증가하기에 유동성제약을 받고 있는 가계의 소비가 증가한다.

23' 국가직

22 소비함수론 정답 ④

출제 포인트 합리적 기대하 항상소득이 결정되면 그에 따라 소비가 결정된다는 것이 랜덤워크가설로, 예상된 정책은 소비에 영향을 미치지 못하나 예상하지 못한 정책은 소비에 영향을 미칠 수 있음을 설명한다. 즉, 예상된 정부정책은 소비에 아무런 영향을 미칠 수 없음을 시사한다.

정답

랜덤워크가설에 따르면, 합리적 기대하 항상소득이 결정되면, 소비는 임의보행(random walk)을 따른다.

① 케인즈의 소비함수는 단기에서만 성립하기에 현재가처분소득이 증가하면 평균소비성향이 감소한다.

② 항상소득가설은 일시적인 소득증가가 소비에 거의 영향을 주지 못한다고 가정한다.

③ 소비자가 현재가처분소득에만 의존하여 적절한 소비수준을 결정한다고 주장하는 이론은 케인즈의 절대소비가설이다. 생애주기가설에 따르면 소비자는 생애 전체의 소득을 감안하여 현재소비를 결정하게 된다.

23' 국가직

23 국제무역론   정답 ④

출제 포인트 어떤 재화의 상대가격이 상승하면 그 재화에 집약적으로 사용되는 생산요소소득이 증가하고 다른 생산요소소득은 감소한다는 것을 스톨퍼-사무엘슨 정리라 한다.

정답

• 스톨퍼-사무엘슨 정리에 따르면, 자유무역 시 풍부한 자원의 요소소득이 증가하고, 보호무역 시 희소한 자원의 요소소득이 증가한다.

• 甲국과 乙국이 무역 중이므로, 노동집약적 재화를 수출하는 노동풍부국 甲국에서는 노동의 요소소득, 즉 실질임금이 증가한다. 반대로 자본집약적 재화를 사용하는 乙국에서는 자본의 요소소득, 즉 실질임대료가 증가한다.

24' 국가직

24 생산이론   정답 ③

출제 포인트 총생산함수 $Y = AL^{\alpha}K^{1-\alpha}$ 에서 α 는 노동소득분배율을, $1-\alpha$ 는 자본소득분배율을 뜻한다.

정답

생산요소의 가격이 한계생산물과 일치하는 경우, 각 생산요소에 지급되는 요소소득의 합계, 즉, 노동요소소득의 합계와 자본요소소득의 합계가 총생산물과 일치하기 위해서는 $\alpha + \beta = 1$ 이어야 한다.

24' 국가직

25 재정정책   정답 ④

출제 포인트 정책을 결정하기까지 시간을 내부시차라 하고, 정책결정이후 효과가 나타나기까지 시간을 외부시차라 한다. 재정정책은 결정전 국회동의 등이 필요하기에 내부시차는 길지만, 외부시차는 짧다.

정답

경기변동에 따라 누진세, 실업보험 등의 제도를 통해 자동으로 조세수입 또는 정부지출이 변해 경기진폭을 완화해주는 제도를 자동안정화장치라 한다. 지표에 따라 즉각적으로 실행되기에 내부시차가 없으나, 경제에 적용되기까지의 시간은 다소 걸리기에 외부시차가 존재한다.

오답피하기

① 내부시차란 경제적 충격에 대응하여 정책이 시행되는 시점까지의 시간을, 외부시차란 정책 시행과 그 정책이 경제에 효력을 미치기까지의 시간을 뜻한다.

② 일반적으로 통화정책은 짧은 내부시차와 긴 외부시차를, 재정정책은 긴 내부시차와 짧은 외부시차를 갖는다.

③ 정책시차로 인해 정책을 시행하고 그 효과가 경제에 미치기까지 어느 정도 딜레이가 있기에, 적극적인 경제안정화정책은 도리어 경제를 불안정하게 만들 수 있다.

정답

p.104

01	④ 미시	06	④ 거시	11	④ 미시	16	① 거시	21	① 거시
02	④ 국제	07	① 거시	12	② 미시	17	② 거시	22	④ 미시
03	③ 국제	08	③ 거시	13	③ 거시	18	③ 국제	23	④ 거시
04	③ 미시	09	④ 미시	14	④ 미시	19	② 미시	24	① 미시
05	③ 미시	10	① 미시	15	③ 국제	20	② 거시	25	③ 미시

취약 과목 분석표

과목	맞힌 답의 개수
미시	/ 11
거시	/ 10
국제	/ 4
TOTAL	/ 25

16' 지방직

01 외부효과 정답 ④

출제 포인트 $P = SMC$에서 사회적 최적산출량이 달성되고 $P = PMC$에서 시장 균형산출량이 결정된다.

정답

$PMC = 2Q$이고 $SMC = 2Q + Q = 3Q$이다. $MR = 24$이기에 $P = 24$이다. $P = PMC$에서 시장 균형산출량은 12이고, $P = SMC$에서 사회적 최적산출량은 8이다. 따라서 사회적 최적산출량 8에서 SMC와 PMC의 차이, 즉 $(3 \times 8) - (2 \times 8) = 8$이다.

16' 지방직

02 IS - LM - BP분석 정답 ④

출제 포인트 변동환율제도하에서는 환율이 완충역할을 하기에 해외부분의 경제충격을 어느 정도 완화시켜 준다.
- (고정환율제도하) 수출감소로 IS곡선이 좌측이동하면, 국내금리가 국제금리보다 작아져 외국자본유출로 환율을 상승시키기에, 환율 유지를 위해 중앙은행은 외화를 매각하고 통화량은 감소한다. 따라서 LM곡선이 좌측이동한다. 고정환율제도에서는 환율 고정으로 BP곡선은 이동하지 않는다. 결국, 국민소득은 감소한다.
- (변동환율제도하) 수출감소로 IS곡선이 좌측이동하면, 국내금리가 국제금리보다 작아져 외국자본유출로 환율을 상승시키기에, IS곡선이 우측이동한다. 변동환율제도에서는 환율 변동으로 BP곡선이 우측이동한다. 결국, 국민소득은 변동이 없다.

정답

C국(변동환율제도)이 B국(고정환율제도)보다 A국 경제불황의 영향을 더 작게 받을 것이다.

오답피하기
① 고정환율제도하, B국 중앙은행은 외환을 매각할 것이다.
② 변동환율제도하, C국의 환율은 상승할 것이다.
③ 수출감소로 IS곡선이 좌측이동하면, B국과 C국 모두 이자율하락에 따른 자본유출을 경험한다.

17' 국가직(8월 시행)

03 빅맥지수 정답 ③

출제 포인트 미국 빅맥가격이 1달러라고 가정하면, 빅맥지수는 국내가격으로, 시장환율은 미국가격으로 볼 수 있다.

정답

중국의 빅맥지수 = (중국가격/미국가격) = $\dfrac{18}{5} = 3.6$이다. 시장환율이 6이기에 중국이 미국보다 빅맥가격이 싸다. 따라서 빅맥가격으로 구한 구매력평가 환율을 사용할 경우, 환율은 하락한다. 즉, 중국의 화폐가치는 구매력평가 환율로 평가 시 시장환율 대비 고평가된다.

오답피하기
① 브라질의 빅맥지수 = (브라질가격/미국가격) = $\dfrac{12}{5} = 2.4$이다. 시장환율이 2이기에 브라질이 미국보다 빅맥가격이 비싸다. 따라서 빅맥가격으로 구한 구매력평가 환율을 사용할 경우, 환율은 상승한다. 즉, 브라질의 화폐가치는 구매력평가 환율로 평가 시 시장환율 대비 저평가된다.
② 한국의 빅맥지수 = (한국가격/미국가격) = $\dfrac{4,000}{5} = 800$이다. 시장환율이 $1,000$이기에 한국이 미국보다 빅맥가격이 싸다. 따라서 빅맥가격으로 구한 구매력평가 환율을 사용할 경우, 환율은 하락한다. 즉, 한국의 화폐가치는 구매력평가 환율로 평가 시 시장환율 대비 고평가된다.
④ 러시아의 빅맥지수 = (러시아가격/미국가격) = $\dfrac{90}{5} = 18$이다. 시장환율이 90이기에 러시아가 미국보다 빅맥가격이 싸다. 따라서 빅맥가격으로 구한 구매력평가 환율을 사용할 경우, 환율은 하락한다. 즉, 러시아의 화폐가치는 구매력평가 환율로 평가 시 시장환율 대비 고평가된다.

17' 국가직(8월 시행)

04 2기간 소비선택모형 정답 ③

출제 포인트 예산선의 기울기는 예산제약식 $C_1 + \dfrac{C_2}{1+r} = 100$에서 $-(1+r)$이고, 무차별곡선의 접선의 기울기는 효용함수 $U(C_1, C_2) = \ln(C_1) + \beta\ln(C_2)$에서 $MRS_{C_1 C_2} = \dfrac{MU_{C_1}}{MU_{C_2}}$이기에 $(1+r) = \dfrac{MU_{C_1}}{MU_{C_2}}$일 때 소비자균형점은 달성된다.

즉, 효용함수 $U(C_1, C_2) = \ln(C_1) + \beta \ln(C_2)$에서 $MRS_{C_1 C_2} =$

$\dfrac{MU_{C_1}}{MU_{C_2}} = \dfrac{\frac{1}{C_1}}{\frac{\beta}{C_2}} = \dfrac{C_2}{\beta C_1}$ 로 예산선의 기울기 $(1+r)$과 일치할 때 소비자

균형점은 달성된다.

정답

$\dfrac{C_2}{\beta C_1} = (1+r)$에서 $\beta > \dfrac{1}{1+r}$ 이면, 2기의 소비가 1기의 소비보다 크다.

오답피하기

① C_1은 1기 소비, C_2는 2기 소비, 1기 소득은 100이며, 2기 소득은 0

이다. 따라서 소비자의 예산제약식은 $C_1 + \dfrac{C_2}{1+r} = 100$ 이다.

② $\dfrac{C_2}{\beta C_1} = (1+r)$에서 $\beta(1+r) = 1$이면, 1기의 소비와 2기의 소비는

같다.

④ 효용함수가 $U(C_1, C_2) = C_1 C_2^\beta$인 경우에도, $MRS_{C_1 C_2} = \dfrac{MU_{C_1}}{MU_{C_2}} =$

$\dfrac{C_2^\beta}{\beta C_1 C_2^{\beta-1}} = \dfrac{C_2}{\beta C_1}$ 로 1기 소비와 2기 소비의 균형은 변하지 않는다.

17' 지방직

05 꾸르노모형 정답 ③

출제 포인트 동일 제품을 생산하는 복점기업 A와 B의 이윤을 극대화하는 균형생산량은 $MR_A = MC_A$, $MR_B = MC_B$에서 달성된다.

정답

- 기업 A의 총수입은 $P = 50 - 5Q$이고 $Q = Q_A + Q_B$일 때, $TR_A = [50 - 5(Q_A + Q_B)] \times Q_A = 50Q_A - 5Q_A^2 - 5Q_A Q_B$이기에 $MR_A = 50 - 10Q_A - 5Q_B$이다. $C_A(Q_A) = 20 + 10Q_A$이기에 $MC_A = 10$ 이다.
- 따라서 기업 A의 균형생산량은 $MR_A = 50 - 10Q_A - 5Q_B$와 $MC_A = 10$이 같을 때 결정된다.
- 기업 B의 총수입은 $P = 50 - 5Q$이고 $Q = Q_A + Q_B$일 때, $TR_B = [50 - 5(Q_A + Q_B)] \times Q_B = 50Q_B - 5Q_A Q_B - 5Q_B^2$이기에 $MR_B = 50 - 5Q_A - 10Q_B$이다. $C_B(Q_B) = 20 + 15Q_B$이기에 $MC_B = 15$ 이다.
- 따라서 기업 B의 균형생산량은 $MR_B = 50 - 5Q_A - 10Q_B$와 $MC_B = 15$가 같을 때 결정된다.
  결국 $MR_A = 50 - 10Q_A - 5Q_B = MC_A = 10$과 $MR_B = 50 - 5Q_A - 10Q_B = MC_B = 15$에서 결정된다. 즉, 이를 연립하면 $Q_A = 3$, $Q_B = 2$이다.

17' 지방직

06 황금률 정답 ④

출제 포인트 1인당 소비가 극대화되는 상태를 자본축적의 황금률이라 하고 '자본소득 분배율 = 저축률'일 때 달성된다.

정답

1인당 총생산함수 $y = k^{\frac{1}{2}}$에서 자본소득분배율이 50%로 황금률에서 저축률은 50%이다. 따라서 현재 정상상태의 저축률이 40%로 황금률인 50%로 상승하면 1인당 소비는 증가하나 60%로 상승하면 다시 감소하여 처음과 동일하다.

$$\triangle k = sy - \delta k = 0, \; y = \frac{\delta}{8}k, \; y = \sqrt{k}, \; \sqrt{k} = \frac{s}{\delta}$$

$$c = y - sy = \frac{s}{\delta} - \frac{s^2}{\delta} = \frac{s - s^2}{\delta}$$

$$s = 0.4 : y = \frac{0.4}{\delta}, \; c = \frac{0.24}{\delta}$$

$$s = 0.5 : y = \frac{0.5}{\delta}, \; c = \frac{0.25}{\delta}$$

$$s = 0.6 : y = \frac{0.6}{\delta}, \; c = \frac{0.24}{\delta}$$

오답피하기

① 저축률이 황금률인 50%로 상승하면 새로운 정상상태에서의 1인당 산출은 1인당 자본량의 증가로 현재보다 증가한다.

② 저축률이 황금률인 50%로 상승하면 새로운 정상상태에서의 1인당 소비는 황금률 상태이기에 현재보다 증가한다.

③ 저축률이 60%로 상승하면 새로운 정상상태에서의 1인당 산출은 1인당 자본량의 증가로 현재보다 증가한다.

18' 국가직

07 테일러준칙 정답 ①

출제 포인트 균형이자율은 인플레이션갭이 0이고 GDP갭이 0일 때 이자율이다.

정답

목표이자율은 현재 인플레이션율이 4%이고 GDP갭이 1%일 때,

$$r = 0.03 + \frac{1}{4}(\pi - 0.02) - \frac{3}{4}\frac{Y^* - Y}{Y^*}$$

$$= 0.03 + \frac{1}{4}(0.04 - 0.02) - \frac{3}{4}(0.01)$$

$$= 0.0275$$

즉, 2.75%로 ③번의 균형이자율 3%보다 낮다.

오답피하기

② 목표인플레이션율은 인플레이션갭이 0 즉, $(\pi - 0.02) = 0$일 때 2% 이다.

③ 균형이자율은 인플레이션갭과 GDP갭이 0 즉, $(\pi - 0.02) = 0$, $(\frac{Y^* - Y}{Y^*}) = 0$일 때 3%이다.

④ 다른 조건이 일정할 때, 인플레이션갭 즉, $(\pi - 0.02)$가 1%p 증가에

대해 목표이자율은 $r = 0.03 + \frac{1}{4}(\pi - 0.02) - \frac{3}{4}\frac{Y^* - Y}{Y^*}$에서

$\frac{1}{4}(\pi - 0.02) = \frac{1}{4} \times 1\%p = 0.25\%p$ 증가한다.

18' 국가직

08 AS곡선 정답 ③

출제 포인트 노동수요곡선(MP_N)과 노동공급곡선($\frac{W}{P}$)이 일치할 때 달성되는 노동시장의 균형과 총생산함수를 통해 총공급곡선을 도출할 수 있다.

• 총생산함수 $Y = 100\sqrt{N}$ 에서 $MP_N = \frac{50}{\sqrt{N}}$ 이기에, 노동수요곡선은

$MP_N = \frac{50}{\sqrt{N}}$ = 이다.

• $N = 2,500\left(\frac{W}{P}\right)$ 이기에 노동공급곡선은 $\frac{W}{P} = \frac{N}{2,500}$ 이다.

정답

장기균형에서 실질임금이 신축적이기에 실업자 수는 0이 될 것이다.

오답피하기

① 노동수요곡선 $MP_N = \frac{50}{\sqrt{N}}$ 과 노동공급곡선 $\frac{W}{P} = \frac{N}{2,500}$ 이 일치할 때, 장기균형하 취업자 수는 2,500명이다.

② 장기균형에서 취업자 수가 2,500명이기에 실질임금 $\frac{W}{P} = \frac{2,500}{2,500} = 1$ 이다. 따라서 명목임금이 10이라면 물가수준은 10이다.

④ 기대치 않은 노동수요 감소가 발생할 경우 단기적으로 실질임금이 경직적이기에 고용이 감소하여 실업이 발생한다.

18' 지방직

09 파레토효율과 공리주의 정답 ④

출제 포인트 파레토효율적 배분은 어느 누구의 효용이 감소하지 않으면서 한 개인의 효용이 증가하는 것이 불가능한 배분상태이고, 공리주의적 배분은 각각의 한계효용이 일치할 때 달성된다.

정답

• $x + y = 150$에서 x가 증가하면 반드시 y는 감소하기에 $x + y = 150$을 만족하는 모든 배분이 파레토효율적 배분이다.

• $x + y = 150$하, 갑의 효용함수 $u(x) = \sqrt{x}$ 에서 갑의 한계효용인 $\frac{1}{2\sqrt{x}}$ 과, 을의 효용함수 $u(y) = 2\sqrt{y}$ 에서 을의 한계효용인 $\frac{1}{\sqrt{y}}$ 이 일치할 때, 즉 $\frac{1}{2\sqrt{x}} = \frac{1}{\sqrt{y}}$, $y = 4x$로, $x + y = 150$과 연립하면, $x + 4x = 150$에서 $x = 30$, $y = 120$이 공리주의적 배분이다.

18' 지방직

10 두 기간모형 정답 ①

출제 포인트 한 기간의 소득을 생애 전 기간에 분산하여 소비하는 현상을 소비평준화(Consumption smoothing)라 한다.

정답

두 기간모형에서, 예산선의 기울기는 $-(1 + r)$이다. 실질이자율이 하락하면, 소득 부존점인 E를 지나는 예산선의 기울기가 완만해진다. 부존점 좌측은 약공리에 위반되기에 부존점 우측에서 소비하고 따라서 효용은 감소하지 않는다.

오답피하기

② 소득 부존점이 E이고 효용극대화 균형점은 A이기에 효용극대화를 추구하는 이 소비자는 차입자가 될 것이다.

③ 현재소득이 증가하면 예산선은 우측으로 평행이동한다. 그런데 현재소비는 현재소득증가분보다 덜 증가하기에 미래소비도 증가한다고 볼 수 있다. 즉, 소비평준화(Consumption smoothing) 현상이 나타난다.

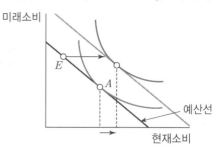

④ 유동성 제약이 있다면, 소득 부존점인 E에서 소비해야 한다. 따라서 E에서 한계대체율은 예산선의 기울기인 $1 + r$보다 클 것이다.

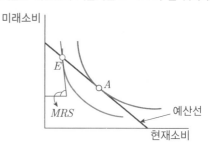

18' 지방직

11 경매이론 정답 ④

출제 포인트 영국식 경매는 비공개 차가 경매와 유사하고, 네덜란드식 경매는 비공개 최고가 경매와 유사하다.

• 호가식 경매, 즉 공개경매에는 공개오름경매방식인 영국식 경매와, 공개내림경매방식인 네덜란드식 경매가 있다.

• 입찰제 방식, 즉 비공개경매에는 낙찰은 최고가로 써낸 경우이고 최고가로 내도록하는 비공개 최고가 경매와 낙찰은 최고가로 써낸 경우이나 두 번째로 높은 가격을 내도록 하는 비공개 차가 경매가 있다.

정답

수입등가정리(Revenue equivalence theorem)는 위험중립적 등 일정한 가정하에서 영국식 경매, 네덜란드식 경매, 비공개 최고가 경매, 비공개 차가 경매의 판매자 기대수입이 모두 같을 수 있다는 것을 의미한다.

오답피하기

① 비공개 차가 경매(Second price sealed bid auction)에서는 구매자가 솔직하게 입찰하는 것이 우월전략이다.

② 영국식 경매(English auction)의 입찰전략은 비공개 차가 경매와 비슷하다.

③ 네덜란드식 경매(Dutch auction)는 입찰자가 경매를 멈출 때까지 가격을 내리는 공개 호가식 경매(Open outcry auction)이다.

18' 지방직

12 잔여수요함수 정답 ②

출제 포인트 지배적 기업과 군소기업들로 구성된 시장에서, 지배적 기업이 직면하는 수요곡선은 시장수요에서 군소기업들의 공급량을 차감하여 구할 수 있다.

정답

• 시장수요 $D(p) = 400 - p$에서 군소기업들의 공급함수 $S(p) = 200 + p$를 차감하면 지배적 기업이 직면하는 수요곡선은 $D_A(p) = 400 - p - (200 + p) = 200 - 2p$이다. 즉, $Q = 200 - 2p$이다.

• $Q = 200 - 2p$를 변형하면 $P = 100 - (\frac{1}{2})Q$이기에 $MR = 100 - Q$이고, A의 비용함수는 $c(y) = 20y$이기에 $MC = 20$이다.
따라서 지배적 기업의 이윤극대화 생산량은 $MR = MC$에 따라 $MR = 100 - Q = MC = 20$에서 $Q = 80$이다. 즉, 가격은 $Q = 200 - 2P$에서 $P = 60$이다.

17' 국가직(10월 추가)

13 최적 포트폴리오 정답 ③

출제 포인트 두 자산 포트폴리오의 표준편차는 두 자산의 상관계수가 -1일 때, $\sigma = a \times \sigma_A - b \times \sigma_B$(단, A의 비중은 a이고 B의 비중은 b로, $a + b = 1$)이다.

정답

두 자산 포트폴리오가 무위험이기 위한 조건은 두 자산 포트폴리오의 표준편차가 영(0)일 때 달성된다.
즉, $\sigma = a \times \sigma_A - b \times \sigma_B = a \times 5\% - b \times 10\% = 0$에서 $a + b = 1$과 연립하면, $a = \frac{2}{3}$이고 $b = \frac{1}{3}$이다.

17' 국가직(10월 추가)

14 연금제도 정답 ④

출제 포인트 연간 기본연금액이 $\alpha(A + B)(1 + 0.05y)$로 결정되면 월간 기본연금액은 $\frac{\alpha(A+B)(1+0.05y)}{12}$로 계산된다.

정답

연간 기본연금액은 $\alpha(A + B)(1 + 0.05y) = 1.8 \times (100 + 100) \times [1 + 0.05 \times (40 - 20)] = 720$만 원이다. 따라서 월간 기본연금액은 $\frac{720}{12} = 60$만 원이다. 결국, 가입자 개인의 가입기간 중 기준소득월액의 평균액이 100만 원으로 김씨가 수령하게 될 연금의 (월간) 소득대체율은 $\frac{60}{100} \times 100 = 60\%$이다.

20' 지방직

15 실질환율 정답 ③

출제 포인트 '실물단위'로 표시한 실질환율은 $\epsilon = \frac{e \times P_f}{P}$($\epsilon$: 실질환율, e: 명목환율, P_f: 해외물가, P: 국내물가)이다.

정답

• 미국산 연필 1달러를 해외물가, 중국산 연필 2위안을 국내물가, 미국과 중국의 화폐 교환비율 1달러당 5위안을 명목환율로 보면,
• 미국 연필당 중국 연필로 표시되는 실질환율은, 다음과 같다.
$$\epsilon = \frac{e \times P_f}{P} = \frac{5 \times 1}{2} = 2.5 \text{이다.}$$

20' 지방직

16 이자율의 기간구조 정답 ①

출제 포인트 이자율의 기간구조이론에 따르면, 동일한 채무불이행 위험, 유동성 등을 가지는 채권들은 만기가 다르기 때문에 서로 다른 이자율을 가질 수 있다.
• 기대이론에 의하면, 장기 이자율은 현재의 단기 이자율과 미래 예상되는 단기 이자율의 평균이다. 또한 장기 채권과 단기 채권 간 완전대체재 관계로 본다.
• 유동성프리미엄이론에 의하면, 장기 이자율은 현재의 단기 이자율과 미래 예상되는 단기 이자율의 평균에 위험프리미엄을 더해 결정한다. 또한 장기 채권과 단기 채권 간 불완전대체재 관계로 본다.

정답

만기가 서로 다른 채권들이 완전대체재일 경우 장기 채권은 유동성 프리미엄이 없기에 유동성프리미엄은 0의 값을 갖는다.

오답피하기

② 기대이론에 따르면 장기 이자율은 현재의 단기 이자율과 미래 예상되는 단기 이자율의 평균이기에, 현재와 미래의 단기 이자율이 같을 것이라고 예상하는 경제주체들이 많을수록 수익률곡선은 평평해진다.
③ 유동성프리미엄이론에 따르면, 장기 채권은 유동성프리미엄이 있기에 만기가 서로 다른 채권들이 불완전대체재 관계로 유동성프리미엄은 항상 양(+)의 값을 갖고 만기가 길어질수록 커진다.
④ 미래에 단기 이자율이 대폭 낮아질 것으로 예상되면 기대이론에 따르든 유동성프리미엄이론에 따르든 수익률곡선은 우하향한다.

20' 지방직

17 사회적 할인율 정답 ②

출제 포인트 사회적 할인율이란 경제전체 상황을 고려하여 결정된 할인율이다.

정답

사회적 할인율 = 민간부문의 투자(40) × 세전 수익률(15%) + 민간부문의 소비(60) × 세후 수익률(10%) = 12%이다.

20' 지방직

18 환율   정답 ③

출제 포인트 갑국 1인당 GDP는 $300(=10 \times 10 + 100 \times 2)$이고, 을국 1인당 GDP는 $20(=1 \times 10 + 10 \times 1)$이다.

정답

- 교역재만을 대상으로 할 때, 자동차 1대당 갑국 통화 10단위와 을국 통화 10단위의 교환비율은 1 : 1이다(①).
- 을국 1인당 GDP는 $20(=1 \times 10 + 10 \times 1)$이다. 교역재만을 대상으로 한 환율, 즉 1 : 1을 적용하면, 을국 1인당 GDP 20은 그대로 20이다. 갑국 1인당 GDP는 $300(=10 \times 10 + 100 \times 2)$이기에 을국 1인당 GDP는 갑국 1인당 GDP의 1/15이다(③).
- 표준적 소비바구니를 대상으로 한 구매력평가 반영 환율은, 자동차 1대당 10과 돌봄서비스 10회당 20의 합인 갑국 통화 30단위와 자동차 1대당 10과 돌봄서비스 10회당 10의 합인 을국 통화 20단위의 교환비율은 3 : 2이다. 즉, 갑국 통화 3단위에 대해 을국 통화 2단위이다(②).
- 을국 1인당 GDP는 $20(=1 \times 10 + 10 \times 1)$이다. 표준적 소비바구니를 대상으로 한 구매력평가 반영 환율, 즉 3 : 2, 또는 $\frac{3}{2}$: 1을 적용하면, 을국 1인당 GDP 20은 $30(=20 \times 3/2)$이다. 갑국 1인당 GDP는 $300(=10 \times 10 + 100 \times 2)$이기에 을국 1인당 GDP는 갑국 1인당 GDP의 1/10이다(④).

21' 지방직

19 조세부과   정답 ②

출제 포인트 조세의 귀착 시 분담 정도와 조세 수입은 탄력성에 반비례하고 시장균형가격은 세금보다 덜 증가한다.

정답

- 조세의 분담정도는 탄력성에 반비례하기에 기울기와 비례한다.
- 수요곡선의 기울기는 1, 공급곡선의 기울기는 $\frac{1}{4}$이기에 소비자와 생산자의 단위당 세금 분담 비율은 4 : 1이다.
- 조세부과 전 균형가격은 $Q_D = 700 - P = Q_S = 200 + 4P$에서 $P = 100$이다.
- X재 1개당 10의 세금이고 소비자는 8, 생산자는 2만큼의 조세를 부담하기에 소비자가 지불하는 가격은 $108(=100+8)$, 생산자가 받는 가격은 $98(=100-2)$이다.

22' 지방직

20 솔로우모형   정답 ②

출제 포인트 1인당 소비가 극대화되는 상태를 자본축적의 황금률이라 하고 $MP_K = n + d + g$에서 달성된다.

정답

- 황금률보다 낮은 안정상태에서 저축률을 높이면, 소비는 즉각적으로 감소한다.
- 하지만 점진적으로 1인당 소비가 극대화되는 황금률 상태에 도달하면 소비는 원래의 안정상태 수준보다 증가한 수준으로 수렴한다.

22' 국가직

21 소비자물가지수   정답 ①

출제 포인트 라스파이레스 방식(L_P)은 기준연도 거래량을 가중치로 사용하여 계산($L_P = \frac{P_t \cdot Q_0}{P_0 \cdot Q_0}$)하는 물가지수로 물가변화를 과대평가하고, 소비자물가지수, 생산자물가지수 등이 있다.

정답

소비자물가지수는 라스파이레스 방식을 사용하기에 가격 변화에 따른 소비량의 대체효과를 반영하지 못한다.

오답피하기

② 소비자물가지수는 소비량에 대한 고정된 가중치를 사용하는 라스파이레스 방식을 사용하지만 GDP디플레이터는 변화하는 가중치를 사용하는 파셰 방식을 사용한다.
③ 소비자물가지수는 수입품의 가격변화를 반영하지만 GDP디플레이터는 반영하지 못한다.
④ 소비자물가지수는 기준연도 가중치를 사용하기에 선택폭의 확대를 반영하지 못한다.

23' 국가직

22 시장실패론   정답 ④

출제 포인트 시장의 가격기구를 통하지 않고 제3자에게 의도하지 않은 이득이나 손해를 주지만 대가를 받지도 지불하지도 않는 것을 외부성이라 한다.

정답

ㄷ. 일반적으로 생산 측면에서 외부불경제가 존재하는 경우, $PMC < SMC$로 균형거래량이 사회적으로 최적인 수준보다 많다.
ㄹ. 외부불경제가 존재하는 상황에서 소유권을 명확하게 지정하지 않는다면 자원이 과다 소비되어 공유지의 비극이 발생할 수 있다.

오답피하기

ㄱ. 외부성은 생산 측면과 소비 측면 모두에서 발생한다.
ㄴ. 완전경쟁시장에서 외부성이 존재하지 않을 때 효율적인 자원배분이 이루어진다.

23' 지방직

23 새케인즈학파이론   정답 ④

출제 포인트 재량적인 최적정책은 장기적으로 일관성을 상실한다는 것이 최적정책의 동태적 비일관성이다.

정답

최적정책의 동태적 비일관성은 케인즈 학파의 재량적 정책을 비판하는 주장으로, 이에 따르면, 준칙을 따르는 정책이 재량적 정책보다 바람직하다.

오답피하기

① 통화정책은 재정정책보다 내부시차는 짧고 외부시차가 길다. 즉, 내부결정 과정은 비교적 짧지만 정책효과가 나타나기까지의 시간이 비교적 길다.
② 자동안정화장치의 사례로는 경기가 과열되는 경우 자동으로 억제하는 누진소득세와 경기가 침체되는 경우 자동으로 완화하는 실업보험 등을 들 수 있다.
③ 경제가 유동성함정에 빠진 경우, 통화정책보다 재정정책이 효과적이다.

24 생산이론 정답 ①

出제 포인트 생산자균형은 등량곡선과 등비용선이 접하는 점에서 등량곡선의 기울기인 한계기술대체율과 등비용선의 기울기가 일치함으로써 달성된다. 즉, $MRTS_{LK} = (-)\dfrac{\triangle K}{\triangle L} = (-)\dfrac{w}{r}$ 이다.

정답

- 노동과 자본의 한계생산이 각각 45, 50이기에 $MP_L = 40$, $MP_K = 50$ 으로 $MRTS_{LK} = \dfrac{MP_L}{MP_K} = \dfrac{45}{50} = 0.9$ 이다.

- 이때 노동과 자본의 가격이 각각 10, 20이기에 $w = 10$, $r = 20$으로 등비용선의 기울기는 $\dfrac{w}{r} = \dfrac{10}{20} = 0.5$ 이다.

- 현재 $MRTS_{LK} > \dfrac{w}{r}$ 이기에 노동 투입량을 늘리고 자본 투입량을 줄여야 한다.

25 시장실패론 정답 ③

出제 포인트 시장의 가격기구가 효율적인 자원배분을 가져오지 못하는 것을 시장실패라 한다.

정답

시장실패 시 정부개입만이 아니라 시장 스스로도 해결가능하기에, 시장실패는 정부개입의 필요조건이다.

오답피하기

① 정보의 비대칭성은 시장실패의 원인 중 하나로 작용한다.
② 자연독점은 시장실패의 원인 중 하나이다.
④ 의무가입제는 역선택에 따른 시장실패의 문제를 방지하기 위한 해결책이다.

정답

p.112

01	③	국제	**06**	④	거시	**11**	②	미시	**16**	②	미시	**21**	①	미시
02	④	국제	**07**	①	미시	**12**	④	거시	**17**	③	거시	**22**	③	거시
03	④	미시	**08**	③	거시	**13**	①	미시	**18**	①	거시	**23**	③	미시
04	③	거시	**09**	①	미시	**14**	②	거시	**19**	①	거시	**24**	①	미시
05	④	미시	**10**	③	거시	**15**	①	미시	**20**	②	거시	**25**	②	미시

취약 과목 분석표

과목	맞힌 답의 개수
미시	/ 12
거시	/ 11
국제	/ 2
TOTAL	/ 25

18' 서울시(6월)

01 관세　　　　　　　　　　　　　정답 ③

출제 포인트　관세수입은 '단위당 관세×초과수요'이다.

정답

- 국내 생산자의 공급곡선 $P = 2Q$와, 국내 소비자의 수요곡선 $P = 12 - Q$에서 개방전 국내가격은 8이며, 국제시장의 쌀 공급곡선 $P = 4$에서 국제가격은 4이다.
- 정부가 수입 쌀에 대해 50%의 관세를 부과한다면, 단위당 관세는 국제가격 4의 50%인 2로 수입쌀의 국내가격은 6이다.
- 관세부과 후 수요량은 국내 소비자의 수요곡선 $P = 12 - Q$에서 $P = 6$일 때, $Q = 6$이다. 관세부과후 공급량은 국내 생산자의 공급곡선 $P = 2Q$에서 $P = 6$일 때, $Q = 3$이다. 따라서 3만큼의 초과수요가 발생한다.
- 따라서 관세수입은 단위당 관세 $2 \times$ 초과수요 $3 = 6$이다.

18' 서울시(6월)

02 먼델 - 플레밍모형　　　　　　　정답 ④

출제 포인트　먼델 – 플레밍모형에서 (고정환율제도하)재정정책이 매우 효과적이나, (변동환율제도하)금융정책이 매우 효과적이다.
완전한 자본이동성 하에 정책효과는 다음과 같다.

- (고정환율제도하)자본이동이 완전한 경우, BP곡선은 수평선으로, 재정정책은 매우 효과적이나 금융정책은 전혀 효과가 없다.
- (변동환율제도하)자본이동이 완전한 경우, BP곡선은 수평선으로, 재정정책은 전혀 효과가 없지만 금융정책은 매우 효과적이다.

정답

- 정부가 수입규제를 시행할 경우, 순수출은 증가하고 IS곡선은 우측으로 이동한다.
- 변동환율제하, 국내금리가 국제금리보다 커져 외국자본유입으로 환율이 하락하기에 순수출은 감소한다. 따라서 수입규제를 시행할 경우 순수출은 증가하는데, 환율하락을 초래하여 순수출이 감소함으로써 상쇄되기에 결과적으로 순수출은 불변(㉠)이다.
- 고정환율제하, 국내금리가 국제금리보다 커져 외국자본유입으로 환율하락우려 시, 환율 유지를 위해 중앙은행은 외화를 매입하고 통화량이 증가한다. 따라서 수입규제를 시행할 경우 순수출은 증가하는데, 환율유지로 그대로 유지되기에 결과적으로 순수출은 증가(㉡)한다.

19' 서울시(2월)

03 탄력도　　　　　　　　　　　　정답 ④

출제 포인트　소득 수준에 상관없이 소득의 절반을 식료품 구입에 사용하면, 수요함수는 $P \times Q = \frac{1}{2}M$, $Q = \frac{1}{2}M^1 P^{-1}$이다.

정답

ㄴ. 수요함수 $Q = \frac{1}{2}M^1 P^{-1}$에서 식료품의 소득탄력성의 절댓값은 1이다.

ㄹ. 수요함수 $Q = \frac{1}{2}M^1 P^{-1}$에서 식료품의 가격탄력성의 절댓값은 1이다.

19' 서울시(2월)

04 통화승수　　　　　　　　　　　정답 ③

출제 포인트　본원통화량이 불변인 경우 현금보유비율이 작아지고, 지급준비율이 낮을수록 통화승수가 커지기에 통화량은 증가한다. 즉, 예금이 커지고 대출이 늘수록 통화량은 증가한다.

정답

ㄱ. 현금통화비율이 0%이고, 초과지급준비금을 전부 대출할 때, 은행시스템 전체를 통해 최대로 증가할 수 있는 통화승수는 법정지급준비율의 역수로 $\frac{1}{20} = 5\%$이다. 따라서 은행시스템 전체를 통해 최대로 증가할 수 있는 통화량의 크기는 5천만 원 $\times 5 = 2$억 5천만 원이다. 즉, 통화량은 최대 2억 5천만 원까지 증가할 수 있다.

ㄴ, ㄷ. 시중은행의 초과지급준비율이 낮을수록 대출이 늘고, 민간이 현금으로 보유하는 비율이 낮을수록 예금이 늘기에, 통화승수가 늘어 A의 예금으로 인해 경제의 통화량이 더 많이 늘어날 수 있다.

오답피하기

ㄹ. 법정지급준비율이 25%로 인상되면, 대출이 줄기에 통화승수가 감소한다.

19' 서울시(2월)

05 최저임금 정답 ④

출제 포인트 최저임금 시 노동공급량과 수요량 간의 차이만큼 비자발적 실업이 발생한다.

정답
- 최저임금을 8원으로 할 경우, 노동공급량은 40이고 수요량은 20이기에 비자발적 실업이 20(㉠) 발생한다.
- 최저임금 8원에서 노동공급량이 40일 때 실업을 완전히 없애려면 수요량도 40이 되어야 하고, 이를 위해 임금은 6원이어야 한다.
- 따라서 단위당 보조금은 8−6＝2원이다. 결국, 실업을 완전히 없애기 위한 보조금으로 소요되는 필요 예산은 거래량×단위당 보조금 ＝40×2에 따라 80원(㉡)이다.

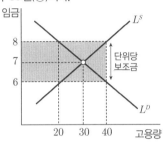

18' 서울시(6월)

06 고용률 정답 ④

출제 포인트 고용률은 15세이상인구 중에서 취업자가 차지하는 비중이다.

정답
전업 주부가 주당 10시간 마트에서 아르바이트를 시작한 경우 비경제활동인구에서 취업자로의 변화로 15세이상인구의 불변 시 고용률은 증가한다.

오답피하기
① 구직활동을 하던 실업자가 구직단념자가 되는 경우, 실업자에서 비경제활동인구로의 변화로 15세이상인구의 불변 시 취업자도 불변이기에 고용률도 불변이다.
② 부모님 농장에서 무급으로 주당 18시간 일하던 아들이 회사에 취직한 경우, 취업자에서 취업자로의 변화로 15세이상인구의 불변 시 고용률은 불변이다.
③ 주당 10시간 일하던 비정규직 근로자가 정규직으로 전환된 경우, 취업자에서 취업자로의 변화로 15세이상인구의 불변 시 고용률은 불변이다.

18' 서울시(6월)

07 노동시장 정답 ①

출제 포인트 노동의 한계생산을 증가시키는 기술진보로 인해 노동수요곡선이 우측이동하게 되고, 많은 노동자들이 노동시장에 참여하게 되면 노동공급곡선도 우측으로 이동하게 된다.

정답
노동수요곡선의 우측이동과 노동공급곡선의 우측이동으로 균형노동고용량은 반드시 증가하지만 곡선의 이동폭을 모르기에 균형임금의 변화는 불명확하다.

18' 서울시(3월)

08 유동성함정 정답 ③

출제 포인트 이자율이 매우 낮고 채권가격이 매우 높아 이후 이자율이 상승하고 채권가격이 하락할 것으로 예상하여, 자산을 전부 화폐로 보유하고 있는 상태를 유동성함정이라 한다.

정답
유동성함정 시 화폐수요의 이자율탄력성이 무한대로 LM곡선이 수평선이다.

오답피하기
① 유동성함정 시 채권가격이 매우 높아 이후 이자율이 상승하고 채권가격이 하락할 것으로 예상한다.
②, ④ 유동성함정 시 이자율이 매우 낮은 상태에서 통화량을 증가시켜도 전부 투기적 화폐수요로 흡수되기에 더이상 이자율이 하락하지 않는다. 따라서 금융정책은 효과가 없다.

16' 서울시

09 탄력도 정답 ③

출제 포인트 $MR = \dfrac{dTR}{dQ} = P + \dfrac{QdP}{dQ}$ 으로, $MR = P\left(1 - \dfrac{1}{\epsilon_d}\right)$ 이다.

정답
$MR = P\left(1 - \dfrac{1}{\epsilon_d}\right)$ 에서 수요의 가격탄력성(절댓값)이 1일 때 한계수입은 0이 된다.

오답피하기
①, ②, ④ 한계수입이 0이기에 총수입이 극대화된다.

16' 서울시

10 실업 정답 ③

출제 포인트 마찰적 실업과 구조적 실업만 존재할 때의 실업률을 자연실업률이라 한다.

정답
ㄱ, ㄴ, ㄷ. 경기침체로 발생하는 실업을 경기적 실업, 산업구조변화로 발생하는 실업을 구조적 실업, 노동시장의 정보불완전성으로 이직 과정에서 발생하는 실업을 마찰적 실업이라 한다.
ㅁ. 마찰적 실업과 구조적 실업만 존재할 때의 실업률을 자연실업률이라 하고 완전고용상태에서의 실업률이라고도 한다.

오답피하기
ㄹ. 자연실업률은 마찰적, 구조적 실업률의 합으로 정의된다.

16' 서울시

11 최대보험료 정답 ②

출제 포인트 공정한 보험료와 위험프리미엄의 합을 최대보험료라 하고 자산에서 확실성등가를 차감하여 구한다.

정답

0.5의 확률로 귀금속을 도난당할 경우 귀금속의 자산가치는 0원, 0.5의 확률로 귀금속을 도난당하지 않을 경우 귀금속의 자산가치는 6,400만 원이 된다. 따라서 기대소득을 구해보면 $0.5 \times 0 + 0.5 \times 6,400 = 3,200$만 원이다. 그리고 기대효용을 구해보면 $0.5 \times 0 + 0.5 \times \sqrt{64,000,000} = 4,000$원이다. 또한 확실성 등가를 구하면 $4,000 = X^{0.5}$에서 1,600만 원이다. 최대보험료는 자산에서 확실성 등가를 차감하여 $6,400 - 1,600 = 4,800$만 원이다(*기대효용 계산 시 단위가 만 원일 때, $0.5 \times 0 + 0.5 \times \sqrt{6,400} = 40$만 원으로 출제한 듯하나 정확히는 4,000원이다).

12 총공급곡선 정답 ④

출제 포인트 인구증가, 생산성향상, 기술진보 등으로 장기 총공급곡선은 우측으로 이동한다.

정답

$Y = Y_N + \alpha(P - P^e)$에서 예상 물가수준의 변동은 단기 총공급곡선에 영향을 줄 수 있다.

오답피하기

①, ②, ③ 장기 총공급곡선은 노동인구의 증가, 자본의 증가 그리고 기술진보에 의해 우측으로 이동한다.

13 우월전략 정답 ①

출제 포인트 상대방의 전략에 관계없이 모든 경기자가 항상 자신의 보수를 가장 크게 하는 전략을 우월전략이라 한다.

정답

B가 회피를 선택하면 A는 직진을, B가 직진을 선택하면 A는 회피를 선택한다. 따라서 우월전략이 없다.

14 GDP 디플레이터 정답 ②

출제 포인트 GDP디플레이터 $=$(명목GDP/실질$GDP) \times 100$이다.

정답

• 11년의 명목GDP는 24만 원$\times$100가마$+$1,200만 원$\times$4대$=$7,200만 원이고, 실질GDP는 20만 원$\times$100가마$+$1,000만 원$\times$4대$=$6,000만 원이다. 따라서 11년의 GDP디플레이터는 (7,200만 원/6,000만 원)$\times 100 = 120$이다.

• 12년의 명목GDP는 30만 원$\times$200가마$+$1,500만 원$\times$4대$=$12,000만 원이고, 실질GDP는 20만 원$\times$200가마$+$1,000만 원$\times$4대$=$8,000만 원이다. 따라서 12년의 GDP디플레이터는 (12,000만 원/8,000만 원)$\times 100 = 150$이다.

15 앳킨슨 지수 정답 ①

출제 포인트 앳킨슨 지수는 $1 - \dfrac{균등분배대등소득}{평균소득}$이다.

정답

• 소득 $I_i = I_A + I_B = 500$이기에 평균소득은 250이다.

• 효용은 소득과 같기에 $U_A = 400$, $U_B = 100$이다. 효용함수 $SW = \min(U_A, 2U_B) = \min(400, 2 \times 100) = \min(400, 200) = 200$이기에 균등분배대등소득은 200이다.

따라서 앳킨슨 지수 $1 - \dfrac{균등분배대등소득}{평균소득} = 1 - \dfrac{200}{250} = 0.2$이다.

16 후방굴절노동공급곡선 정답 ②

출제 포인트 여가가 정상재이고 소득효과가 대체효과가 클 경우 노동공급곡선은 후방굴절한다.

정답

시간당 임금은 여가소비의 기회비용이기에 임금이 상승하면 여가소비가 감소하고 노동공급이 증가한다.

오답피하기

① 여가가 정상재일 경우 후방굴절노동공급곡선이 나타날 수 있다.

③ 여가가 정상재이고 소득효과가 대체효과보다 더 크면 노동공급량은 감소한다.

④ 근로소득과 여가가 완전보완관계일 경우 소득과 여가 간 무차별곡선이 L자형으로 대체효과가 0이다.

17 레버지리 비율 정답 ③

출제 포인트 전체 대출 금액 중 일부가 회수 불가로 판명되면 은행은 자기자본에서 차감한다.

정답

• 자기자본은 1,000만 원이고 예금이 9,000만 원으로 총자산은 10,000만 원이다. 따라서 최초의 은행 레버리지 비율은 $\left(\dfrac{총자산}{자기자본}\right) = \dfrac{10,000만 원}{1,000만 원} = 10$이다.

• 예금액 9,000만 원중 10%인 900만 원을 제외한 잔여 자산을 모두 대출하고 있기에 전체 대출 금액은 9,100만 원이다.

• 전체 대출 금액 중 10%인 910만 원이 회수 불가로 판명되면, 은행은 최초 자기자본에서 차감하기에 차감 후 은행의 자기자본은 최초 자기자본 1,000만 원 중 회수 불가 판명된 대출 금액인 910만 원을 차감한 90만 원이 된다.

• 회수 불가 판명 이후 총 자산은 자기자본(90만 원) + 예금액(9,000만 원) $=$ 9,090만 원이기에, 은행의 레버리지 비율은 $\dfrac{9,090}{90} = 101$로 기존의 10보다 약 10배 증가한다.

21' 지방직

18　AK 모형　　　　　　　　　　　정답 ①

출제 포인트 내생적 성장이론은 기술진보를 내생화함으로써 지속적인 경제성장의 요인을 밝히고 있고 자본에는 물적자본뿐만 아니라 인적자본도 포함된다.

정답

내생적 성장이론은 지속적인 경제성장은 저축률상승으로도 가능하다고 보았기에 수준효과뿐만 아니라 성장효과도 있다고 보았다.

오답피하기

②, ③ 내생적 성장이론은 자본의 범위를 물적자본뿐만 아니라 인적자본과 지식자본까지 확장한 포괄적 개념으로 보았기에 개별 기업 차원에서 한계생산은 체감할 수 있고 전체 차원에서는 수확체감이 발생하지 않는다고 보았다.

④ 내생적 성장이론은 외생적 기술진보가 없어도 저축률상승으로 지속적 성장이 가능하다고 보았다.

21' 지방직

19　필립스곡선　　　　　　　　　　정답 ③

출제 포인트 물가변화에 신축적 대응이 가능할수록 필립스곡선은 수직의 형태에 가까워진다.

정답

합리적 기대를 가정하면 필립스곡선과 총공급곡선은 단기에도 자연실업률 수준에서 수직선이기에 예상된 통화정책은 실업률에 영향을 미치지 않는다.

오답피하기

① 임금과 가격이 신축적일수록 필립스곡선의 기울기는 증가하기에 α 의 절댓값은 커진다.

② $\pi = \pi^e - \alpha \left(u - u_N \right)$ 에서 기대인플레이션 π^e 가 상승하면 실제인플레이션 π 가 상승한다.

④ 합리적 기대를 가정하더라도 단기에 예상치 못한 통화정책은 실업률에 영향을 미친다.

22' 지방직

20　인플레이션　　　　　　　　　　정답 ②

출제 포인트 예상된 인플레이션의 경우, 부와 소득의 재분배는 불변이나, 구두창비용, 메뉴비용 등이 발생하고 조세부담이 증가하며, 경상수지가 악화된다. 예상치 못한 인플레이션의 경우, 채권자가 불리해지고 채무자는 유리해지는 부와 소득의 재분배가 이루어지고, 경제의 불확실성이 증대되므로 사람들의 후생수준이 감소하며, 일시적으로 생산과 고용이 증가한다.

정답

ㄱ. 인플레이션으로 화폐가치가 하락하면 현금보유를 줄인다. 따라서 물건을 구입할 때보다 많은 화폐를 인출해야하는 번거로움이 발생하고 이를 구두창비용이라 한다. 즉, 현금보유를 줄이는 데 드는 비용을 구두창비용(shoeleather cost)라고 한다.

ㄹ. 중앙은행이 기준금리를 인상하면 통화량이 감소하고, 인플레이션율은 낮아진다.

오답피하기

ㄴ. 예상치 못한 인플레이션은 채권자가 아닌 채무자에게 유리한 방식으로 부(wealth)를 재분배한다.

ㄷ. 인플레이션이 안정적이고 예측 가능한 경우라도 메뉴비용(menu cost)은 충분히 발생할 수 있다.

22' 지방직

21　규모의 경제　　　　　　　　　　정답 ①

출제 포인트 생산량을 증가시킬 때 장기평균비용이 낮아지는 것을 규모의 경제라 한다.

정답

• 단기적으로 자본의 양이 9로 고정되어 있기에 $Q = 3\sqrt{L}$ 이다.

• 노동과 자본의 단위당 가격이 9와 1이므로 $C = 9L + 9$, $C = Q^2 + 9$ 이다.

• 규모의 경제는 장기평균비용이 낮아질 때 나타나기에 $LAC = \dfrac{9}{Q} + 9$ 에서 LAC 의 기울기가 음수가 되어야 한다. 따라서 LAC 를 Q 로 다시 미분하면 $1 - \dfrac{9}{Q^2}$ 이고, 이 기울기가 0보다 작은 구간에서 규모의 경제가 나타나므로 $1 - \dfrac{9}{Q^2} < 0$, $-3 < Q < 3$ 이다.

• Q 는 음수일 수 없기에 $Q < 3$ 이다.

23' 지방직

22　재정정책　　　　　　　　　　　정답 ③

출제 포인트 정부지출재원을 국채를 통하든 조세를 통하든 국민소득은 전혀 증가하지 않는다는 것을 리카르도 등가정리라 한다.

정답

소비자들이 유동성 제약에 직면해 있는 경우에는 리카르도 등가정리가 성립하지 않는다.

오답피하기

① 리카르도 등가정리는 정부지출은 동일하게 유지된다고 전제한다.

② 리카르도 등가정리는 정액세를 가정하기에 조세에 따른 왜곡이 발생한다면 리카르도 등가정리가 성립하지 않는다.

④ 국채발행을 통한 감세정책은 소비에 영향을 미치지 않는다는 것이 리카르도 등가정리의 주장이다.

23' 지방직

23　무차별곡선이론　　　　　　　　　정답 ③

출제 포인트 재화의 가격변화에 따른 구입량의 변화를 가격효과라 하고 대체효과와 소득효과로 나누어진다. 동일한 실질소득 수준에서 상대가격의 변화에 따른 구입량의 변화를 대체효과라 하고 항상 음(−)이다. 동일한 상대가격 수준에서 실질소득의 변화에 따른 구입량의 변화를 소득효과라 하며, 정상재이면 음(−), 열등재이면 양(+)이다.

정답

가격하락 시, 실질소득이 증가하는데, 열등재는 소득이 증가할수록 소비량이 감소하기에, 가격하락 시 소득효과는 열등재의 소비량을 증가시키는 게 아니라 감소시킨다.

오답피하기

① 열등재 수요의 소득탄력성은 음(-)의 값을 가진다. 소득이 증가할수록 수요가 감소하기 때문이다.

② 대체효과는 재화의 종류의 관계없이 항상 음(-)의 값이다. 가격상승 시 기회비용이 증가하기에, 열등재는 소비량이 감소하게 된다.

④ 열등재의 가격변화 시 대체효과(-)와 소득효과(+)는 반대 방향으로 작용한다.

24' 지방직

24 시장실패론   정답 ①

출제 포인트 개인의 소비가 타인의 소비가능성을 감소시키지 않는 비경합성과 대가를 지불하지 않아도 소비할 수 있는 비배제성을 특성으로 하는 재화를 공공재라 한다. 국방, 치안, 공중파방송 등이 그 예이다.

정답

순수공공재는 소비에 있어 비경합성과 배제불가능성이 존재한다.

오답피하기

② 시장실패가 발생하면 정부가 반드시 개입하는 것은 아니지만, 개입할 수 있다.

③ 시장실패의 사례 중 하나인 환경오염은 외부불경제의 대표적인 예시이다.

④ 긍정적인 외부효과 역시 재화 또는 서비스가 과소생산되어 시장실패의 원인으로 작용할 수 있다.

24' 지방직

25 유량과 저량   정답 ②

출제 포인트 일정기간에 걸쳐 측정되는 변수를 유량이라 하고, 일정시점에서 측정할 수 있는 변수를 저량이라 한다. 유량에는 수요량, 공급량, 소비량, 생산량, GDP, 국제수지, 수출액, 수입액 등이 있고, 저량에는 통화량, 노동량, 자본량, 국부, 외채, 외환보유고 등이 있다.

정답

실업자 수는 누적치를 보지 않고 일정 시점에 측정하기에 저량변수에 해당한다.

오답피하기

①, ③, ④ 소득, 경상수지, 순수출은 대표적인 유량변수들이다.

MEMO

공무원 교육 1위* 해커스공무원
모바일 자동 채점 + 성적 분석 서비스

한눈에 보는 서비스 사용법

Step 1.
교재 구입 후 시간 내 문제 풀어보고
교재 내 수록되어 있는 QR코드 인식!

Step 2.
모바일로 접속 후 '지금 채점하기'
버튼 클릭!

Step 3.
OMR 카드에 적어놓은 답안과 똑같이
모바일 채점 페이지에 입력하기!

Step 4.
채점 후 내 석차, 문제별 점수, 회차별
성적 추이 확인해보기!

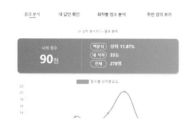

**실시간 성적 분석
결과 확인**

**문제별 정답률 및
틀린 문제 난이도 체크**

**회차별 나의 성적
변화 확인**

해커스공무원 gosi.Hackers.com

5천 개가 넘는
해커스토익 무료 자료!

대한민국에서 공짜로 토익 공부하고 싶으면 | 해커스영어 Hackers.co.kr ▾ | 검색

RC 정수진   RC 이상길

토익 강의 무료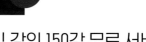

베스트셀러 1위 토익 강의 150강 무료 서비스,
누적 시청 1,900만 돌파!

Q1

토익 실전 문제 무료

토익 RC/LC 풀기, 모의토익 등
실전토익 대비 문제 제공!

LC 한승태   RC 김동영

최신 특강 무료

2,400만뷰 스타강사의
압도적 적중예상특강 매달 업데이트!

고득점 달성 비법 무료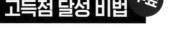

토익 고득점 달성팁, 파트별 비법,
점수대별 공부법 무료 확인

전원
무료

*미션 달성 시

가장 빠른 정답까지!

615만이 선택한 해커스 토익 정답!
시험 직후 가장 빠른 정답 확인

더 많은
토익 무료자료 보기 ▶